近世末期から近代における町の仏事儀礼と供応食の展開

―東讃岐引田村の仏事史料の検証から―

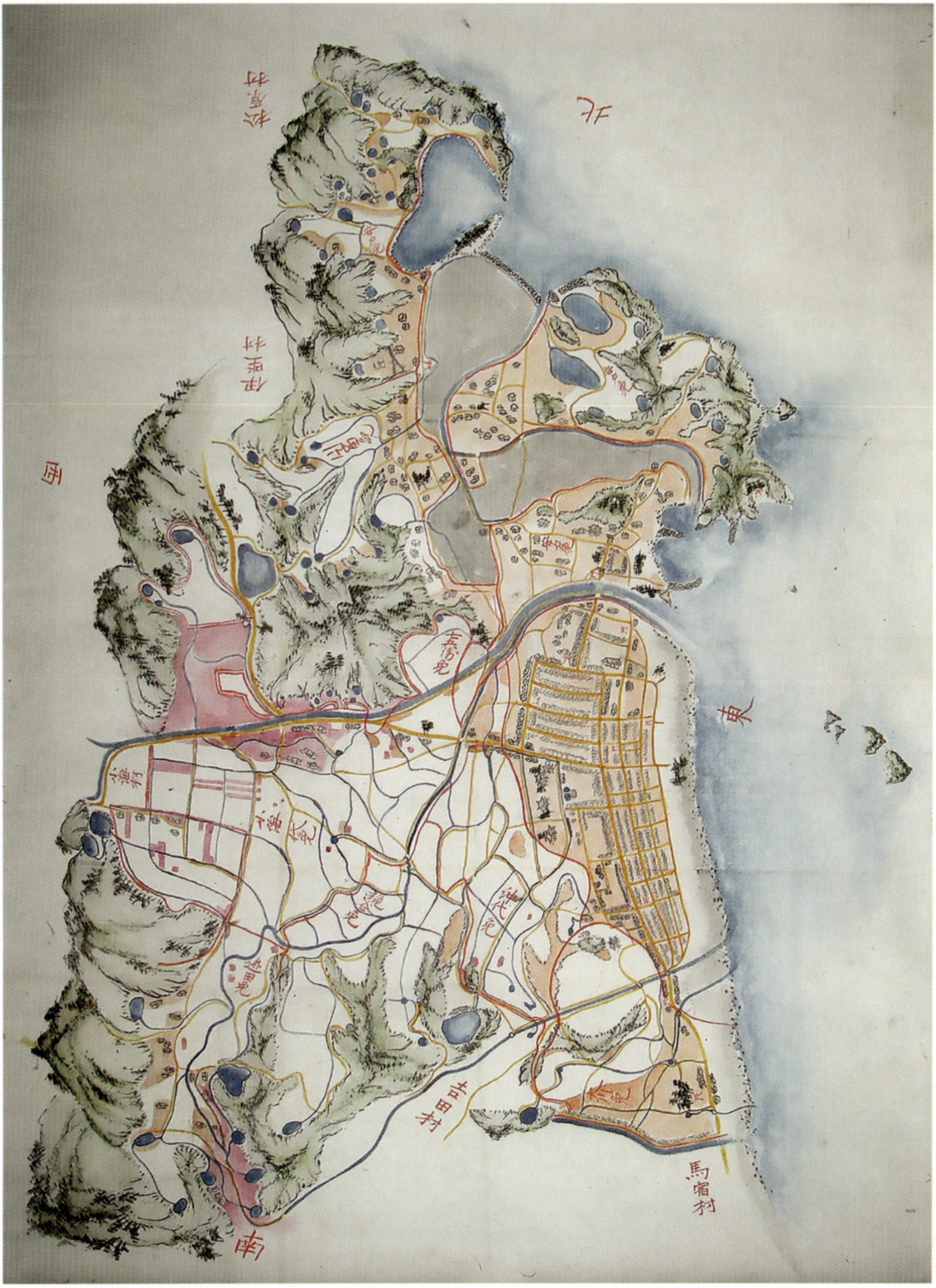

引田村全図(明治初期)
東かがわ市歴史民俗資料館所蔵
山西仁氏撮影

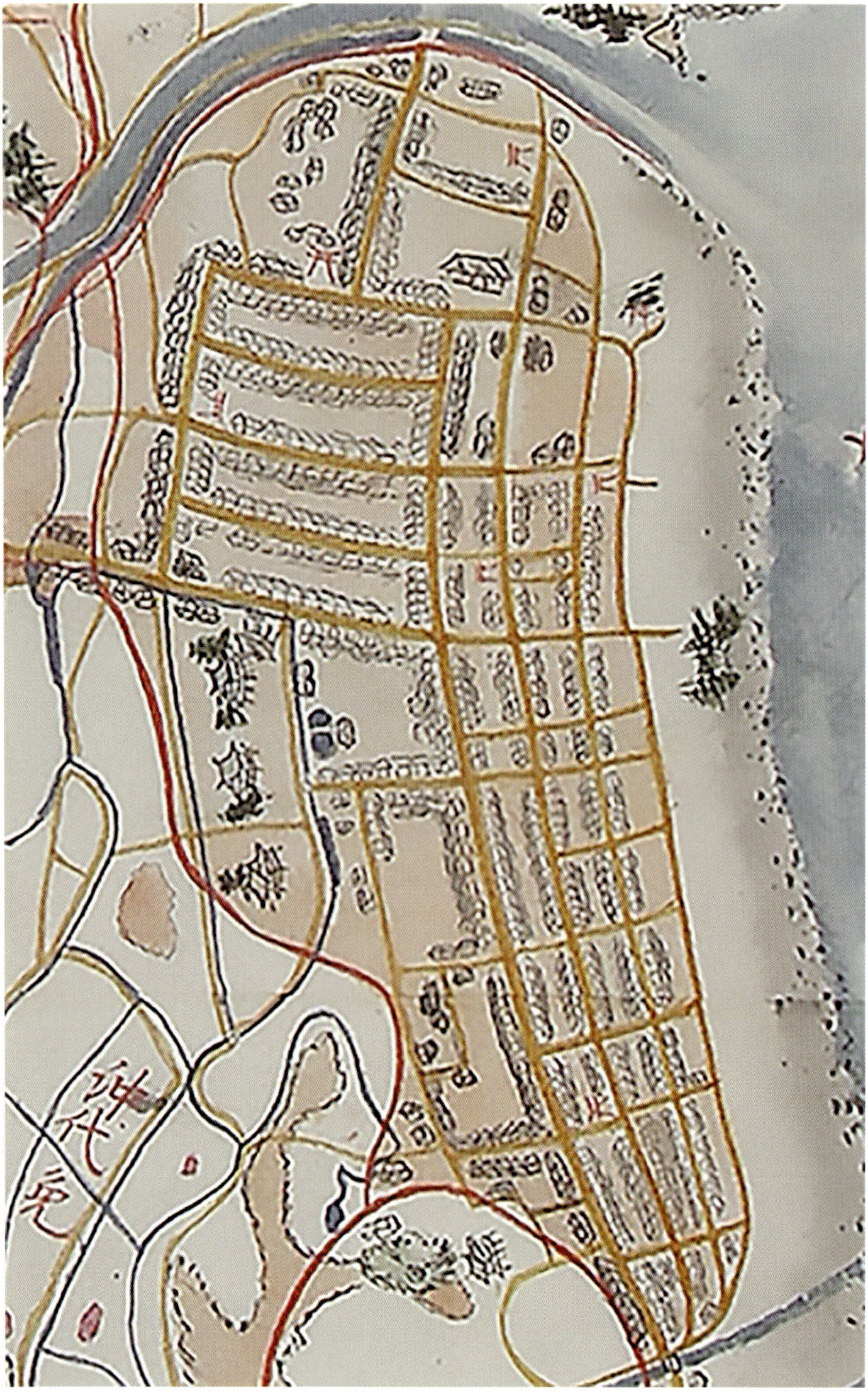

引田町場拡大図（明治初期）
東かがわ市歴史民俗資料館所蔵
山西仁氏撮影

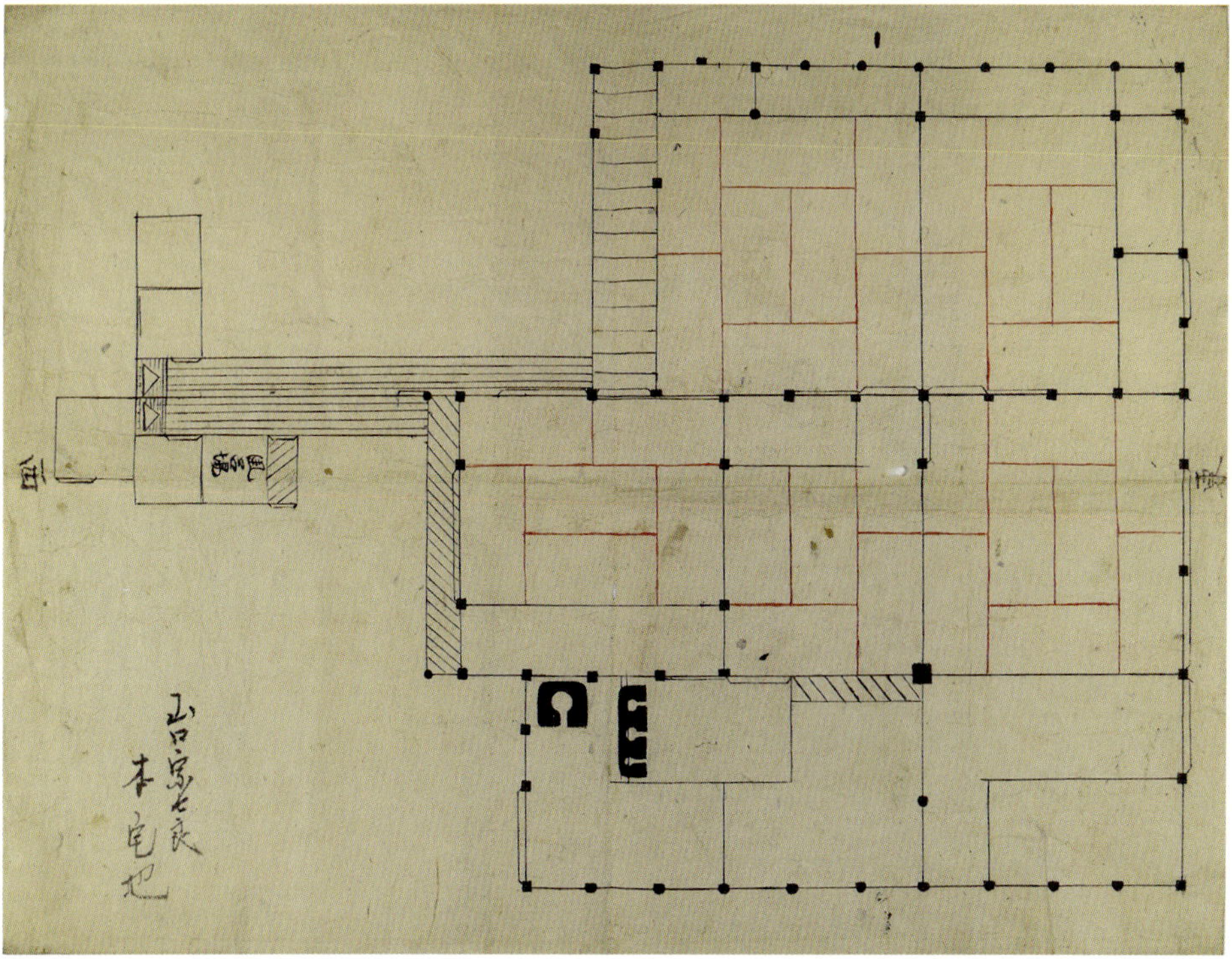

山口宗七郎本宅平面図
香川県立ミュージアム所蔵

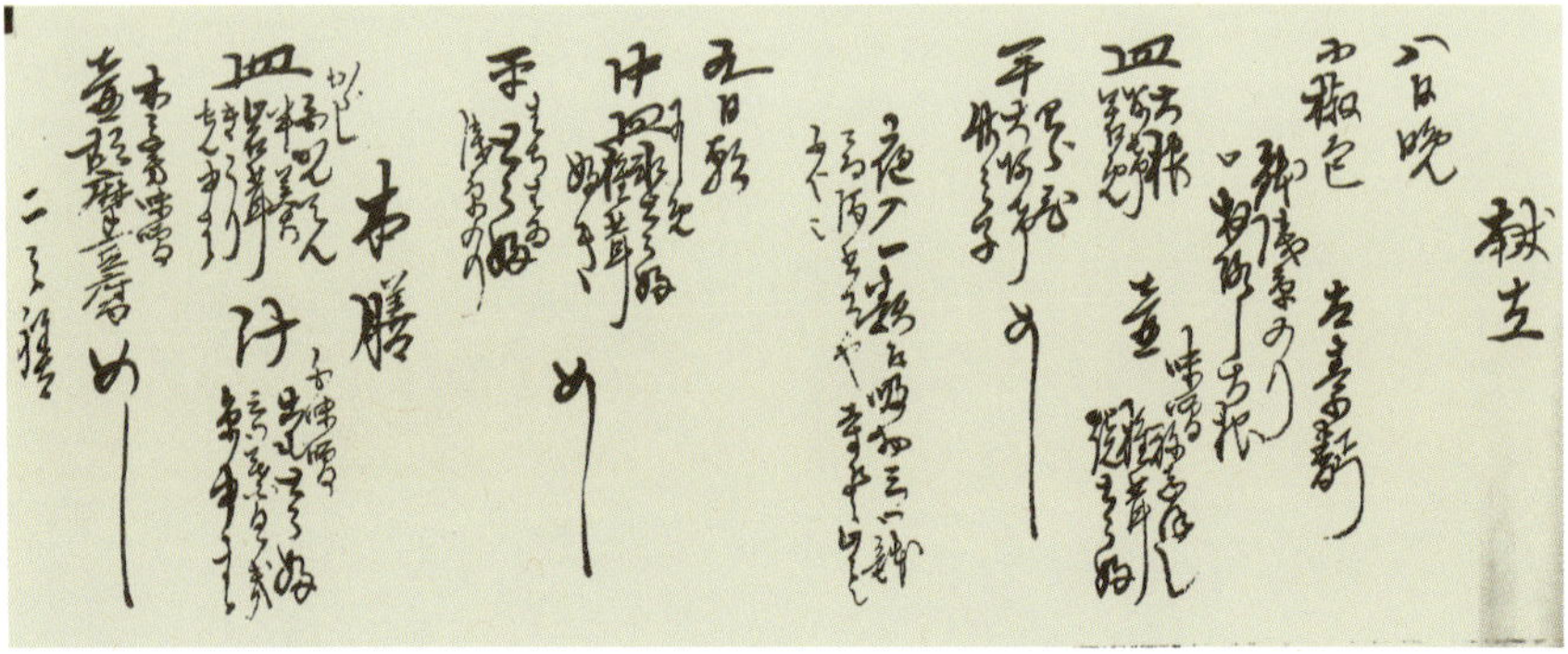

献立

八日晩

小椒包　太素麺

同鉢　浅草のり
おろし大根

皿　大根
あけ
若め

壷　味噌
ねしほし
椎茸
焼とうふ

平　わらひ
大あけ
竹の子

めし

夜入一類江吸物三ツ鉢
二而酒出ス也寺江者出し
不申也

九日朝

中皿　にしめ
氷とうふ
椎茸
ふき

めし

平　はちはい
とうふ
浅草のり

本膳

皿　からし
白かんてん
羊羹
岩茸
きうり
せんゆは

汁　白味噌
こもとうふ
三ツ葉くき
糸ゆは

壷　木の芽味噌
胡麻豆腐

めし

二之膳

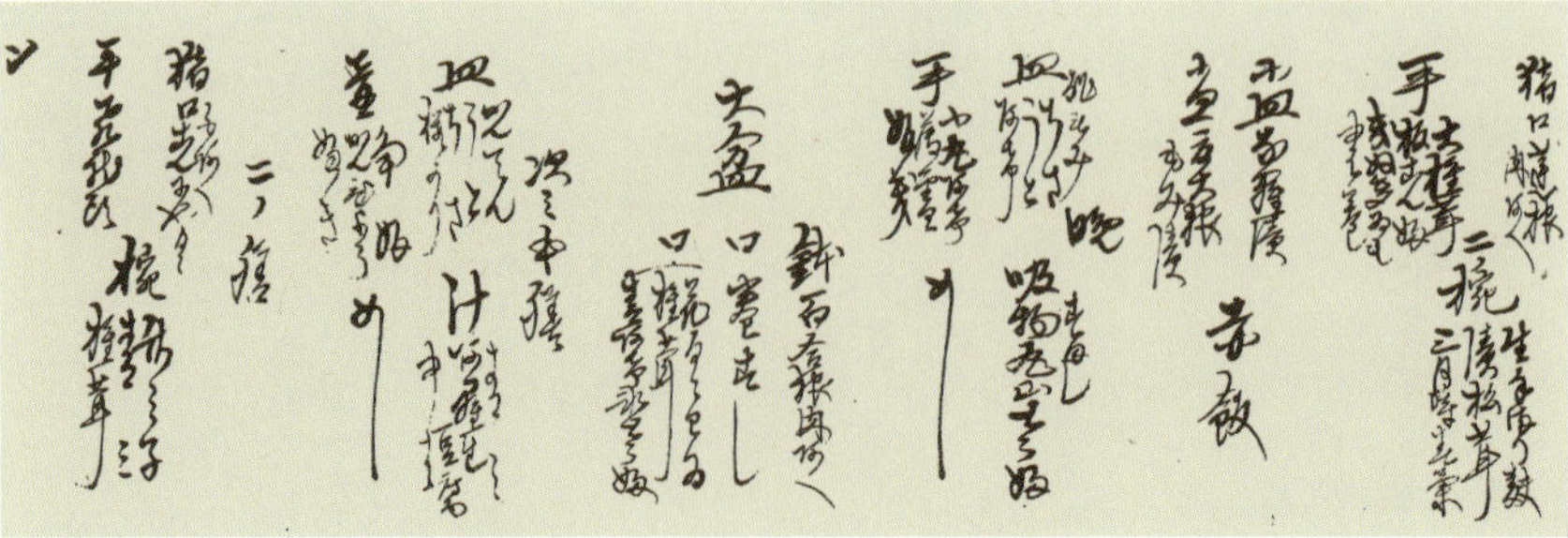

猪口　蓮根
肉あへ

二ノ椀　生てまり麩
漬松茸
三月蒔春菊

平　大椎茸
板こんふ
きぬたいも
ゆは巻

小皿　奈ら漬

赤飯

小皿　夏大根
もみ漬

晩

皿　酢もみ
ちさ
うと
あけ

吸物　すまし
丸山とうふ

平　小丸あけ
薄雪
ふき

めし

鉢　百合根肉あへ

大盆　同　巻すし

同　花くわい
椎茸
青あけ氷とうふ

次之本膳

皿　かんてん
うと
ちさ
桜のり

汁　青ミ
あられ
豆腐
ゆは

壷　角ふ
かんひよう
ふき

めし

二ノ膳

猪口　白あへ
こんにやく

椀　竹之子
青ミ
椎茸

〆　平　飛龍頭

佐野家　仏事供応食献立表（明治10年）（佐野－①）
香川県立文書館所蔵

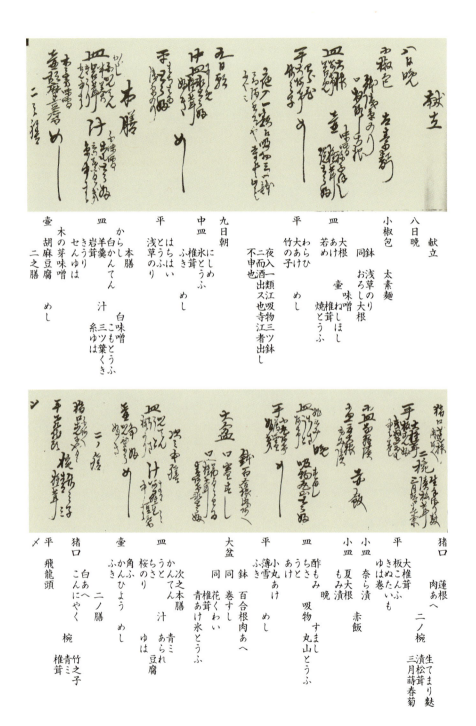

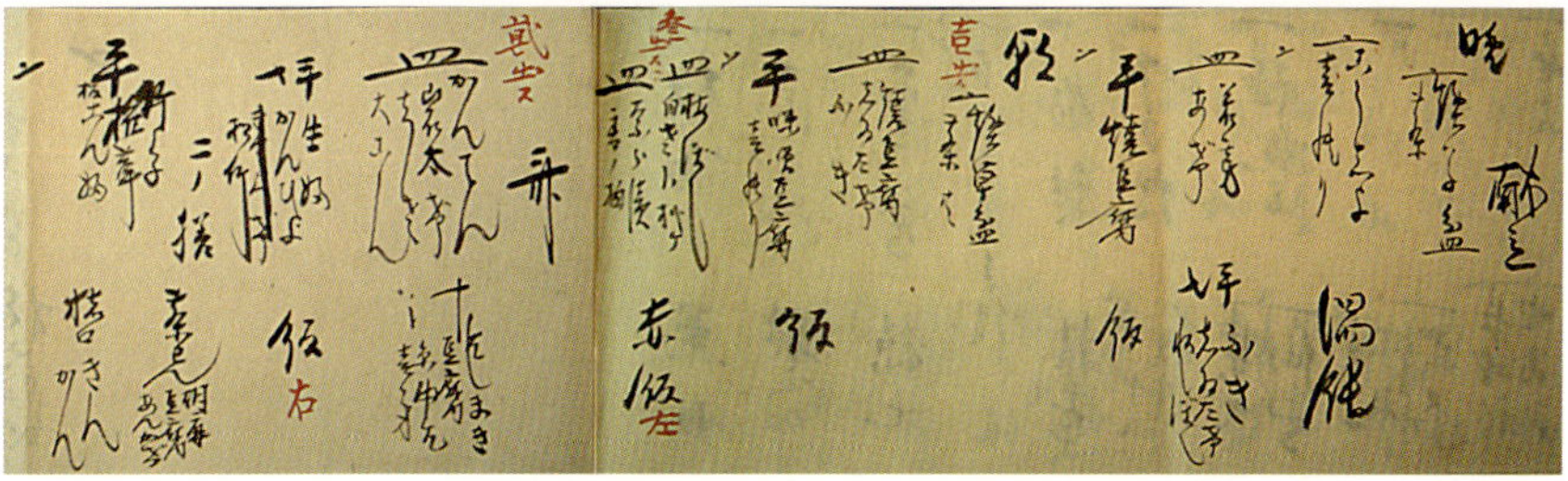

晩
献立
（煙草盆
茶
（こうしよ
青のり
〆
温鈍
皿　若芽
あげ
坪　ふき
しいたけ
ねしぼし
〆平　焼豆腐
飯
朝
壱出ス
煙草盆
茶共
皿　焼豆腐
しいたけ
ふき
平　味噌豆腐
青のり
飯
〆
皿　梅ぼし
白さト掛ケ
参出ス
皿　奈ら漬
香ノ物
赤飯左
斎
弐出ス
皿　かんてん
岩たけ
ちさ
大こん
汁　はしまき
豆腐
糸ゆは
青身
坪　生ふ
かんひよ
松竹
飯右
二ノ膳
茶わん　胡麻
豆腐
あんかけ
平　竹ノ子
椎茸
板こんふ
猪口　きん
かん

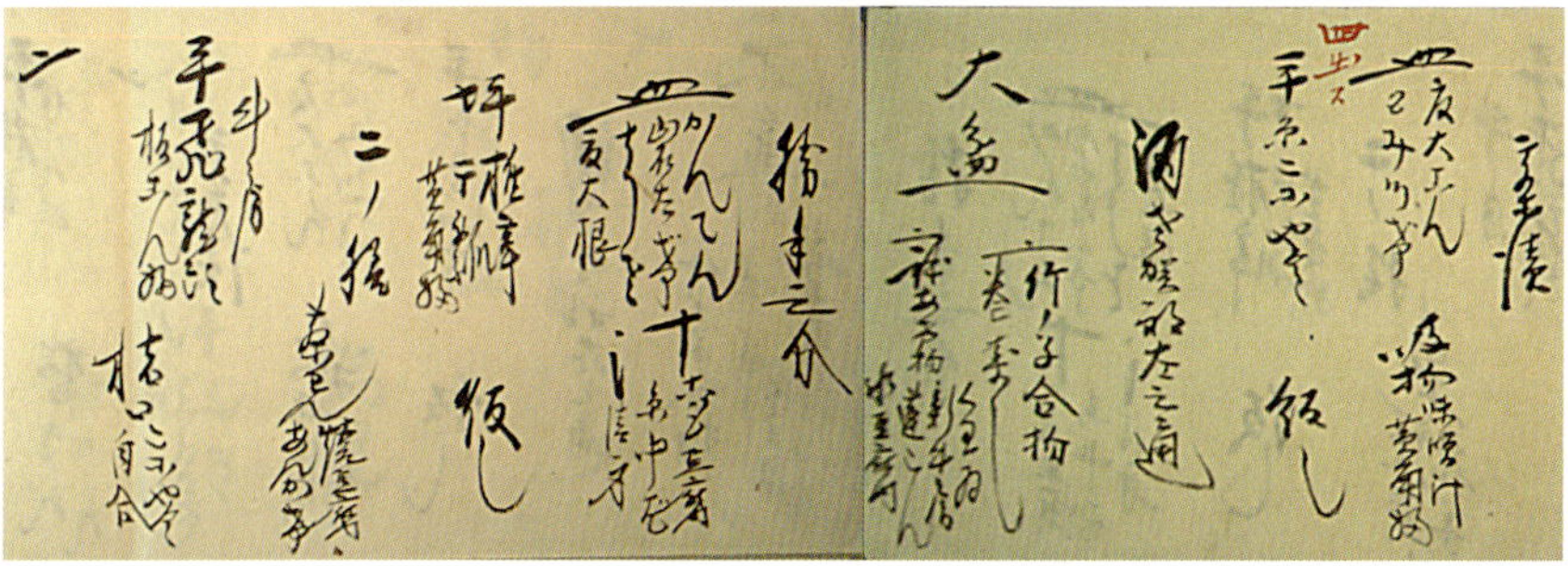

茶漬
皿　夏大こん
もみつけ
吸物　味噌汁
黄角ふ
四出ス
平　糸こにやく
飯し
酒さかな左之通
大盆
（竹ノ子合物
巻寿し
（鉢あけ物
くわい
新午房
蓮こん
氷豆腐
勝手之分
皿　かんてん
岩たけ
ちさ
夏大根
汁　こも豆腐
糸ゆば
青身
坪　椎茸
干瓢
黄角ふ
飯し
二ノ膳
茶わん　焼豆腐
あんかけ
平　午房
飛龍頭
板こんふ
猪口　こにやく
白合
〆

日下家　仏事供応食献立表（明治7年）（日下一⑲）
香川県立ミュージアム所蔵（分館）瀬戸内海歴史民俗資料館保管

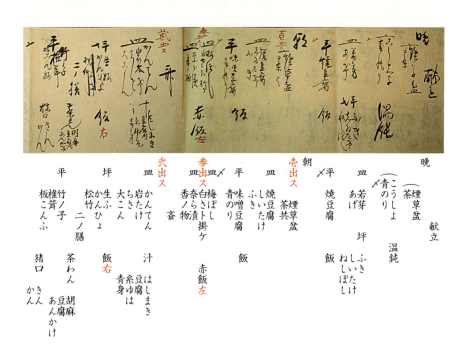

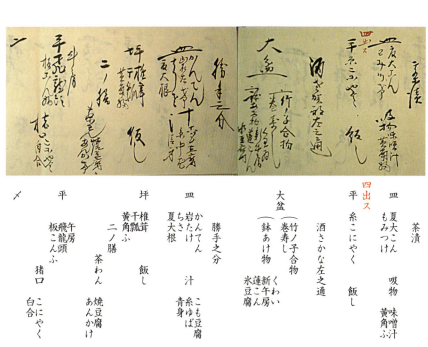

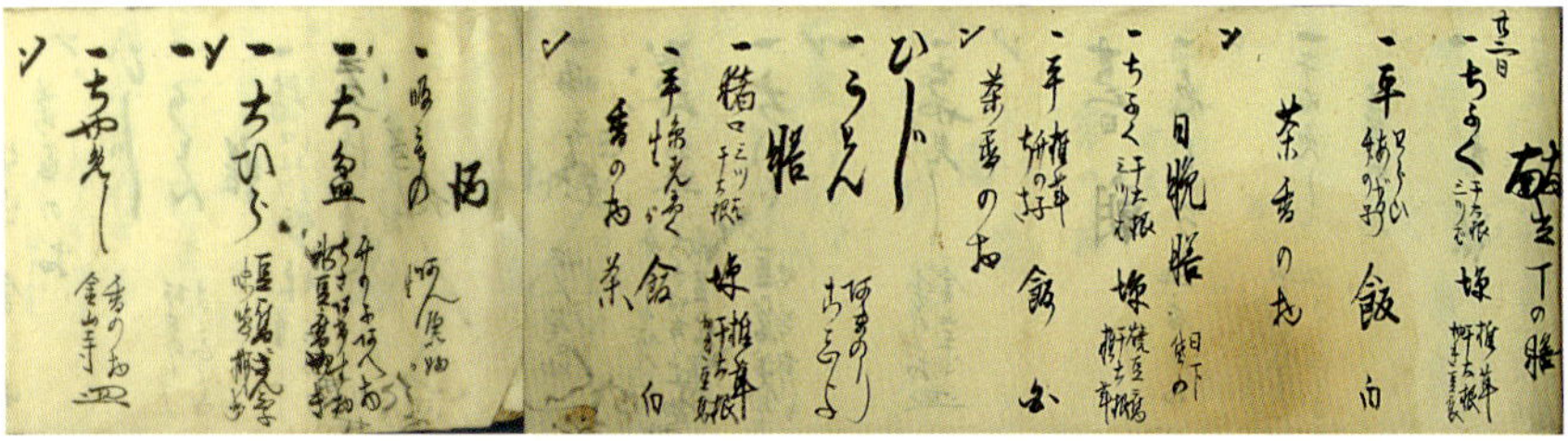

献立丁の膳
廿二日
一ちょく　千大根　三ツば　坪　椎茸　千大根　やき豆腐
一平　わらひ　あげ　竹の子　飯　白
茶　香の物
〆
同晩膳
一ちょく　千大根　三ツは　坪　日下　佐の　焼豆腐　千大根　椎茸
一平　椎茸　竹の子　ちさ　飯　白
茶　香の物
〆
ひじ
一うとん　あまのり　こしよ
膳
一猪口　三ツは　千大根　坪　椎茸　千大根　やき豆腐
一平　糸こんにやく　生が　飯　白
香の物　茶
〆
酒
一吸もの　あんへいふ　生か
一大盆　竹の子あへ物　ちさ　あけす物　氷豆腐やき
一大ひら　豆腐二さんしよ　味噌掛け
〆
一ちやめし　香の物　金山寺　皿
〆

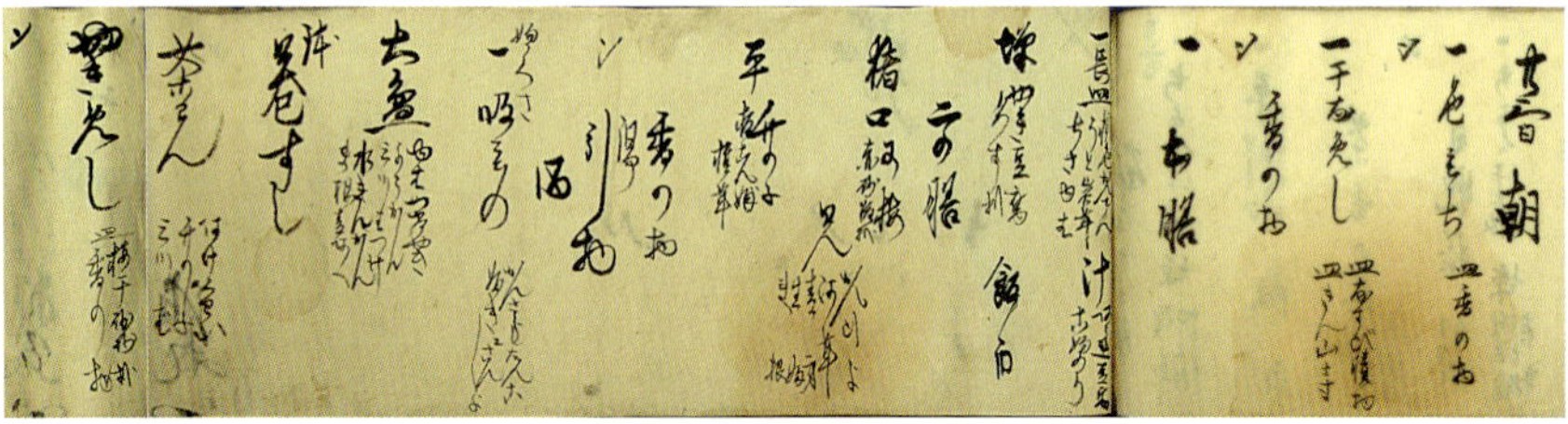

廿三日　朝
一色もち　皿　香の物
〆
一　干なめし　皿　なすび漬物　皿　きん山寺
香の物
〆
本膳
一長皿　桃色かんてん　うと　岩茸　ちさ　ゆは　汁　あられ豆腐　こふのり
一坪　やき豆腐　くす掛　飯　白
二の膳
一猪口　に梅　赤砂糖掛　わん　かんひよ　河茸　青身　生ふ　連根
一平　竹の子　こんぶ　板椎茸
香の物
湯物
引酒
〆
一ふくさ　かんさらしたんこ
一吸もの　ふき二さんしよ
一大盆　ゆはつけやき　ようかん　三ツはつけ　水きんかん　蓮根青あへ
鉢
巻すし　あけくわい
茶わん　竹の子　三ツば
やきめし　皿　梅干砂糖掛　香の物
〆

山口家　仏事供応食献立表（安政5年）（山口ー③）
東かがわ市歴史民俗資料館所蔵

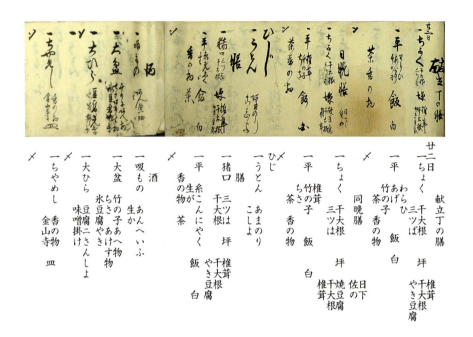

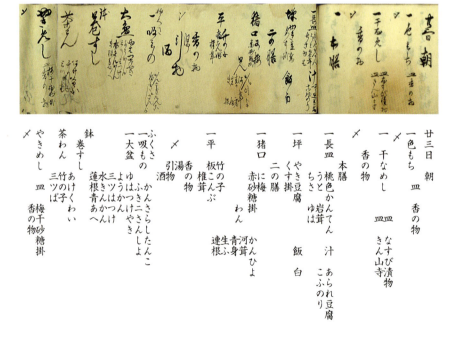

目次

はじめに

地域の食文化解明の一つの手法として、冠婚葬祭の儀礼の食事記録などによる調査研究は有意であると考えられる。（註1）史料の多くが庄屋など上層農民による私的文書であり、これに由来する階層の偏りなどはありつつも、社会史、生活史なども含め広く地域の生活文化の解明に寄与すると考えられる。

これら儀礼に付随する供応食に関しては、これまでに食文化はいうにおよばず民俗学、歴史学などにも多くの研究の蓄積がみられる。しかし、管見ながらこれらは概ね儀礼および供応食を個別に扱った研究が中心を占めてきたといえる。少なくとも、儀礼を供応食の根幹に位置付け、儀礼と供応食を一体のものとして検証することにより、その背景、成立の要因、過程、特性などを明らかにする試みは未だ十分とはいえない。

すなわち、儀礼の供応食は儀礼を構成する諸相の一部であり、儀礼の目的、機能を補完、具現化するとした立場に立脚した、儀礼固有の供応食の検証はなされてこなかったと考えられる。儀礼は地域の風土と文化の影響をうけて成り立つものであり、これの解明は背景としての社会の有り様とは不可避の関係であり、儀礼の食もまたこれを反映するといえよう。

本稿では、東讃・引田地域の町場・在郷町における、葬祭、婚礼など慶弔の儀礼のうち仏事儀礼を取りあげる。仏事儀礼は史料の性格から最も日常生活に近く、さらには、量的側面からは史料が比較的多いことが特徴とされる。これら儀礼の有する特性を踏まえ、儀礼および儀礼固有の供応食について地域性および時代の変容などの調査を実施し、近世から近代における引田の食文化の一端を解明したい。

原田信男氏は江戸と地方の料理文化研究について、従来は、「大都市しかもその一部における料理文化の在り方を一面的に摘出したにすぎず、社会史的な背景を考慮しつつ料理文化を相対比させ文化史の中に位置づけては来なかった」と述べる。また「地方の農民の食生活、さらには彼らのハレの場における食事が、その時代の料理文化とどのように関わってきたかについてもほとんど問題にされず、歴史学では史料不足を理由としてか全く扱わず、民俗学には農村の食生活に関するデータはあるが都市への視点が弱く、料理文化との関連は無視されたままである」(註2)と課題を提起している。年代的にはいささか遡る論攷ではあるが未だ指摘された課題に残された部分は多く、殊に地方においては筆者の自戒も含めてさらなる研究が待たれる。

以下に本稿で解明を企図する課題をあげる。

・史料としての仏事

本稿で対象とする儀礼は仏事儀礼であり主として年忌法要などの法事・法要を取りあげる。仏事は元は法事と同義であり、仏教行事の全てをさす言葉であったが、後に法事は本義が失われ、追善供養のための法要の意味に転じたとされる。すなわち、仏事は仏教の一切の行事、仏教の儀式をさし、法事は死者の追善供養などのために行われる仏事の一部とされる(註3)。本稿ではこれを踏まえ、広義の仏事を仏教の一切の儀礼とし、これに含まれる法事などの追善供養を狭義の仏事に当て嵌めた。

本稿で主題とする狭義の仏事、法事などの年忌法要は、中国で展開された十仏事（週忌・百か日・一周忌・三回忌）から、一一世紀頃には十三仏事（七回忌・十三回忌・三十三回忌）の成立、一二世紀から一四世紀にかけて十五仏事（十五回忌・十七回忌）となる。[註4]法事など年忌法要の最大の特徴は儀礼が時系列で永く繰り返し行われることにあろう。仏事施行により故人に対し供物を捧げ、成仏をねがう供養、回向を繰り返し行うことで人々は報恩の念を新たにする。さらにここでは、飲食の要素が重要な位置を占めており、仏事の斎（時）[註5]、非時[註6]の共同飲食すなわち食事と勤行をセットにした儀礼形態は八代蓮如の時代に遡るとされる。[註7]このような儀礼の特性は、必然的に仏事関連史料の増加に繋がりこれが仏事供応食の特性と重なる。従来から往々にして個の家の私的文書を史料とする場合、史料の特殊性が云々されてきた。ただし、仏事儀礼に提供される多量の供応食の事例は、これによる時系列の分析により近世末から近代における仏事供応食の変容の解明が可能であり、さらにまた量的分析によるデータの蓄積からは、地域と時代を通底する一定の普遍的な「食」の傾向の解明が可能となると考えられる。[註8][註9]

・調査対象としての町場・在郷町の概要

本稿が調査対象とした地域は、現在の香川県東かがわ市引田である。近世における東讃岐地域引田村は海路に高松藩屈指の引田浦を擁し、また陸路には高松城下から阿波に至る浜街道が村の中央を貫くなど水陸交通の要衝である。このため宿場町、港町、古くは引田城々下町としての複合的な機能および立地条件から近郷の中心地として栄えてきた。この隆盛を示す史料として天保一四年（一八四三）高松藩が行った店商調査がある。これによれば天保一四年には既に株商人人別帳には「惣〆九拾六人」の株商人があり、無株の商人を合わせると一時期の引田村では一三七軒の商店が軒を連ねるなどその賑わい振りがうかがえる。[註10]同地はこのように近世以来商品流通や農漁村工業の拠点として、また地域社会の流通の結節点としての機能を有した。すなわち当該地は農村部に生まれた商業的性格をもった集落、所謂「在郷町」といえる。[註11][註12]このため高松藩では藩唯一の「町頭」職を置き、[註13]人々は地域を「丁（町）」と呼び慣わしてきた。（なお、「在郷町」の用語は近世農村部内に形成された町場を指したが、当該地域の成り立ち、特徴などを端的に示す用語として近代にも一部これを用いた）。筆者は従来、農村部・村を主たる調査対象としてきた。本稿では調査地を町・在郷町に置くことにより、異なる「村」と「町」の地域性が儀礼および供応食にどのように反映するかをより明確にできると考える。また、両者の差違の由来をそれぞれの地域の特性と関連づけて考察する。

・商家・山口家史料の意義

既述したように、従来の調査対象は史料の制約から大庄屋・庄屋などの上層に限定されてきた。ただし、引田地域町場においては幾つかの商家の記録が伝存するなど、比較的諸事を記録する慣習があったと推定される。吉凶（「目録」表記）などの儀礼についてもいずれもごく断片的ではあるが、同町では整理、目録化もされている。[註14]このなかで山口家史料は近世末から近代を中心に慶弔関係史料がよく調っている。[註15]山口家史料の特徴は一つには、仏事関係史料が安政二年の初出であり、明治一〇年（佐野家）、同六年（日下家）に比較して僅かながらも近世の実態が明らかとなる。[註16]

今一つは新たな階層の設定がある。[註17]従来の調査では主として上層のみを対象としたが、本稿の予備調査では山口家は明らかに異なる階層でありこれを特定した。ただし、ここでいう階層は佐野・日下・山口三家の比較の指標として設定するものであり、尺度としては町における経済的側面、家格、地位などを加味して序列化した。三家の史料から断片的にみえる近世から近代の引田村町場の人的構成は少数の大庄屋、豪商などを最上層とし、町場の中心を占めると思慮される街道筋に居を構える商人層、諸職人、商人に雇用される奉公人、行商、小屋掛け、振り売りなど小前の者などの多様な暮らし振りが彷彿とされる。

本稿の町の儀礼と供応食調査における山口家の階層の設定は、これまでの農村部調査でも皆無の事例であり、これにより新たな食文化解明の端緒になると考えられる。例えば、従来の佐野・日下両家などの上層（農村部も含めて）の仏事儀礼と供応食に慣習化された既存の様式。とこれに対応する山口家以下の階層における事例の対比からは、上層の様式を一つの完成形と想定した場合、それに至る変容の過程またはその原型とも推定される形態がより具体的に再現されると考えられる。

なお、佐野家仏事については「引田村・在郷町商家における仏事儀礼と供応食―背景としての地域性―」（『香川県立文書館紀要』第18号所収　二〇一四年　一七～三九頁）が初出である。本稿では、新たな引田地域町場の仏事儀礼調査における佐野・日下・山口三家の比較検証のため、論攷を一部改稿、加筆して用いたことを附記します。

史料

［佐野家文書］（一）

「御代々様御年忌諸記簿　明治十年（丁丑）二月」横長帳一冊。本史料には佐野家明治一〇年から昭和一四年までの仏事が記録される。なお、本稿で対象とした仏事は明治一〇年から同四五年までの三六年間、三三回の仏事記録中、不完全な七回を除く以下の二六仏事である。同家では仏事はほぼ毎年年中行事的な感覚で年を置かず施行されており、さらに、古くは一五〇回忌、二〇〇回忌など遠忌の祭祀の多いことが特徴とされる。

なお、仏事儀礼を構成する諸相は、通常、当代に対する祖父母、父母、妻などの続柄、および生前の功績などを斟酌して格付けられる。[註18]同家仏事の格付けに大きく関与すると推定される人々は、一〇代当主佐野五郎左衛門（享和二年から明治八年）、同妻つま（文化七年から慶応一年）、一二代当主佐野新三郎（天保七年から明治二九年）、同妻多喜子（天保五年から明治四一年）があげられる。[註19]

佐野家の宗派は真言宗、檀那寺は積善坊《しゃくぜんぼう》（現：東かがわ市寺町）。『讃岐国名勝図会』（嘉永六年・一八五三）には「東面山宝船院西向寺真言宗、京都仁和寺末寺、寺領十石」「寺記曰、当寺ハ天平年中行基𦬇《ぼさつ》草創、天文元年修造を加へ旧号は地蔵寺と称す」とあり古刹である。[註20]

［日下家文書］（二）

「法用諸事控　天保六乙年未三月より」横長帳一冊。同帳は天保六年から慶応三年までの布施を中心とした記録であり、香料などの記載のある年のみを史料とした。以下の⑤〜㉑の横長帳一七冊はいずれも仏事控帳である。「御代々様［　　］」横長帳一冊。本史料には明治一一年から大正八年の二八仏事が記載されており、大正期を除く二四仏事を史料とした。なお、同家には他に葬儀関係史料として以下の横長帳四冊があり参考史料とした。㈠「随教院速證道覚様御死去諸事誌帳　明治六癸酉年第八月二十六日御死去　旧暦七月四日当ル也　俗名七十郎」。㈡「随教院速證道覚様廻リ目控并案内人別留　明治六癸酉年第八月二十六日御死去　旧暦七月四日当ル」。㈢「随教院速證道覚様御供物帳　明治六癸酉年八月二十六日

旧暦七月四日当ル　御臨終」。㈣「葬式諸事取計帳　明治六年癸酉旧暦七月三日戌刻寂四日致候也　新暦八月二十五日也　廿六日致候也」。なお、同家葬祭儀礼の最大の事例は、佐野家より嘉永七年（一八五四）に入家し明治六年（一八七三）に没した日下久太郎（俗名日下七十郎）の葬祭である。喪家日下家は元より久太郎生家引田村有数の商家佐野家が合力した稀有な仏事といえる。(註21)

日下家の宗派は真言宗、檀那寺は佐野家と同じく積善坊（現：東かがわ市寺町）。引田村切っての古刹である。(註22)

［山口家文書］（三）

安政二年（一八五五）から昭和九年（一九三四）、近世から近代の仏事控帳四七冊（横長帳）のうち、大正期六冊、昭和期八冊を除く三三冊、安政二年から明治四三年の三三献立を史料とした。山口家の宗派は真宗（一向宗）。檀那寺は善覚寺（現：東かがわ市引田）。『讃岐国名勝図会』（嘉永六年・一八五三）には「善覚寺　当寺ハ初め真言宗にて小海村にあり、明暦年中中興沙門乗正今の地にうつし今の宗に改む」のように明暦年中に真言宗から一向宗に改宗、寺号は寛永年中（一六二四から一六四三）に専光寺から善覚寺に改称し現在に至る。(註23)

［佐野家史料］（一）

『香川県立文書館　収蔵文書目録　第六集　佐野家文書目録』二〇〇二年。

以下、佐野家文書は香川県立文書館所蔵。(註24)

（一）「御代々様御年忌諸記簿　明治十年（丁丑）二月」以下史料は施行年によって示す。史料No.（以下略）①明治一〇年・②一三年・③一四年・④一五年・⑤一六年・⑥一八年・⑦一九年・⑧二〇年・⑨二二年・⑩二三年・⑪二四年・⑫二五年・⑬二六年・⑭二九年・⑮三〇・⑯三一年・⑰三二年・⑱三五年・⑲三七年・⑳三九年・㉑四〇年・㉒四一年・㉓四二年・㉔四二年・㉕四三年・㉖四五年。

［日下家史料］（二）

「日下家文書（補遺）」の紹介」『瀬戸内海歴史民俗資料館紀要　第12号』一九九九年　一三～一四頁。以下、日下家文書は香川県立ミュージアム所蔵（分館）瀬戸内海歴史民俗資料館保管。所蔵は「歴史民俗資料館」と略称する。（註25）

（二）①「法用諸事控　天保六乙年未三月より」以下史料は施行年により示す。

②天保一五年・③弘化五年・④嘉永四年

⑤「秘閣院練心清覚備物軒別控　嘉永七年寅閏七月」

⑥「康徳院俊翁東里君備物軒別留　嘉永七年寅七月」

⑦「康徳院俊翁東里一周忌他追善ニ付人別備物控　安政二年卯歳三月十日ゟ十一日引上土砂加持相勤申候以上」

⑧「康徳院俊翁東里三廻忌他追善ニ付人別備物控　安政三丙年四月五日ゟ六日江引上土砂加持相勤申候以上」

⑨「妙光様三拾三回廻忌・東嶼様弐拾五回忌追善引上相勤萬控　安政六年未歳三月六日ゟ七日江相勤候」

⑩「康徳院俊翁東里様七回忌他追善相勤人別備物控　安政七申年三月廿七日ゟ廿八日江尤廿八日土砂加持相勤申候」

⑪「智光院蓮臺妙寿様備物家別控　文久二年戌十二月」

⑫「妙寿様一周忌・宜照様三拾三回忌追善相勤備人別備物控　文久三亥年九月十九日ゟ廿日江尤廿日土砂加持相勤」

⑬「智光院蓮臺妙寿様三回忌人別備物控　元治元子年四月十九日ゟ廿日江引上相勤候」

⑭「西勝院吐月東州様五拾回忌他人別備物控帳　元治二丑年三月十七日ゟ八日江引上相勤候」

⑮「康徳院俊翁東里様拾三回忌他追善人別備物控　慶応二寅年四月五日ゟ六日江引上相勤尤六日土砂加持相勤申候」

⑯「彩光院連珠東嶼様三拾三回忌他追善人別備物控　慶応三卯年三月十八日ゟ十九日江引上相勤尤十九日土砂加持相勤候」

⑰「智光院蓮臺妙寿様七回忌他追善人別備物控　慶応四辰年十月廿七日ゟ廿八日江相勤尤廿八日土砂加持」

⑱「随教院速證道覚居士備物并ニ諸入目帳　明治六癸酉年第十月十二日ヨリ十三日江七七日勤」

⑲「随教院速證道覚居士壱周忌他諸入費帳　仏事引上就而者土砂加持執行　明治七年甲戌五月二十四日二十五日江修行」

⑳「随教院速證道覚居士三回忌仏事相勤引上土砂加持執行ニ就諸入費記帳　明治八年乙亥五月四日五日へ」

㉑「西勝院吐月東州様六拾壱回忌・真珠院研玉妙光様五拾回忌仏事御備物入費帳　明治九年丙子五月十日ヨリ十一日江執行」

「御代々様［　　］」以下、史料は施行年によって示す。

史料No.（以下略）㉒明治一一年・㉓明治一二年・㉔一二年・㉕一三年・㉖一三年・㉗一四年・㉘一七年・㉙一八年・㉚一九年・㉛一九年・㉜二〇年・㉝二〇年・㉞二一年・㉟二二年・㊱二五年・㊲二七年・㊳二八年・㊴二九年・㊵三〇年・㊶三四年・㊷三五年・㊸三六年・㊹三八年・㊺三九年・㊻四四年。

［山口家史料］（三）

『引田町歴史民俗資料館　収蔵資料目録（二）』山口屋収蔵資料（補遺）一九九七年　八六〜一〇〇頁。

山口家文書は東かがわ市歴史民俗資料館所蔵。（註26）

（三）①「恵光様廿五年忌　安政二年卯十月廿日ゟ廿一日引上ル」

②「教入往生節入目控并香料控四十九日迄香料控　安政三辰四月廿三日」

③「教入様三回忌他　安政五年午三月廿二日より廿三日引上ケ相つとめ」

④「常焢様十三回忌他　安政七年甲閏三月五日六日へ引上ル」

⑤「教入様七回忌香料諸入目控　文久二年戌四月廿三日当り三月廿八日より九日引上ル」

⑥「恵光様三拾三回忌香料諸入目控　文久三年亥三月廿二日より三日江引上ル」
⑦「常悾様十七回忌他　元治元年子三月廿二日廿三日引上ル」
⑧「妙教様廿五回忌　慶応二年寅四月十五日より十六日当リニつとめ」
⑨「五十廻忌引上ル　明治二年巳十月五日ゟ六日」
⑩「教入様他　明治五年申四月廿二日ゟ廿三日迄ニ三歩経相勤メ申候」
⑪「妙教様三十三回忌相勤メ　明治七年四月十六日之所同三月廿二日ゟ廿三日へ相勤申候」
⑫「壽山往生入費記并ニ香料悔四拾九日迄止記　明治拾壱年寅第八月二日旧七月四日ニ当ル」
⑬「寿山様二回忌他相勤メ　明治十二年卯閏三月八日九日同閏三月九日ゟ十日へ」
⑭「三部経相勤メ諸費香料控　明治十三年旧三月廿二日ゟ廿三日迄」
⑮「寿山様七回忌諸費香料控　明治十七年旧五月二日三日相勤メ」
⑯「妙円往生入費記并ニ香料悔四拾九日迄止記　明治拾八年第六月廿［　］日五月十五日」
⑰「妙円壱回忌入費記并ニ香料控　明治十九年第五月十八日九日旧四月十五日ゟ十六日」
⑱「妙円三回忌入費記并ニ香料控　明治二十年旧五月当リ四月十五日ヨリ十六日引上ル」
⑲「教入様三拾三回忌并ニ香料諸入費控　明治廿一年旧四月廿二日廿三日当リ相勤メ」
⑳「寿山様十三回忌覚　明治廿三年五月廿八日九日勤ル旧四月十日十一日当ル」
㉑「妙円様七回忌他　明治廿四年旧四月十五日六日勉新五月廿二日三日当ル」
㉒「寿山十七回忌諸記　明治廿七年旧三月十二日三日勉ル閏新四月十七日十八日当申候」
㉓「~~□元様~~（寶樹院釋清林信士ト廿九年ニ改ル）往生入費帳　明治廿七年旧十月卅日後三時ゟ四十

九日迄」

㉔「~~□元様~~（寶樹院釋清林信士ト廿九年ニ改ル）二回忌入費帳　明治廿八年旧八月廿八日九日ニ引揚」

㉕「寶樹院釋清林信士三回忌諸入費別時三部経勤　明治廿九年旧三月十二日三日引揚ル」

㉖「常㮶信士俗名嘉吉殿事五十年忌他　明治卅年旧四月一日二日勤ル」

㉗「寶樹院釋清林信士七回忌諸入費控　明治三十三年旧三月廿二日三日引揚ル」

㉘「葬式諸事控簿　卅四年旧七月廿八日午前十一時往生ス」

㉙「釋氏寿山信女霊廿五回忌他三部経　明治三十五年旧三月廿七日八日務ル」

㉚「寶薫院釋妙純大姉三回忌平仏事　明治卅六年旧三月廿一日二日勤」

㉛「寶樹院釋清林信士十三回忌諸入費三部経　明治三十九年旧四月十四日五日引揚ケ」

㉜「寶薫院釋妙純大姉七回忌三部経　明治四十年旧三月十八日九日ニ引揚勤ル新四月卅五月一日ニ勉」

㉝「寶樹院釋清林信士十七回忌他　明治四十三年新四月廿七日八日」

第一章　引田村・町場の景観と特性

第一節　近世末期から近代における引田村

本稿で対象とする近世末期以降の引田村の検証に先だって、はじめに近世、町場（在郷町）を形成し商業の地としての礎を築いた、讃岐国大内郡引田村（現：香川県東かがわ市引田）について概説する。

近世引田村は「岡」「浜」を含む「畑方」と、その周囲の「免」（免場）といわれる地域で構成される（図1）。本稿が主題とする地域は町場・在郷町を形成する波線で囲った「畑方」に属する部分である。畑方は南北に海に面して東から大浜通り、中浜通り、岡浜通り、本町通りと四本の道が通り、岡浜通り以西（山手側）の「岡」、以東（海手側）の「浜」に分けられる。岡浜通りと中浜通りの間を「浜」、中浜通りと大浜通りの間は「中浜」、大浜通り以東は「大浜」と通称され、岡浜通り、中浜通りに接する「浜」には漁師と商人が混在して居住する。本町通りは一部、阿波街道と重複するため一帯が宿場町を形成し南北に長い町並みを展開する。街道を挟む「岡」、「ホンマチスジ」は商家と町人の居住区であった（図2）。近世の引田村は『讃岐国名勝図会』に「當国東第一の大湊にして大買《おおあきんど》大船おびたたしく漁舟《すなどりふね》も多し、諸国の船出入たえずして交易士農工商備れり、海上の絶景一眸百里を観望なす能き湊なり」[註27]のように、海路に高松藩屈指の引田浦を擁し、また陸路には高松城下から阿波に至る浜街道が村の中央を貫く水陸交通の要衝である。このような宿場町、港町、古くは引田城々下町[註28]としての複合的な機能が、「交易士農工商備れり」と商業が盛んな近郷の中心地、在郷町・町場を形成したといえよう[註29]。

近世引田村の行政組織の概念図を図示する（図3）。農業、林業などを治める村方支配は代官→大庄屋→庄屋→組頭の系統により、漁業、回船業などの浦方支配は御船手→浦庄屋→町頭→浦組頭により行われ

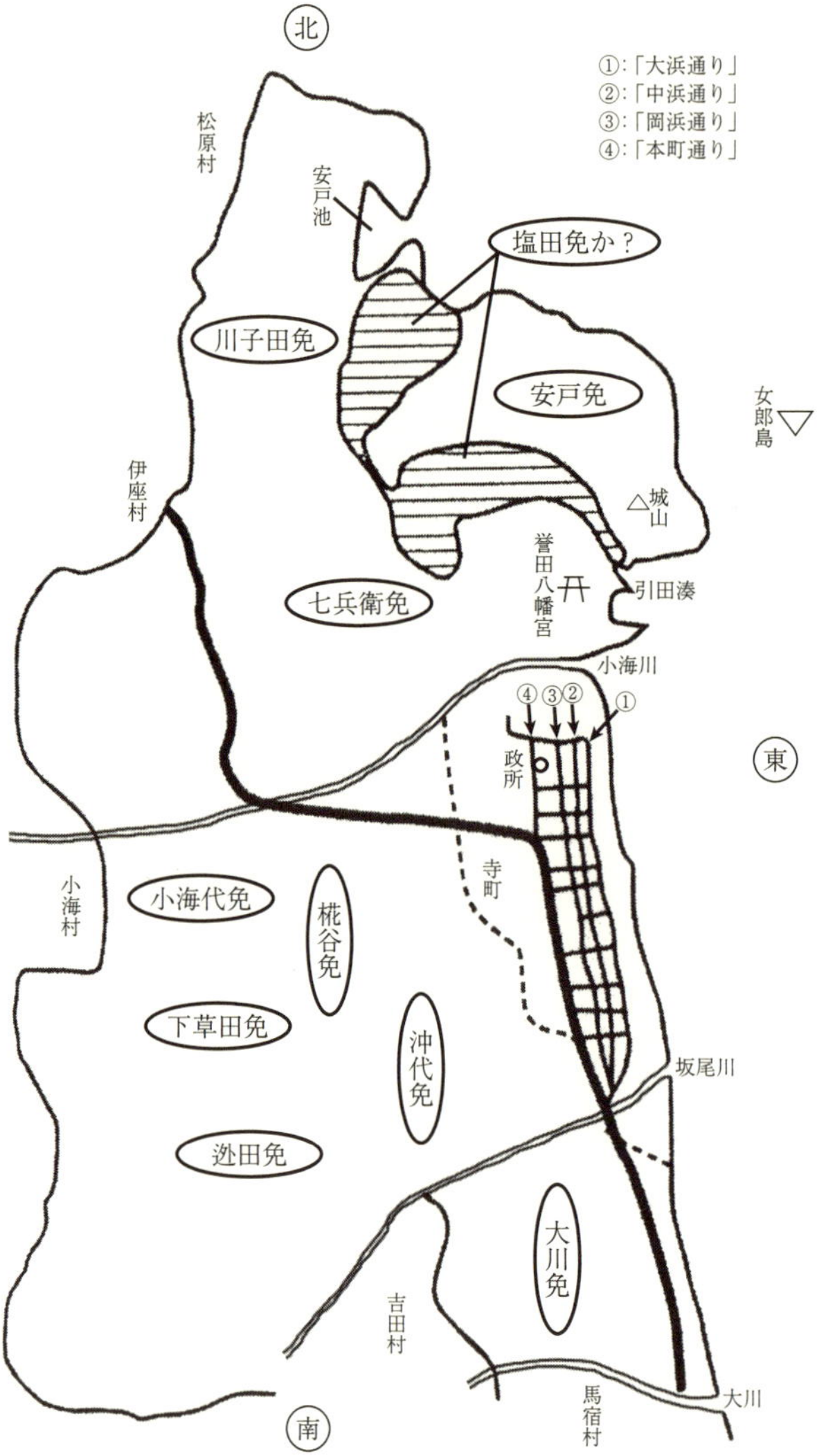

図１　引田村の空間構造

「引田村全図」引田町歴史民俗資料館（現　東かがわ市歴史民俗資料館）所蔵より作成。

山本秀夫『近世瀬戸内「浦」社会の研究』より転載。

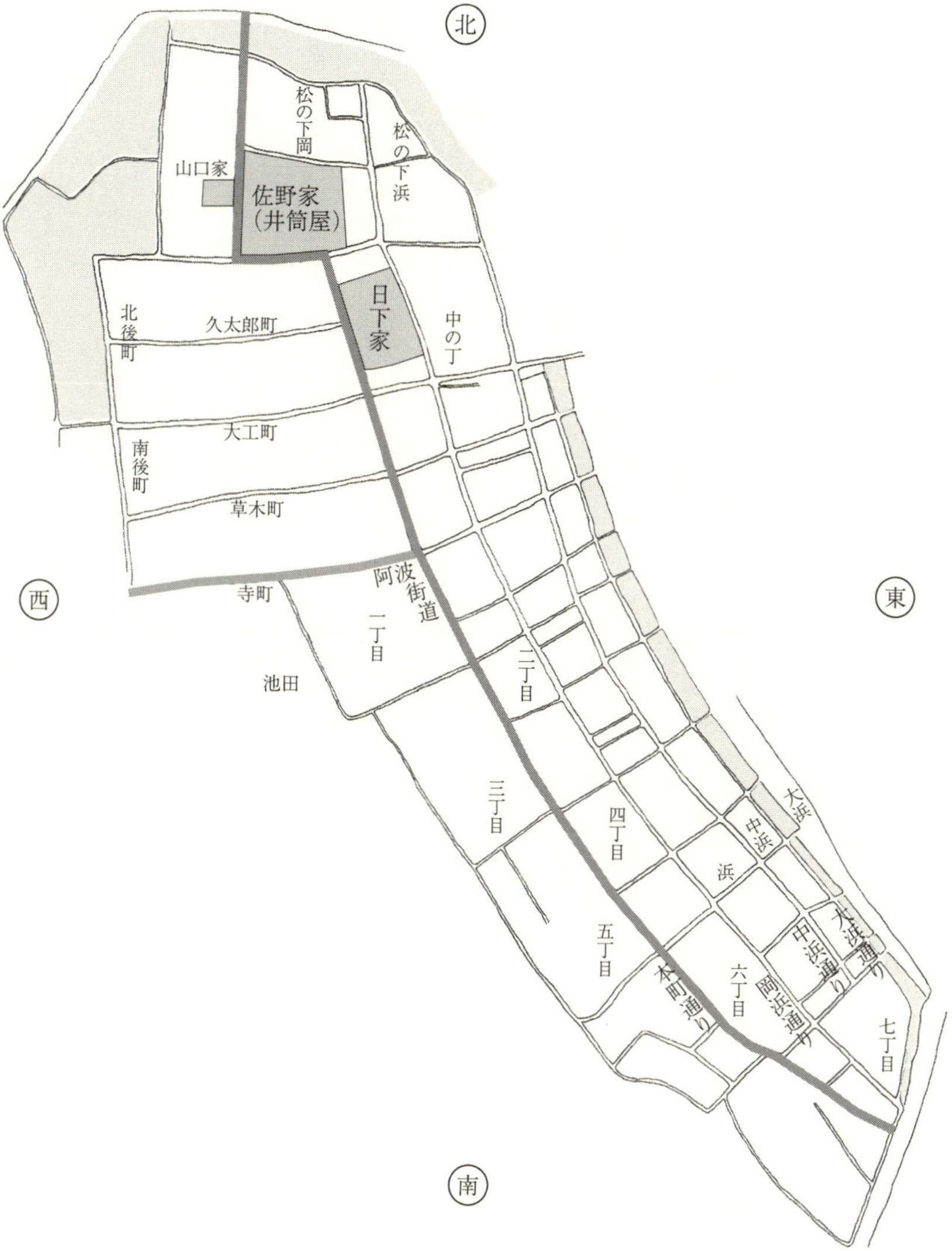

図２　引田村・畑方の空間構造

『東かがわ市歴史民俗資料館年報・紀要』第６号 「引田の屋号調査概報」（「昔を知ろう会」）より作図。

る。町頭職は高松藩では引田浦のみに置かれた特殊な役職であった。このような行政組織からも明らかなように引田村は「村方」、「浦方」として設定されたが、その内部には「町方」の要素を内包しておりこれが引田村の地域的、歴史的特性の由来と考えられる。[註30]

　また、往時の引田村の賑わいを示す史料として天保一四年（一八四三）高松藩が行った店商い調査がある。これによれば天保一四年の株商人人別帳の「惣〆九拾六人」の株商人に加え無株の商人を合わせると、一時期引田村では一三七軒の商店が軒を連ねておりその賑わいがうかがえる。史料中には店々の取り扱いの商品が詳しく

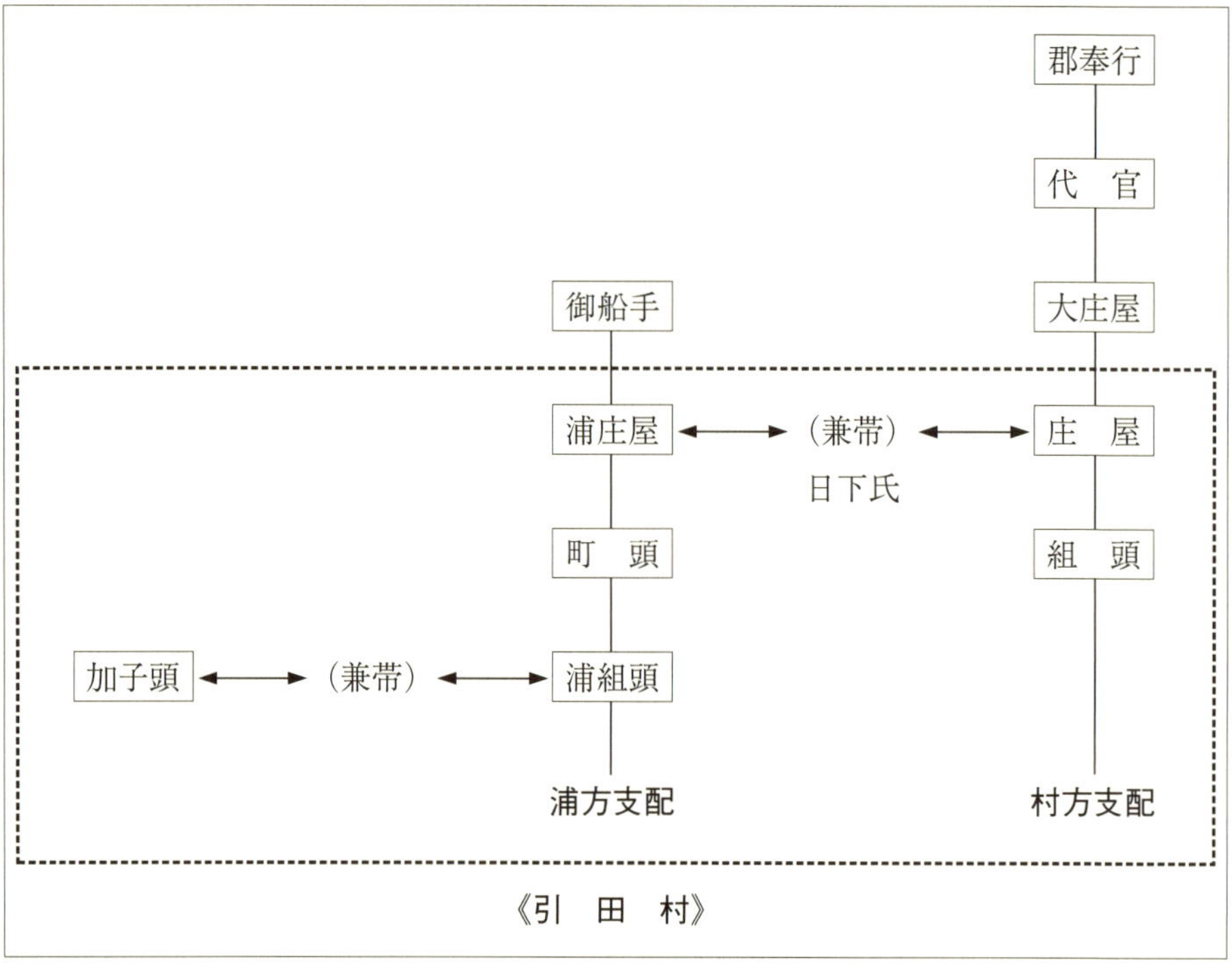

図３　引田村（浦）の行政組織図

山本秀夫『近世瀬戸内「浦」社会の研究』より転載。

書き上げられており（表1）、これらの商家では一軒で三〇品目以上の商品を商う店がある反面、八百物類、金物類、煙草、材木類、古手類などの他、手製の素麺、菓子類、飴、饅頭、売薬などのように一商品のみの店もみられる。商品には出現頻度上位の六一軒の店が商う「日用手軽キ品々」や「穀物類」「衣類」「家具・器具」など在郷の人々の日常生活を支える商品とともに、嗜好品、化粧品、装身具などに分類される非日常的商品もみられ、在郷町的町場を核とする周辺農村部の暮らしぶりを垣間見ることができる。[註31]その他、宝暦五年には酒造（七軒）、弘化三年には醤油造（五軒）、酢造（一軒）、旅籠（六軒）、風呂屋（三軒）、髪結（五軒）、売薬卸（一軒）なども店を構えている。[註32]上記のような幕末引田村の活況は、これに連なる明治期、近代への影響の大きさを容易に推定することができる。

本稿が対象とする近世末期から明治期における引田村は、明治期成立の『新撰讃岐国風土記』にも「当村は天正十五年まで、本国の治城ありし所なれば、其なごりにて、農工商軒を並たる一都会なり」[註33]のように、前代の町場・在郷町の賑わいが引き継がれる。

また、明治二一年市制、町村制公布により市町村の合併推進が進んだが、引田村は一村独立を強く主張した。その理由として、第一項には「（前略）依之吾引田村ノ如何ヲ顧ルニ区域広ク人口多ク又相当ノ資力アリテ独立自治ノ目的ヲ達スルコトヲ得可キ者ト見認可仕候、（下略）」、第二項「（前略）吾引田村ハ商工漁業ノ村ニシテ他ノ両村（小海、吉田村）ハ農業専務ノ村ナレバ（下略）」などの四項目をあげて、農業のみによる近隣他村との差違を「商工漁業の豊かな村」と謳っている。なお、この答申書は佐野新平他八名によって出されている。[註34]明治四二年引田村村是には「商工業ヲ盛ナラシメ兼テ遠洋漁業ヲ奨励スル事」の一項を掲げ、「（前略）独リ発展ノ余地ヲ存スルモノハ夫只漁業ト商業ナルカ。（下略）」

表１　引田村店商い品々（天保14年）

日用品	日用手軽品々（61軒以下軒を省略する）
履物・笠	草履（36）　草鞋（37）　下駄（25）　雪駄（8） 問屋張笠（28）　笠類（9）　白張日笠（4）　合羽（3）
食品類	穀物類（51）　素麺・手製素麺（26）　八百物類（10）　鰹節（4） 手製菓子類（4）　手製飴（3）　手製まんぢう（2）　糀（2） 酢（1）
文具類	紙類（53）　墨筆（26）　硯（7）
衣料品	綿類（34）　太物（13）　足袋（11）　苧（7） 古手類・木綿古手（5）　ぱつち（3）　脚絆（2）　柄袋（1）
家具・器具	瀬戸物類（25）　膳椀（7）　文庫（6）　机（4）　鏡台（4） 箱（3）　長持（3）　柳行李（3）　金物類（3）　土かめ類（3） 砥石（2）　吸物椀（1）　家重（1）　提重（1）　草煙盆（1） 鍋釜類（1）　桶類（1）　神棚（1）　鏡（1）　針箱（1） 砂糖箱（1）
嗜好品他	草煙（20）　草煙入（9）　煙管（9）　茶（8）
化粧品他	髪附（14）　白粉（13）　紅（8）　髪そり（2）　水引（2） 眉剃毛（1）　かもじ（1）
装身具	こうがい（12）　櫛・木櫛（11）　かんざし（8）　扇子（7） 紙入（2）
農具類	農具類（7）　むしろ（2）　けんど（1）　石灰（1）
建材類	材木類（5）　手嶋類（2）　戸障子類（1）　金具類（1） 釘類（1）　かわら類（1）
その他	蝋燭（37）　蘭類（17）　線香（7）　灯油（7）　染粉（3） 尺長（2）　菜種類（2）　染竹（2）　染草（1）　炭（1） 手製売薬（1）

※「天保十四年四月大内郡引田村店々人別書出帳」（『香川県史』９近世史料Ｉ）より作表。
*ただし、（　）内は出現回数を示す。

（明治四二年会議録）[註35]などいずれも商業による村の発展を期しており、これらからは引田村が明治以降近代においても、引き続き東讃における商業の地として一定の機能を有したことが看取できる。ちなみに、明治四〇年引田村の職業別人口は商業は三五八人、戸数は一三〇戸（他に農商兼業四七戸、商工兼業一七戸）である。[註36]

ただし、明治以降の交通網の整備、東讃に関しては「高松・長尾間に電車開通」（明治四二年）、「高松・志度間に電車運行」（明治四四年）[註37]など、近代化による人および商品流通の変化は、宿場町、港町などの機能の低下を生じ、町の盛衰に少なからず影響をおよぼしたことは想像に難くない。さらに、後背地としての引田村の農業は近世、近代を通じて甘蔗作付率の高さが特徴であり、糖業の隆盛は豪農を生むなど農民生活に質的な変化をもたらしたが、[註38]甘蔗作付面積は明治三〇年後半には最盛期の一〇分の一にまで減少するなど、[註39]町場・在郷町の繁栄を下支えした糖業の衰退の影響なども推定される。

なお、従来の農村部他の調査対象とは異質の新たな調査地域設定については、町場の特性を明確にすることは不可欠であり、便宜上、農村部との対比のなかで以下のように検証する。はじめに、従来迄の調査過程で得た農村部の特性をあげれば、年貢などによる米中心社会であり、農業を主体とする職業的均質社会、田畑および収穫なども概ね固定的で閉鎖的な側面が看取される。また、農村部の階層構成は上層農民と下層農民、地主と小作などの関係性が強く、殊に時代に伴う顕著な階層分化の進行は少数の上層が零細、無高など下層農民を支配するとした「縦社会」の構図を形づくる。[註40]

対して、近世、引田村において周囲の免（農村部）のなかに商家を中心とした町並みを形成する町場・

在郷町の最大の特徴は、商業を軸とする貨幣中心社会の成立といえよう。町場においては既述のように多彩な商業群による流動的かつ開放的な社会の展開が推定できる。これらは佐野・日下両家他の数軒の最上層を頂点とする縦社会とともに、中心をなす商人間には相互に家を基盤とする横断的な連合関係、(註41)対等の横のつながり「横並び社会」ともいえる関係の成立が推定できる。以上、儀礼の具体から垣間見える両者の差違は明らかであり、本稿ではこのような地域が有する背景とそこに展開される町場の仏事儀礼を関係づけて検証することを課題とする。

第二節　佐野家・日下家・山口家および相互の関係

一．佐野家

佐野家（井筒屋）は「由緒書」（佐野新平作成・明治三三年）他によれば、先祖佐野孫三郎は生駒氏に仕え、寛永一九年（一六四二）には高松藩祖松平頼重の船手御用を勤める。(註42)家業の醤油醸造は元禄期に起こし宝暦年間に酒造株を取得する。屋号の「井筒屋」は寛政年間からとされる。天保五年（一八三四）から廃藩まで引田浦において高松藩の小引更所（銀札所、藩札と金銀を交換する役所）を開く。佐野家は通説では商家のため村役人の事実はないとされたが、近年の調査によれば佐野新兵衛は宝暦二年（一七五二）・同八年（一七五八）・同一〇年（一七六〇）・同一三年（一七六三）・明和七年（一七七〇）・安永二年（一七七三）に大政所の記録があり事実が確認された。(註43)また、佐野五郎左衛門は日下家（大庄屋、庄屋）の「介役」となる。(註44)なお、明治期には当主佐野新平（明治元年から昭和二〇年）による家業の醤油、酒醸造業に加え、急激な土地集積により大正一三年（一九二四）の農商務省農務課調査では、田九三町・畑五五町合計一四八町、小作人は八七八戸と香川県内第五位の巨大地主となる。新平はまた引田町会議員、同助役、香川県々会議員、同副議長などを歴任した。(註45)

二．日下家

日下家は由緒書その他によれば先祖は諏訪氏。永正三年（一五〇六）讃岐国大内郡引田村に居住し姓を日下に改める。後、同地において日下嘉兵衛秀之（寛永七年没）が庄屋、日下佐左衛門吉忠（元禄一五年没）が大庄屋役を勤め、以降幕末まで大内郡大庄屋および引田村、馬宿村の庄屋を勤めた。日下家は前出の佐野家とは、例えば佐野家より佐左衛門（寛政一一年）、久太郎（嘉永七年）が日下家へ入家し、佐野五郎左衛門妻女は日下家より入るなど重縁の関係にある。明治期には日下勇三郎は村長、村議会議員、引田村戸長などを歴任した。昭和七年当主日下武近氏は木筋コンクリート洋風建築の旧引田郵便局を新築、同五三年まで郵便業務を行った。(註46)

日下家には「月番帳」「浦方御用留」「地方御用留」「村方御用留」他の近世史料がよく残っており引田村史他県内の研究史料として資している。また、高松藩の店商い取り締まり関係の史料「天保十四年卯四月　大内郡引田村店々人別書出帳　但文政六未年御改　同十亥年御改　右七月四日相認　和泉氏江指出」他には往時の店商いの具体が詳述されており貴重といえる。(註47)

なお、日下家・佐野家相互の関係を最もよく示すものに「遺訓の事」（文久三年・一八六三）がある。同文書は佐野家一〇代当主五郎左衛門が日下家に入家した息子・久太郎に宛てた訓戒で、条文からは引田

村を代表する名家として日下・佐野両家が相携えてこその繁栄であり、永続であることが記されている。（註48）

遺訓之事（抄出）

一日下家之儀者、当浦開闢以来之役宅ニ而、実ニ郡村之名家也、
不図相続致候も誠ニ御先祖之因不浅与相心得、兎角
役向正路ニ相勤諸事依怙之沙汰無之、家名相続専一ニ、
相心掛謾ニ役権ヲ振リ、人ヲ拒メ理屈ケ間敷義申抔不宜、何事も
相済候事者軽易ニ取捌、其身も無心配気楽ニ申度事
一述迄も無之（候脱カ）得者、佐野家之儀者親類内ニ而も格別之間柄故、
萬事相談仕合双方永続致候様取計可申候、佐野家者
日下家ヲ以立チ、日下家者佐野家ニ依而立候義と相心得、
毛頭無隔心、互ニ睦敷末長久ヲ計可申事

文久三亥年十月　佐野五郎左衛門親信

日下久太郎殿

三　山口家

山口家・山口鶴齢堂は大川郡引田村引田（現：東かがわ市引田）において、「山口屋」の屋号で近世・近代を通じて薬の製造、販売を家業とした。明治八年山口宗七郎提出の履歴によれば、引田における薬の

製造、販売の創始は寛政二年（一七九〇）二代嘉七郎からである。天保一四年（一八四三）高松藩作成による店商株人別書出では「文政十一年亥年以後店商人別左之通」に「山口屋嘉七郎　右者売薬師」がある。[註49]山口屋は薬の製造、販売を業とし、近代には「オーガン水」「トンプク散」などを幅広く製造している。[註50]さらに同家では売薬営業人からの請売も県内外におよぶなど手広く行なった。なお、日下家仏事入費などには「一金弐拾六銭五厘　山口屋　蝋燭代」（明治一一年）、「一外ニ四拾銭三厘　紙蝋燭　山口宗七郎様」（明治三〇年）[註51]などが散見され薬種以外に紙、蝋燭なども商っており、同家仏事贈答に多用された朱蝋燭は自家の商品であろう。ちなみに、山口家は佐野家の道を隔てた真向かいに住し、道に面して奥に細長く建てられた町屋である。町屋にはそれぞれ大小はあるが、山口家は凡そ中程度の規模と推定できる。ちなみに、佐野家（井筒屋）・日下家住宅は一般的な町屋の一五倍以上を擁している。[註52]

四．佐野・日下・山口三家と階層

本稿の主たる調査目的は、上記引田三家の仏事儀礼の比較検証から引田地域町場の儀礼と供応食の特性を明らかにするものである。筆者はこれまでも同様の調査を農村部の庄屋文書などにより継続しており、調査対象は史料の制約から主に大庄屋、庄屋他の上層に限定される。本稿の引田町場では予備調査において山口家は明らかに佐野・日下両家とは異なる新たな階層が推定され、改めて山口家を含めた三家の階層を設定した。ただし、ここでいう階層は引田町場全体を階層区分するものではなく、三家のみによる仏事儀礼の比較検証ための設定に限定する。尺度としては町場の特性を生かし主には経済的側面および地域での家格、地位などを加味して序列化した。はじめに、既述のように佐野・日下両家は、佐野家は近世・近代を通じて醤油（一時期酒）醸造を生業とするなど引田地域のみならず讃岐地域有数の商家である。また日下家も大内郡大庄屋、庄屋など村方三役の長として近世以来永く村政に関わるなど、それぞれ来歴は異なるものの同地有数の名家であり地域の「上層または最上層」と明確に位置付けられる。対する山口家の位置付けについては、家の側面からの情報は極めて断片的であり限定される。このため山口家を地域全体のなかでの商家の側面から検証した。ここでは近世後期以降、中心地に細長い町並を形成する町場・在郷町を指標の起点とし、主には同地の大勢を占めると思慮される商家としての位置付けから階層を特定する。経済的側面を主たる尺度とする場合、町並に店（居）を構える商家は町場における一定の水準が推定できる。すなわち、町並の商家そのものが一部に上層さらには下層が併存するとしても、町場において最多数を占めるいわゆる中流、中層の想定が可能と考えられ、山口家を「中層」と設定した。
以下に断片的ではあるが山口家を構成する要件をあげ中層の一端を補足する。

一．引合（文政十亥年御改）　引合　山口屋
手製売薬　　嘉七郎
「天保十四年卯四月　大内郡引田村店々人別書出帳　但文政六未年御改　同十亥年御改　右七月四日相認　和泉氏江指出」(註53)。

一．履歴
一亡祖父嘉七郎摂津国大坂道修町薬舗小西喜兵衛ニ従ヒ　薬品取扱修業仕　寛政二年庚戌九月ゟ讃岐国

大内郡引田村ニ於テ開店□薬品売買仕候　右之通相違無御座此段上申仕候也
明治八年十月　山口宗七郎。(註54)

一．明治二二年に以下の土地を所有し地主となる。
地処買求證文之写シ
讃岐国大内郡小海村字松崎　田壱反壱畝廿五歩
同郡同村　畑三畝六歩
同郡同村　山林四反八畝拾八歩
同郡同村　山林壱反一畝弐歩
反別計　七反四畝弐拾一《ママ》歩。(註55)

一．賃水主株所持（嘉永三年）。
本水夫株　四八人（井筒屋新兵衛・佐野家他）
賃水夫株　七五人（山口屋嘉七郎他）(註56)
萩野憲司氏は引田村オカの階層構成に関して「商人内での経済力の差」とし、近世では店株を持つ商家は本水主株を持つ場合が多く、これらの人々は引田村の富裕層であり村の運営がなされたと述べている。(註57)

一．明治大学神代研究室は昭和五〇年八月、一〇月にわたる二回の調査において引田の町並と家々を詳細な図面に起こしている。これによれば佐野・日下両家は通常の商家の一五倍を擁するなど家格を誇示しており、他方、山口家は全体のなかではほぼ中程度の佇まいであり、可視的に中層の一端を捉えることができる。(註58)

一．山口宗七郎本宅平面図（口絵）(註59)

第二章　引田村・町場（在郷町）における仏事儀礼の形態

―暮らしのなかの仏事―

中世前期までは主として貴族・武士などのものであった葬祭の儀礼は、中世後期、戦国期にいたる寺院の郷村への進出を期に、庶民の大部分が仏教葬祭によることとなった。さらに郷村内における寺院分布の密度の高まりは、寺院側では仏事の回数の増加に繫がり、他方庶民にとっては葬祭儀礼によって死霊の祟りから解放されるとともに、近親者にたいする報恩追慕の念を深めた。なかでも死後、故人の衆苦をのぞき冥福を増進し、遺族が善根福徳を修する十三仏事などおよびその信仰の浸透は、寺院と庶民間により強固な寺檀関係を成立させる。[註60]ここでは、このような永い経緯を経て人々の日常生活の根底に根づいた幾つかの仏事事例から、往時の讃岐地域（香川県）の人々にとっての仏事の意義を概観する。

一．阿比野家

「阿比野家祭式　全」[註61]

仏事執行控へ

御斎米　正月から十二月まで弐升

當り附　三年　七年　十三年　十七年　二十五年　卅三年　五拾年　六拾壱年

「右追福ノ當り也但シ元祖位ニテ家繁栄致し居候時ハ百年も百五拾年迄相勤ルも有り、然共百年忌ゟハ魚肉ニ而祭物也」

「〇六十一年忌ニテ壱巡仏法ニテ壱遍り相済干支も壱廻り済也、六十一年迄ニハ他家へ生レ更ル故他家ニテ祭ル故ニ六十一年忌ニテ一人前之追福ハ済物也」

献立定
ヒジ　飯　汁　皿　猪口　引而　平計り　＊一汁三菜
初夜ニ　飯　坪　平也　茶漬也　＊　二菜
斎　飯　汁　菓子椀　皿　香物　引而　平　茶碗　猪口
　後ニ而酒　丼取合五ツ切也　＊一汁五菜・肴五品
（＊印は筆者加筆）

相勤候仏事控へ　二月十日ゟ内仏事無し。
例えば、嘉永三庚戌年の仏事（ただし、一部戒名は略す）。
「〇七回忌二月十日　〇十三回忌四月廿三日　〇廿五回忌七月八日〆二月十日十一日追福仕候
右大法事故ニ房頭七人内住寺四人布施六拾目弟子三人布施三十六匁〆九拾六匁布施ニ致土砂
　加持相勤候事也」

阿比野家は在郷町としても栄えた讃岐国鵜足郡（現・香川県宇多津町）において農商を生業とし旅舎を営む。屋号は高田屋。「阿比野家祭式　全」推定嘉永五年（一八五二）から六年成立。内容は同家の「毎月定り式」「年中祭事記」「人間一代大禮事」「正月事始極月之行事」など家政を中心とした多岐にわたる定法の記録であり、彩色された絵図なども散見できる。(註62) 仏事に関しては六十一年忌をもって弔上げ（年忌が明けること）とするが、百五十年忌までもあり百年忌よりは魚肉で祭るとある。仏事献立は一日目・宵法事一汁三菜、二日目・本法事は初夜（初食）に茶漬。斎（時）一汁五菜に肴五品の酒肴の構成である。檀那時への月々の斎米の慣習など信仰に篤い。

二　藤村家

「主人年中行司録　享和二年　壬戌十二月始」(註63)

一月廿八日　夜七時起興配膳并拝湯今日者夜迄外出致間敷事。

廿五日　今日より精進酒肉音曲を禁猥ニ外出致間敷事。

三月廿七日　忌日　僧不及候　廿六日精進。

五月二日　忌日　僧不及　朔日昼ゟ精進　当月吉日撰祈祷修行。

六月七日　忌日　四日ゟ精進。

八月廿九日　忌日　僧不及　廿七日ゟ精進　百蔵計。

九月十日　忌日　七日ゟ精進。

九月廿四日　忌日　廿一日ゟ精進。

九月晦日　忌日　小ナレハ廿六日ゟ精進。

「年中行事録　斎居士御仕成　年々用之者也」（文化一二年）(註64)

一月廿八日　斎　廿五日ゟ精進　不他出　酒肴　音曲右禁制。

平皿　汁　飯　和物　茶碗　香の物　以上僧客主人分

＊一汁三菜

平皿　汁　（飯）香の物　家内上下　＊一汁一菜

御忌日者上下無差別同様也。

三月廿七日　斎　平皿　汁　飯　茶碗　右上分　＊一汁二菜

下分　　　　　　　　　　　　　　　　一汁一菜
八月廿九日　忌日　平皿　汁　壺　和物　　　一汁三菜
九月十日　　忌日　平皿　汁　飯　茶碗　猪口　＊一汁三菜
　　　　　　七日ゟ精進
九月廿四日　忌日　平皿　汁　飯　茶碗　見合一種　＊一汁三菜
　　　　　　廿一日より精進
九月晦日　　忌日　平皿　汁　飯　茶碗　煮付　　＊一汁三菜
　　　　下例之通　　　　　　　　　　　　　（＊印は筆者加筆）

藤村家は讃岐国豊田郡和田浜（現・香川県豊浜町）において代々庄屋、大庄屋の家格であり、丸亀藩主領内巡視などでは本陣役を勤めた。「主人年中行司録　享和二年　壬戌十二月始」は同家主人により記録された年中行事録であり、大庄屋当主としての佇まい、また、家の経営などが記されている。なお、主人年中行事録には文化八年度の記録(註65)も残されているが、ここでは比較のためにより時代の古い享和二年を用いた。「年中行事録　斎居士御仕成　年々用之者也」は同家の家政の年中行事録であり、正月、五節句などの年中行事や斎、忌日などの作法とともにこれらに付随する料理献立などが記録されている。仏事に関しては斎、忌日の記録である。斎、忌日は享和二年では一年に八回、また文化一二年では六回が営まれている。当主は忌日には数日前から酒肉、音曲を禁じ外出を控え謹しみ精進するなど、仏教が日常の暮らしに深く根づいている。また、忌日の食事には定法があり、上分一汁一菜から一汁三菜、下分は一汁一菜である。これらの供応食は、同家の日常食「朝・茶粥、昼・平皿又者汁　飯、右上分次店之者、下分麦飯そふすひ様、晩・茶漬、香の物」[註66]に比べて特に下分の人々にとっての馳走であり、死者の追福、追善の仏事は人々にとっての施行の側面も有している。

三．渡辺家

「松橋院青海秀壙様長逝御弔帳　安政三年丙辰八月二日」[註67]

一安政三年八月七日八日　一七忌
一安政三年八月廿七日八日　三十五日（引上）
　但同日ハ宝林院三回忌正当之仏事ト一席ニ修行
一安政三年九月十九日廿日　四十九日（正当）
一安政三年十一月朔日二日　百ケ日（引上）
　此度ハ欣浄院一周忌ト一席ニ相勤候ニ付献立ハ欣浄院葬式帳ニ委細在
一安政三年十一月十日十一日　百ケ日（正当）
一安政四年四月十二日三日　一周忌（引上）
一安政四年八月朔日二日　一周忌（正当）
一安政五年四月八日ゟ十日迄　三回忌（引上）
一安政五年八月朔日二日　三回忌（正当）
一文久二年四月十二日三日　七回忌（引上）
一文久二年八月朔日二日　七回忌（正当）

一慶応四年四月朔日二日　十三回忌（引上）
一慶応四年八月朔日二日　十三回忌（正当）
一明治五年八月朔日二日　十七回忌（引上）
一明治十三年三月十六日七日　廿五回忌（引上）
一明治廿二年旧四月十一日十二日　三十三回忌（引上）
一明治卅八年旧八月一日二日　五拾回忌

曽祖父松橋院様第五拾回忌仏事記事

渡辺家は讃岐国阿野郡北青海村（現・香川県坂出市青海町）において代々庄屋・大庄屋を勤めた家である。史料は「松橋院青海秀壙様御長逝御弔帳　安政三年　丙辰八月二日」。当主渡辺五百之助（寛政五年から安政三年）享年六二才、諡「松橋院釋秀壙信士」の仏事記録で、五百之助死後一七忌（初七日）から五拾回忌までが残されている。なお、同家では仏事は通常の引上仏事の後にも、故人の命日に正当の仏事が「正当小御仏事」として小規模で営まれており、全一七回の年忌法要が営まれている。これらの仏事はいずれも数カ寺の僧侶を招き、料理人他台所向役割の人々を雇うなど、大庄屋渡辺家の面目躍如の贅を尽くした持て成しが繰り広げられる。なお、同家では、五百之助没の前後に同妻宝林院（嘉永六年没）、当主槙之助松雲院（明治四年没）、同妻欣浄院（安政二年没）[註68]が没しており、その他の先祖も含めて同時期の仏事の多さが推定できる。

以上、僅かな事例ながら近世後期から近代における阿比野・藤村・渡辺三家の仏事を概観した。三家の仏事はそれぞれに、仏事全般にわたる規式（阿比野家）、祥月仏事（藤村家）、年忌法要（渡辺家）と異なるものの、いずれも仏教（さらには寺院・僧侶）を尊び敬い、これに帰依して多大な費用と労力を惜しまず仏事を施行していることが明らかである。さらには、佐野家に明かなように時代に伴う儀礼の拡大化傾向も顕著である。山本眞功氏は「農民家訓」のなかでこのような先祖祭祀の有り様を、「自らが祖先を神として祀ることが、自らが祖先神として祀られて現世を超えた生命の永遠の実感を得る（前提として家の存在、永続化が不可欠であり家の保持こそが第一義となる）ための仕組みである」とし、その意味では「先祖祭祀」はまさしく「我が身の祀り」であると読み解く。(註69) すなわち、仏事儀礼はいうまでもなく故人および先祖の追善供養としての本義を基層としつつも、わが身の安寧、わが身の祀りとしてのより現実的で身近な意味合いをも有した。加えて「先祖を麁末にする時は、我が子孫も繁昌せず、色々のわざはい出来て、其身もついにあやふかるべし」とする当時の人々に広く共有された先祖観は、(註70) 次第に仏事の祈りに現世の幸福、家の繁栄などの願いも込める。さらにまた、上層農民にとっての儀礼は地域の指導者層としての家格の誇示であり、地域間の絆の保持と強化など様々な意図を付加する。多額の経済的な支出を余儀なくされる儀礼は、他面、規模の拡大そのものが目的の成就であり、来世のわが身の安寧を担保するものであったともいえよう。

第一節　仏事参詣客の特定

一．佐野家

佐野家仏事史料には仏事の参詣客に関する記述が比較的詳しい。例えば、明治一〇年（一八七七）では、「一類案内」として二〇軒、また、「出入之者〆三拾三軒」の名前の書上げがあり「八日百三拾人計　九日百四拾人計」と出膳数が記される。また、香料・供物控には参詣客からの到来物が記載されており、これら多数の参詣客は佐野家仏事儀礼の特徴の一端をなすものといえよう。

以下に史料に従い「一類案内」「出入之者案内」に分け客の具体を検証する。

［一類および寺院案内］

一類案内は従来を踏襲した一類（血族および姻族）[註71]などおよび寺院関係者である。案内は最多二四軒（明治一四年）[註72]から最少四軒（明治三九年）[註73]と幅があるが、客は佐野家と重縁の関係にある日下家を筆頭に、主には国方家（五郎左衛門生家）、堤家（故先妻実家）、森家（新平妻実家）および一二代当主新三郎、一三代当主新平の生家漆原家など姻戚関係の家々が名を連ねる。[註74]

［出入之者案内］

西坂靖氏は「出入」について、「大店を得意先とする商人・職人・日用の者」とし、「店表出入」「台所出入」に二分する。[註75]佐野家仏事控帳などでは「出入の者」は氏名による記載が主であり特定が難しいが主には香料などの名称に肩書きされた屋号、地名、職業などを手がかりに検索する。ただし、肩書きは明治初期以降は次第に省略されることから、検索は明治一〇年から一六年の五回の仏事を用いた。㈠屋号が肩書きされる出入りの商家の人々。㈡地名を冠した仏事供応のための日用の女子衆。㈢店、日常生活を支える諸職人であり、多くが商家井筒屋に関わる人々が特定できる。

（屋号による分類）

屋号は商家、町屋などに用いられる通称であり本町筋の屋号は概ね商家が推定される。(註76) 参詣客の屋号には梅屋・蛭子屋・川口屋・河音屋・岸野屋・魚屋・谷屋・長崎屋・橋本屋・浜田屋・播磨屋・備前屋・福島屋・松屋・三原屋・山口屋などがある。前述の一類が姻戚による関係を重んじるのに対し、ここでは地域社会、主には商家井筒屋としての結びつきが強調されている。

（地名による分類）

氏名に肩書きされた地名は、本町通りに沿って松の下・久太郎町・草木町・寺町、小海川を挟む古作・川向、海寄りの浜町など、多くは引田村々内、畑方内など近場の人々で、肩書きの主はいずれも女性である。ちなみに明治三九年仏事の「出入者案内　〆四拾三軒　外ニ手傳ニ雇草木町はる、川向つや、南ノきぬ」(註77)、があり、これらの女性は仏事の手伝いに雇われた日用の女子衆が推定できる。女子衆は一〇人程度から次第に減少する。

（職人による分類）

商家などの冠婚葬祭の儀礼には手伝いとして日頃出入りの職人が馳せ参じる。仏事には醤油、酒醸造に欠かせない桶長こと桶屋長蔵の他、大工・左官・髪結・料理人などがある。全仏事史料の肩書きの検索では鋳掛屋・醤油蔵杜氏・鍛冶屋・表具屋・菓子屋・床屋・洗濯・庭師・石工・車夫・山番などの職種がみられる。

佐野家におけるこのような「一類・寺方」および「出入の者」などによる仏事参詣客の構成は、農村部の庄屋など上層農民の仏事における、上分・「一類他」に対応する下分・「台所向役割担当者他」とは異なる形態であり、内々を中心とする農村部の仏事儀礼とは異質の商家としての側面、外部の出入の者などがより強調された仏事儀礼が想定できる。(註78) なお、佐野家仏事における一類など上分の主要な交流は姻戚を中心としたものであり、商家の儀礼の交際に欠かせない本家、別家（分家）などはみられない。

以上、佐野家仏事参詣客は「一類・寺方」などの上分、「出入の者」などの下分と明確に上・下分に格付けられ、これにより後述する供応などの全てにおいて格差が設けられる。すなわち、参詣客の上・下分の格付けおよびこれに対応する供応の格差は儀礼の根幹に位置づけられると考えられる。ちなみに、幕末の都市部（大坂）の商家の仏事参詣客は、「上の客」檀那時・親類・分家・故人との交流の深い者、「下の客」別家・出入・町内・奉公人・料理人などで、これらはそのまま商家における人間関係の秩序を示すものであり、繰り返される仏事はこれが再確認される場でもあった。(註79) このような客の上・下分の格付けは佐野家仏事参詣客と近似しており、町場の商家、少なくとも「下の客」の出入、町内などの参詣は商家独自の慣習と位置づけられる。

補遺　寺院および布施

仏事の主客である寺院および布施について比較的史料が調っている佐野家を事例として取り上げる。同家の参詣寺院および布施のまとめでは、参詣寺院数では最多一二カ寺（明治三二年）(註80)、（明治四二年）(註81)、最少三カ寺、平均七・三カ寺である。また、僧侶の数は最多一四人、最少五人、平均は一〇・一人、寺院および僧侶数の最多は一二カ寺一四人（明治三一年・明治四二年）、最少は三カ寺七人（明治一六年）[註82]、四カ寺五人（明治二三年）[註83]である。僧侶の数については明治三五年「僧侶十三人之処都合ニテ拾四人トナル」では弟子なども僧侶数に加えており同様に扱った。[註84]寺院、僧侶とも最多の明治三一年は当主佐野新三郎「徳性院暁勇貫道居士三回忌他」の仏事であり、明治四二年は新三郎妻多喜子「徳操院法恵浄貞大姉様壱週年忌」の仏事である。なお、明治一〇年（一〇カ寺一二人）は先代夫妻五郎左衛門、妻「永寿院厚徳一鏡様三回忌・晴雲院恵光妙貞様十三回忌他」の仏事であり、明治一四年（八カ寺一一人）も両人の仏事であるなど、当然のことながらいずれも当主およびその妻女の仏事は篤く供養されている。[註85]なお、全体の傾向としては明治三〇年を分岐点として寺院、僧侶数ともに増加の傾向に転じている。

佐野家の宗派は真言宗、檀那寺は積善坊《しゃくぜんぼう》（現：東さぬき市寺町）である。佐野家仏事では檀那寺の積善坊を中心として周辺の寺院数カ寺が伴僧を勤めている。

［布施］

明治一〇年の仏事布施は以下のようである。

寺々布施　一金二円也　積善坊　一同八〇銭　慈光
一同　五〇銭　恵俊　一同七五銭　道具料
一同　一〇銭　供江
一同　一〇銭　スカ□江　右者法印病気ニ付　〆　四円二五銭
一同一円也　萬生寺　一同　六銭　供
右者両日来読経ニ付　〆　一円　六銭

一同一円	本光寺	一同　六銭	供	〆一円　六銭
一同　八〇銭	海蔵院	一同　六銭	供	〆　八六銭
一同　八〇銭	弘海寺	一同　六銭	供	〆　八六銭
一同　八〇銭	若王寺	一同　六銭	供	〆　八六銭
一同　八〇銭	千光寺	一同　六銭	供	〆　八六銭
一同　八〇銭	圓光寺	一同　六銭	供	〆　八六銭
一同一円也	志度寺弟子	一同一〇銭	供	〆　一円一〇銭
一同　三〇銭	釈王寺弟子	一同　六銭	供	〆　三六銭
				〆一二円一三銭

布施の額は檀那寺、伴僧他など寺院による差違、僧侶の人数などによっても増減する。また、明治一四年先代五郎左衛門七回忌、同妻十七回忌には「僧侶拾壱人」に対し「当年ハ格別ヲ以布施致居也」と前掲明治一〇年に比較しても、積善坊二円↓四円、伴僧の万生寺一円↓二円、海蔵院八〇銭↓二円、千光寺八〇銭↓一円五〇銭とそれぞれ応分に加算される。増減の最大の要因は既述のように生前の故人の位置付けによっている。(註86)また、通常の宵越しの仏事では両日、一日のみの参詣による差も設けている。

佐野家仏事の布施額の最多は明治四二年の二八円四〇銭（一二カ寺一四人）(註87)、次いで明治四〇年の二六円六〇銭（一一カ寺一四人）(註88)である。参詣寺院、僧侶数で明治二四年とともに最多であった明治三一年は二一円九〇銭（一二カ寺一四人）(註89)である。なお、高額の布施はいずれも明治三〇年以降に集中しており参詣寺院、僧侶数ともに一致するなど儀礼の拡大化傾向の一端をうかがうことができる。布施の時系列の傾向をみる目的で檀那寺積善坊の布施の推移をみた。

これによれば布施は明治三〇年を画期として、

明治二九年以前の前期では布施平均は一円八三銭

明治三〇年以降の後期では布施平均は三円七九銭

と最少一円三〇銭から最多四円の前期から、後期では最少二円五〇から最多五円と約二倍以上に増加しており、布施の経年による増加傾向が顕著である。なお、明治期は物価の変動が著しいため布施増加における物価の影響をみた。物価の基準には同家が仏事に使用した米価（仏事に使用した米価が時系列で示されており、地域の物価がある程度反映されると考えられる）を基準とし米価換算により変動を検証した。なお、変動率は明治一四年を基準とした（参考資料・白米価格（石当り米価））。これによれば米価は増減しつつ次第に増加傾向を示す。便宜上、布施と同様に明治三〇年を画期とすれば、明治二九年以前の前期では米価平均は七円二二銭で比較的低価格で安定しているが、明治三〇年以降の後期では米価平均は一五円五四銭と約二倍以上に増加するなど一定の物価の上昇が明らかである。なお、明治四四年は「前年の凶作で米価が連日暴騰」（註90）、明治四五年は「米価の小売り値が一石二六円から二九円台に高騰、明治四四年は二二円四四銭」（註91）となるなどの全国的な米価高騰が讃岐地域にもおよんでいる。布施総額の増加は参詣寺院、僧侶数の増加に連動するなど儀礼の拡大化傾向が読み取れるが、檀那時積善坊の前期から後期における約二倍の増加からは布施そのものの増加傾向が明らかである。さらに、檀那時布施と同様の物価（米価）の動向からは、布施額の増加が自然増のみではなくある程度物価の影響を反映したものと捉えることができる。これらを勘案すれば佐野家仏事の布施は儀礼そのものの拡大化傾向による一定の増加傾向はみ

参考資料　白米価格（石当り米価）

史料No.・年	石当り米価	変動率
③明治14	10円00銭	100%
④　15	8円00銭	80
⑤　16	6円80銭	68
⑥　18	6円50銭	65
⑦　19	5円60銭	56
⑧　20	5円50銭	55
⑨　22	4円80銭	48
⑩　23	9円00銭	90
⑪　24	6円70銭	67
⑫　25	7円50銭	75
⑬　26	7円70銭	77
⑭　29	9円20銭	92
⑮　30	11円00銭	110
⑯　31	17円00銭	170
⑰　32	10円00銭	100
⑱　35	13円50銭	135
⑲　37	15円00銭	150
⑳　39	15円00銭	150
㉑　40	17円00銭	170
㉒　41	17円50銭	175
㉓　42	15円50銭	155
㉔　42	15円00銭	150
㉕　43	17円00銭	170
㉖　45	23円00銭	230

※史料：佐野家文書（１）より作表。

られるが、布施額そのものは明治三〇年以降の物価上昇に連動しておりこれの影響が大きいと考えられる。

二．日下家

日下家仏事における参詣客の記述は近代以降明治六年にはじまる。ここでは案内客は佐野家と同じく「一類案内」「出入之者案内」に分け以下のように記載される。

一類案内　一林忠三郎　一神崎孜茂　一久保次三郎　一岡部幸吉　一南堤　一北堤　一東堤　一馬篠大山　一津本熊太郎　一本家国方　一西国方　一東国方　一富岡　一高松奥村　一志度伊藤　一佐野氏〆

出入之者案内　一佐野様店者不残　一同断裏ノ者不残　一米屋裏ノ者不残　一孫七　一賢之助　一山口屋　一さ太　一直蔵　一浅七　一八百造　一播磨屋　一仲蔵　一きく　一きく　一新八　一多嶋屋　一池田喜三郎　一馬宿んば　一細屋　一木村道甫　一嘉助　一房松　一つね　一美与　一池田伊三郎　一馬乗　一松蔵　一髪結　一松屋〆　＊なお、一部名称は略した。(註92)

ただし、これらは主として名前の書き上げが中心であり、殊に出入の者については実態の把握が難しい。そこで佐野家と同じく香料・供物帳の肩書きなども含めた検索から参詣客を特定する。なお、肩書きは明治中期頃までに多く以降は減少する。

［一類および寺院案内］

日下家一類は重縁の関係の佐野家と重なる部分が多い。南堤・北堤・東堤家は日下家一一代吉房（佐野家より入家）義妹の婚家先であり、佐野家一〇代五郎左衛門（国方家より入家）妻女・つまは日下家の出であるなどいずれも主には姻戚関係の人々である。

寺社は布施の記録による検索では檀那寺積善坊ほか万生寺・本光寺・観音寺・海蔵院・円光寺・弘海寺・志度寺・千光寺・若王寺・釈王寺・与田寺・東照寺・浄土寺・自性院・顕法寺・東海寺・光明寺・西方寺・金泉寺（阿州）などの参詣がある。明治六年の九カ寺を最高に仏事により積善坊一カ寺から七、八カ寺などがありそれぞれの寺毎に弟子、供などが加わる。(註93)

［出入の者案内］

肩書きから以下に分類して検証する。

（屋号による分類）

屋号は商家、町屋などに用いられる通称で本町筋の屋号は概ね商家が推定される。肩書きの屋号は以下である。

［近世］天保一五年（一八四四）から慶応四年（一八六八）

合屋・明石屋（高松）・麻屋・安戸や・池田屋・伊勢屋・和泉屋・うを屋・近江屋・大嶋屋・小川屋・角屋・川口屋・木屋・魚屋・坂元屋・信濃屋・嶋屋・住吉屋・関屋・大丸屋・高松屋・高砂屋・高嶋屋・竹屋・多嶋屋・谷屋・たるや・つる屋・灰屋・はしまや・花屋・播磨屋・備前屋・松本屋・元屋・山口屋・大和屋である。

［近代］明治六年（一八七三）から同一九年（一八八六）

明石屋（高松）・伊勢屋・うを屋・梅屋・桶屋・亀屋・川口屋・米屋・魚屋・桜屋・住吉屋・多嶋屋・谷屋・

浜屋・浜田屋・播磨屋・細屋・松屋・山口屋で、明治二〇年以降は肩書きの記載がわずかとなるための減少が推定される。

近世・近代共通の屋号は一〇軒、近世のみは二七軒、近代のみは九軒である。なお、屋号の軒数は近世に比較して近代ではほぼ半減し山口屋など特定の屋号に止まる。

（地名による分類）

［近世］天保一五年（一八四四）から慶応四年（一八六八）

草木町・松ノ下・大工町・中ノ丁・後町・川向・東町・浜町・池田町・新町・坂ノ下・坂元村・馬宿村・南野村・三本松・津田・高松。

［近代］明治六年（一八七三）から同一九年（一八八六）

草木町・松ノ下・久太郎町・大工町・魚の棚・奥町・後町・寺町・一丁目・川向・古作・宮ノ後・池田・馬宿村・南野村・白鳥・石田村・三本松・大道・高松・百間町（高松）。

近世、近代における変化は少なく、いずれも本町通りに沿った町々であり、また、小海川を隔てた古作、川向、宮ノ後など引田村々内の近場の人々である。ただし、日下家仏事では近世、近代を通して参詣客は近郷の村々や高松など広範囲にわたることが特徴であり、大庄屋としての役職との関連が推定できる。

さらに日下家仏事参詣客には「佐野様店者不残　同断裏ノ者不残」「佐野之内者不残案内」「米屋裏ノ者不残」などの案内に特徴がみられる。佐野家と日下家は既述のように緊密な関係であり同家の内方の人々を残らず案内する慣習は明治一九年までみられる。(註94)また、米屋（神崎家）と日下家との関わりは同家仏事に「一類案内　一神崎攷茂」があり姻戚関係も推定できる。(註95)なお、同家は佐野家同様醤油醸造業を生業とする引田有数の名家である。[註96]なお、日下家においても佐野家と同じく参詣客は「一類・寺方」などの上分、「出入の者」などの下分と明確に上・下分に格付けられ、供応などの全てに格差が設けられる。

三．山口家

山口家仏事における参詣客の記述は近代以降明治一二年に始まる。内容は「八日の案内　〆二拾三人（晩事・非時）」「九日時　〆三十六人、後ノ晩事膳計り　五人丁内」「九日晩事　〆七十人」「十日時、七拾人右同断　〆改六十七人」（二夜三日仏事）と名前の書き上げがある。[註97]以後、中断を経て明治二四年からはほぼ年毎に「案内人数」「客人員」などとして以下のように記載される。「案内人数　一御寺三人　一同御家内壱人　一供壱人　一佐野二人　日下二人　忠太郎四人（以下名称、人数は略す）一内十二人　日雇壱人　〆五十五人　但し晩事四十五十人（ママ）　時五十五人　此所六十人前致ス」。[註98]ただし、これらの記述には佐野・日下両家に明かな一類、出入の者など上・下分を格付ける記述は皆無である。ここでは、主として「香料控」などの名称に付された肩書きおよび同家史料などから、参詣客の一類および寺院関係その他について特定する。

［一類および寺院関係］

寺院関係者は山口家檀那時である善覚寺院主、後主、弟子など三から四名に寺供、まれに同家内が加わる。また、近在の万生寺（現：東かがわ市引田）、西光寺（現：東かがわ市馬宿）住職が伴僧を勤めることもある。

一類関係には以下が推定できる。山口忠太郎または南忠太郎（安政四年生）は五代宗七郎弟であり明治二二年三一歳で別家する。[註99] なお、忠太郎名での案内は明治二九年以降皆無となり、代わって明治三〇年からは南姓が内方として参加する。いずれも五から七人と多人数の家族ぐるみの参詣である。金地は明治九年婚礼記録に「吉日送り物控先方ゟ」「一小倉帯一　忠太郎」[註100]があり前出忠太郎の婚礼であり、さらに、「聟入節遺物」の「一唐奥縞壱反金地男親へ遣リ」から忠太郎の嫁の里方であろう。仏事では二から三人と複数人の参詣である。川井は六代宗七郎娘ヒサ（久）の婚礼記録に「川井ヨリ結納悦義」があり姻戚と考えられ参詣は概ね二人である。[註101]

[その他の参詣客]

山口家参詣客の特徴は「香料控」などの参詣客の肩書きに「丁」およびとなり（隣）・おく（奥）・うら（裏）などの近隣を示す用語が頻出することであろう。なかでも丁の肩書きの人々は史料最初の安政二年の「丁ノ喜蔵、丁せ戸や、丁源蔵、丁役蔵」（参詣客九名中四名）[註102]を初出として、「丁役蔵、丁高砂屋、丁うをや、丁源蔵」[註103]、「丁役蔵、丁徳蔵、丁源蔵、丁岡田」[註104]などがある。以降、丁の人々の参詣は肩書きが減少する明治二〇年前後迄の仏事に三名から五名の名前の書き上げがあり、山口家仏事における丁の人々（家々）の参詣は常態化している。なお、「丁」は次節（第二節　地域（丁・町）と仏事）で詳述する旧五人組の残存形態とみなされる隣保組織が推定される。なお、丁の人々のカウントは丁の肩書きが付されてない者にも前後の仏事で丁と特定された同名の者は丁として扱った。頻出する名称は源蔵、役蔵、徳蔵、うをや、せとや、高砂屋、幸平、宗吉（安政二年から明治二〇年頃）などがあげられる。

次いで、同家を中心とした周辺、近隣の位置関係を示す用語には、隣・奥・裏などがみられる。[註105] 例えば、「となり弥吉、をく馬太、うら由蔵」[註106]、「うら好蔵、をく馬太、となり弥吉、をく半助」[註107]、「隣兵二郎、浦徳蔵」[註108]などであり、これらの人々の参詣も同家仏事を特徴付けている。

なお、これらの山口家参詣客からは前述した佐野・日下両家に明かな一類他に対する出入の者など参詣客を上・下分に格付ける縦の要素は皆無といえる。同家ではごく一部の寺院関係、佐野・日下両家を除けば、一類も含めて参詣客は主には丁、近隣などであり、同位、上下なしの横並び関係の人々といえる。少なくとも、山口家においては上記参詣客に明らかなように、同時期、参詣客を上下に格付ける要素は少なく、格付けの認識そのものが希薄だったと考えられる。このような山口家・中層の実態からは、近世末には上層においては既に明らかな参詣客の格付けとこれに対応する供応の格差の慣習が、一部上層のみに限定される慣習であることが推定できる。すなわち、この点が上層の佐野・日下両家と山口家・中層を分かつ最も大きい差違であり、このような階層の高低から派生する参詣客の上・下分の格付けおよび供応の格差の有無は、後述する儀礼および供応食にさまざまな影響をおよぼしそれぞれの骨格を形成する要因になると考えられる。

・肩書きの減少と苗字

佐野・日下・山口三家の仏事関係史料に共通することとして、近世から近代において人、家などに付けられた肩書きの減少がある。肩書きは主に屋号・地域・職種などがつけられており、地域、村落また丁（町）などにおける本人の特定のために用いられた。また、肩書きによる情報は少なからず地域における人、家の動向を知る一助ともなった。ただし、これらの肩書きは明治以降次第に減少する。この最大の要因は明治政府の「苗字公称の義務化」の推進がある。すなわち、明治四年には「戸籍法」の制定、以降、明治五年の「戸籍作成（壬申戸籍）」「戸籍調査」の実施、さらに明治八年には太政官布達「平民苗字必称令」により「苗字公称」は国民の義務となる。（註109）上記のような戸籍法の制定と苗字公称の義務などの経緯を経て次第に苗字は定着し、とともに肩書の慣習そのものも廃されてゆく。引田地域における苗字の普及と定着は三家に僅かな遅速の差はあるものの、概ね明治二〇年前後が苗字定着の時期と推定できる。近代化のなかで明治政府の数々の布達はそれが人々に浸透、受容されるには地域間に時間差があり、またこれにより従前の慣習の変容も明らかである。

まとめ

佐野・日下・山口三家の仏事参詣客を家別、階層別に特定し考察した。佐野家仏事参詣客は通常大別して「一類案内」（上分）と「出入之者案内」（下分）のように、客を上・下分に格付けて記載される。佐野家で特筆すべきは仏事の主客たるべき「一類」を凌駕する「出入の者」の人数であり、さらに「出入の者」は概ね屋号を有する商家が多くを占めることであろう。このような参詣客における一類および出入りの者などの人数における主従の逆転は、総体として同家仏事儀礼の特性を形成する大きな要因となると考えられる。

日下家でも大別すれば「一類案内」（上分）、「出入之者案内」（下分）のように客の上・下分の格付けは明確である。同家は近世の大庄屋職から近代への変化も推定されるが、「一類」に対して「出入の者」優位などの傾向は同じく上層の佐野家と同様である。日下家参詣客で特筆すべきは「佐野様店者不残　同断裏ノ者不残」「佐野之内者不残案内」など緊密な姻戚関係である佐野家への厚遇がある。ただし、これらの人々は宵法事のみの案内であり参詣客の総数および供応食にもカウントされない。このような他家の内方までへの案内は稀有な事例でありいわゆる施行としての側面も垣間見られる。

対して、山口家参詣客に関する記述内容は「案内人数」「客人数」などのみで佐野・日下両家にみられる上・下分など客の格付けに関する記述は皆無である。同家仏事における参詣客の格付けは結果として明治末期に至りようやく明確となるなど、少なくとも同時期までは参詣客の格付けはなされていない。その最も大きい要因は、同家では上層の仏事参詣客に明かな「一類」「出入り」など客の格付けに不可欠な要素、いわゆる主従などの上下関係の要素が欠如することがあげられる。山口家参詣客の実態は寺院関係、佐野・日下両家などごく一部を除けば、一類も含めて懇意な近隣の人々、商家など同位ほぼ横並びが推定できる。そもそも山口家では同時期参詣客そのものに対する上下の認識は希薄だったのではないか。同家においては、参詣客への格付けはもとより不可能であり、またその必要もなかったと考えられる。

以上、階層の高低から派生する参詣客の上・下分の格付けの有無は、少なからず儀礼および供応食への影響が推定可能であり、さらに、これを受容し定着させる上層（佐野・日下両家）と同時期にも未だ格付けが明確でない山口家・中層を対置することによって、近世末期までに遡る仏事儀礼の形態および定着の過程が明らかになると考えられる。

第二節　地域（丁・町）と仏事

一．佐野家

本節では家別に仏事の背景としての地域、町場の人々との関わりをみる。「町はマチともチョウともよみ（中略）、マチは都市の街区、売買、交換の行われる空間、複数のマチ（チョウ）のまとまりを意味し、チョウは道をはさむ両側の空間、そこに形成された地域的集団を意味した。」(註110)と定義される。南北に長い町並みを形成する引田村「畑方」は、チョウ「丁」に分類される空間であり、古くから「町」は「丁」と言い習わされている。丁における地縁的住民結合また生活協同組織に関する記述は明治期には皆無であり、ここでは同家仏事史料中、昭和初期の「饅頭配布」に散見されるいくつかの事例を参考とする。例えば、昭和初期の仏事の饅頭配布では「五．翌日饅頭配布ハ町内十三個宛、松の下五ツ宛」（昭和三年）、「饅頭配布　町内十一軒十三個、松ノ下十八軒五ツ宛」（同五年）、「饅頭配布　町内九ツ七軒　水貫ふ内、松ノ下二十軒」（同七年）のように両地区にはそれぞれ数を違えた饅頭配布がなされている。(註111)すなわち、昭和初期、佐野家は地域において「町内」および「松の下」と重層的な住民結合に属していたと考えられる。両者の関係についてはここでいう町内とは、明治一三年調査「全国民事慣例類集」に「凡組合ハ舊政府ノ法制ニ従ヒ五人組ト称スレトモ戸数ノ増減従ヒ其数定リナシ。或ハ向三軒両隣ヲ組合トシ或ハ家並ヲ組合トス、組合中ハ吉凶相助ケ患難相救ヒ（下略）」(註112)があり、ここでは近隣数軒のまとまりが「組合」と考えられ、一部、近世五人組制度の残存形態が推定できる。(註113)史料中の「町内七軒九ツ　水貫ふ内」(註114)の記述からも日常的に水回りを共有するなどの密接な関係が想定できる。また、やや拡大した「松の下（地区）」については、例えば、同町（松の下）山口屋の明治二七年葬儀手伝いでは「町内部〆十七人[註115]」があり、同じく明治三四年葬儀手伝人別でも丁の肩書き「一四名」など、いずれも人数的にもほぼ一致しており同義と推定できる。[註116]すなわち「松の下地区」は同地区において葬儀儀礼の役割分担などの機能を有した葬儀互助組織であり、農村部の「免場」「講中[註117]」に相当すると考えられる。ちなみに、同地域では昭和初期まで五人組的組織を「近隣組」、これの集合体を「村組」と二つの組が存在している。[註118]いずれも断片的な事例ではあるが、前代の町場における仏事と丁（町）の関係は、少なくとも参詣および饅頭配布などの実態を伴うものであり仏事と丁（町）の一定の関わりが確認できる。事例はいずれも昭和期であるが年数的な隔たりは僅かであり、慣習の急激な変化は少ないと考えられ明治期仏事においても近似した慣行を推定した。このような佐野家の「町内・松の下」などへの饅頭配布、施行の慣習は、同じく在郷町富田林（現：大阪府）の商家でも散見できる。同家では祥月逮夜（忌日の前夜）には「茶ノ香。[註119]こんにやく壱枚ツ、当町内并ニ他町ニ而ハ出入方・寺・親戚丈配り候」（弘化五年）。[註120]また、「茶ノ香当町内不残　外町ニ而配り候分（一一軒）〆右之通り申候事、茶ノ香ハ見計、此度ハ焼麩五ツ、配り申候」（嘉永二年[註121]）などがある。茶の香の品物はイオン（硫黄のこと・付け木）、焼豆腐などが定番であるが氷豆腐、葉茶、蝋燭なども贈られている。いずれも日々の暮らしに重宝しかつ安価な品物の遣り取りを通して相互の絆を深めている。佐野家仏事と地域「丁・町」との関わり、なかでも「個の家の仏事」と「丁・町」との関係性からは、農村部にはみられない仏事儀礼の内部（一類、内々など）から外部（丁・町）への広がりが明らかであり、町場としての地域性をうかがうことができる。

二、日下家

㈠　丁（町）と大庄屋日下家仏事

日下家の仏事（葬祭）と丁（町）の人々の関わりは、当然のことながら大庄屋・庄屋の役職の有無により近世と近代では異なる。幕末嘉永七年（一八五四）没の一三代日下孫左衛門吉之（「秘閣院練心清覚居士」）葬儀には大内郡大庄屋をはじめ郡内外の庄屋などの参詣がみられる。[註122]また、仏事では「嘉兵衛塩屋与頭　一弐匁」「久五郎与頭　一弐匁」（嘉永七年）[註123]、「太一兵衛丁頭　一香料六匁　一ならつけ五」「惣次郎浦年寄　一香料四匁」「久五郎与頭　一香料弐匁」（安政三年）[註124]、「惣次郎丁頭　一香料四匁」「政吉与頭　一干菓子」（安政七年）[註125]他が散見され、仏事への「与頭」（組頭）、「丁頭」（町頭）、「浦年寄」などの村役人（村方三役）[註126]の参詣がなされている。これらの人々は、例えば、太一兵衛（町（丁）頭・天保一四年から安政五年）、惣次郎（浦年寄（年寄）・天保一一年から安政五年、町頭・安政五年から慶応三年）、嘉兵衛（組頭・天保七年から安政元年）、久五郎（組頭・嘉永二年から慶応三年）、政吉（組頭・安政二年から同五年）に任ぜられている（一部、史料に欠落あり）。これらの村役人は、例えば、太一兵衛（屋号「大嶋屋」、本水夫株、店商株所持）、嘉兵衛（「大嶋屋」、本水夫株所持）、惣次郎（「花屋」）、政吉（「大和屋」）、久五郎（一〇五畝の土地所持・安政四年調べ）など、店商株、本水夫株などを所持しており、村内でも家格が高く経済的にも裕福な知識層といえる。このような葬祭における村役人の参詣は大庄屋・日下家の役職に関わる慣習であり、永く同地域を治めた家としての格式を見ることができる。ちなみに、日下家は七三〇余畝の土地を所持（安政四年調べ）する引田村最大の大地主であり、井筒屋佐野家は三〇二畝の土地所持（安政四年調べ）、店商株、本水夫株を所持する。また、山口屋嘉七郎は店商株・賃水夫株を所持している。[註127]

日下家と出入の者でもある山口家の関わりから具体的な交際の一端をみる。例えば、日下家葬儀の場では山口宗七は「一位牌」（明治六年）、「一四花」（同一二年）、山口勇吉「一蝋燭立」、「下場」（同一九年）の役割を担っている。また、仏事記録の限りでは「出入之者案内山口屋」「他家案内山口屋」のように「出入の者」としての参詣は常態化している。さらに日下家葬儀後の遺物配当では「一京ちじみひとへ壱枚一木綿こじばん壱　一きんちゃく壱　〆山口屋おぬい」（文久三年）[註128][註129]、「出入者遺物」として「一袷着物一但裏地木綿　山口宗七」「一木綿茶中じはん下着一　右者勇助へ　〆弐」（明治六年）[註130]がそれぞれに形見分けがなされている。なお、明治以降には参詣客には僅かながら「隣」「向イ」「奥」など日下家近隣を示す位置関係の肩書きがあり、後項の山口家などにみられる仏事と近隣との関わりが指摘できる。

三．山口家

山口家仏事参詣客の特徴は上層に顕著な一類、出入の者など縦関係の記述は皆無であり、代わって「丁」「隣」「裏」「奥」など同家周辺および近隣の位置関係を示す肩書きが頻出することであろう。既述の佐野・日下両家史料には記述が僅かなこれら小単位の地域社会、生活共同体の人々（家）による参詣は、山口家仏事を特徴づける大きな要素と考えられる。なかでも「丁」の肩書きの参詣客は安政年間から明治中期頃までの大部分の仏事にみられ、丁の人々が山口家仏事に欠かせない参詣客であることが示唆される。ここでいう丁は近世庶民の隣保組織として作られ、成員の相互扶助的機能を有した五人組様の形態と考えられる。[註131]仏事参詣の丁の人々は近世、近代を通じて概ね四、五人程度であり、名称の検索からは近世のみ、近世・近代を通じて、近代以降と変化しており農村部とは異なる町場における人（家）の移動もう

かがえる。[註132]

なお、引田村においては享和二年（一八〇二）に以下の布達が出されている。「郡々村々五人組合与号而家四五軒ツ、を組合互ニ農業を励ミ善事を勤相候様ニと兼而心得之由有之候得共、向後者当村之五人組を無組ニ仕五組合家廿五軒を又壱組と相定置、其中ニ而少ニ而も弁在之人振之者を撰其触頭ニ申付置（下略）」[註133]があり、これによれば従来の五人組を廃し五組を合わせた廿五軒を一組と定め触頭を選んでいる。管見のうちではこのような五人組を廃する事案は初見であり、また実際にこの布達が実行されたかも不明であるが、これにより「丁」が五人組の残存形態として機能していたことが確認できる。このような隣保組織は近代では、明治一三年調査「全国民慣例類集」の「凡組合ハ舊政府ノ法制ニ従ヒ五人組ト称スレトモ戸数ノ増減従ヒ其数定リナシ。或ハ向三軒両隣ヲ組合トシ或ハ家並ヲ組合トス、組合中ハ吉凶相助ケ相救（下略）」があり、近隣数軒のまとまり「組合」の名称となる。[註134]山口家仏事における丁の肩書きの一定のメンバー、丁を単位とする仏事への参詣は、地域社会の相互関係の緊密さを示すものであり、さらに、隣、裏、奥などの人々の参詣からは仏事を通じた近隣との密接な交流をうかがうことができる。

㈠　丁の膳

山口家仏事では史料初めの安政二年（一八五五）から明治二一年（一八八八）の三四年間一五回の仏事に「丁の膳」が供されている。ただし、丁の膳の慣習は史料初出の安政二年以前からの存在も推定でき、さらに明治二八年「晩事（人名略）〆五十一人　時益加へ人数（人名略）〆十四人　〆六五人　内五名丁内引　〆六十人」[註135]などの記述からも明治中期頃までの存在が確認できる。「丁の膳」とは霄法事に丁の人々のために「丁内ひじ（非時）」などとして調えられる膳で、通常の参詣客を対象とする宵法事「晩事」とは区別される。膳の内容は概ね「四菜（皿・坪・平・猪口）」に茶、香の物などの簡素な膳組で、宵法事の「うどん膳」なども省略されている。丁の膳の案内客については安政二年「香料控」の丁の肩書き四人[註136]、安政五年「香料」でも四人などが[註137]「丁内」と推定でき、さらに「九日晩事　丁ノ膳　右五人前」「一五人丁内」[註138]などの人数からも、「丁の膳」は隣接するごく小範囲の狭義の「丁」の人々のための膳部と考えられる。このような仏事における、通常の案内客とは別枠で近隣の人々に膳を振る舞う慣習は管見のうちでは初見である。

山口家または山口家の属する丁内における「丁の膳」の慣習からは、これら「丁の膳」を介し「丁」内相互の仏事への参詣および供応が常態化しており、互いに属する丁内相互では仏事儀礼を共有すると考えられる。いみじくも、前述の「全国民慣例類集」に「組合中ハ吉凶相助ケ相救」と謳っているように丁内では、「婚礼歓」[註139]、「伊勢参宮見立物・土産物」[註140]などの儀礼においても相互の物品の交換など一部儀礼の共有がみられる。なお、このような儀礼を共有する関係性のなかでは、必然的に儀礼の数量的な増加は避けられず、とともに丁内相互の負担は重くなる。丁ではこれを請けて例えば「丁の膳」の簡素な供応、後述の香料への配慮など、様々な対応により儀礼の慣習の保持、継続を謀っている。筆者はこれまでの農村部における仏事儀礼の調査において、仏事儀礼が「個の家内部で主体的に行われる儀礼、個の家で自己完結しうる儀礼」であることを証し、葬儀の「外的儀礼」に対し「内的儀礼」と位置づけた。[註141]山口家「丁の膳」におけるこのような丁内相互の儀礼の共有は仏事儀礼の丁を介した外的側面、儀礼の外部へ向けての広がりの証左であり山口家・中層および町場特有の慣習が推定される。

まとめ

引田町場では丁・町の人々（家々）はいくつかの地縁的住民結合、生活協同組織に属している。仏事儀礼と地域の関係において特筆すべきは山口家仏事と地域の関わりであり、上層の佐野・日下両家史料には記述がみられない五人組的隣保組織「丁」の存在があげられる。山口家は地域では「丁」（記述から構成は四、五軒が推定できる）と称する組に属しており、丁内では一部の儀礼、行事を共有する。例えば、仏事に関しても丁内相互の仏事参詣および、通常とは異なる別枠での「丁の膳」の供応が設えられる。このように儀礼を丁内相互で共有する関係では、当然のことながら儀礼の増加による様々の負担が派生する。これらを勘案して丁内では相互に諸事軽くとの共通認識が醸成され、これによってさらに儀礼の慣習の保持、継続が謀られる。また「丁の膳」は故人の冥福、追福のための善根、功徳を施す施行の一形態とも捉えることができ、丁内相互の絆を一層強める役割も有した。

このような仏事儀礼の共有、外部への広がりは従来までの農村部の調査はいうにおよばず、同じく町場の佐野・日下上層両家にも皆無な慣習であり、町場の中層（またはそれ以下の階層）の慣習が推定できる。さらに、このような儀礼の共有は「丁」を介した外的側面、すなわち儀礼の外部に向けた広がりが確認できる。

また、佐野家仏事の饅頭贈答にみられる「町内」およびやや拡大した「松の下（地区）」は、前者は五人組などの残存形態であり、後者のやや広域的な組織は農村部で葬儀互助組織などとして機能した「免場」「講中」などに相当すると推定できる。佐野家ではこれら大小両組に重層的に属しており、仏事に際しては親疎によりそれぞれ数を違えて饅頭配布を行うなど、ここにも仏事儀礼の外部への広がりが顕著にみられる。このような饅頭贈与にみる施行の慣習は例えば大坂在郷町富田林などとも近似しており町場・在郷町特有の慣習と捉えることができる。

土地を所有しこれにより再生産を繰り返す農村部の生活に対して、引田町場の商家の営みのなかでは、商家をめぐる家の輪、人の絆が何よりも重視される。時系列で繰り返し営まれる仏事儀礼はこれを介して、家と家、人と人との絆を強め人間関係を再生産する好個の場でもあった。町場の仏事儀礼が、農村部の個の家における内的儀礼から、地域および人と深く関わり外部への広がりを強める由縁と考えられる。

第三節　仏事到来物・香料と供物の推移

一．佐野家

佐野家の仏事到来物には「香料」「供物」「供料」などの語が用いられる。香料は概ね「一封・二封」などの金銭であり、供物は菓子などの物品が主体となるが、一部には供料、菓子料など金銭による贈与もみられる。

佐野家仏事到来物の特徴を明らかにする目的から、贈与品を「金銭」（香料・供料）および「物品」（供物）に大別し検証した（表2）。なお、出現回数は一人（または一軒）で複数贈与の場合にも一品目を一回とカウントした。

表2　仏事到来物・香料と供物（佐野家）

史料No.・年	金銭贈与		物品贈与	計
①明治10	33回・37.9%	7円65銭	54回・62.1%	87回
②　13	6・14.3	1円30銭	36・85.7	42
③　14	39・37.9	13円22銭	64・62.1	103
④　15	15・31.3	3円83銭	33・68.8	48
⑤　16	9・19.1	2円10銭	38・80.9	47
⑥　18	13・23.6	3円70銭	42・76.4	55
⑦　19	12・25.5	3円20銭	35・74.4	47
⑧　20	21・26.6	6円10銭	58・73.4	79
⑨　22	14・23.7	4円 5銭	45・76.3	59
⑩　23	3・6.8	80銭	41・93.2	44
⑪　24	15・23.1	4円40銭	50・76.9	65
⑫　25	6・13.6	1円10銭	38・86.4	44
⑬　26	8・57.1	2円61銭	6・42.9	14
⑭　29	11・22.9	2円80銭	37・77.1	48
⑮　30	25・26.3	6円77銭	70・73.7	95
⑯　31	22・25.0	6円12銭	66・75.0	88
⑰　32	18・27.3	5円10銭	48・72.7	66
⑱　35	16・20.0	5円 5銭	64・80.0	80
⑲　37	8・15.7	2円70銭	43・84.3	51
⑳　39	8・12.9	3円30銭	54・87.1	62
㉑　40	20・20.0	8円	80・80.0	100
㉒　41	31・31.6	12円40銭	67・68.4	98
㉓　42	13・14.6	6円 5銭	76・85.4	89
㉔　42	19・22.4	7円60銭	66・77.6	85
㉕　43	13・19.4	4円30銭	54・80.6	67
㉖　45	21・23.1	10円60銭	70・76.9	91
総計	419回・23.9%		1335回・76.1%	1754回

※史料：佐野家文書（1）より作表。

㈠　金銭贈与（香料・供料）

金銭による贈与は香料および供料、菓子料などである。これらは主に「一類案内」と上分に格付けされる人々により贈られている。一類の筆頭にあげられる日下家では「一菓子料　一香料三包　日下勇三郎」（明治一〇年）のように香料は勿論のこと供物も金銭によっており、同年の日下勇三郎の香料他は「一香料三拾銭　一備料五拾銭」[註142]である。金銭による仏事到来物はほぼ一類に限定されているため、金銭贈与の増減は当然のことながら一類案内人の増減に連動する。傾向としては増減はありつつ全体として人数的には漸減傾向を示し、贈与価格は明治三〇年を境として増加に転じている。物品に対する平均回数は二三・九％、平均価格は五円一九銭である。

㈡　物品贈与（供物）

物品による贈与は主として「出入の者」下分からの贈与であり、最少四二・九％（明治二六年）から最多九三・二％（明治二三年）、平均は七六・一％と多数を占める。なお、このような物品贈与増加の最大の要因は、既述の佐野家仏事参詣客「出入の者」の増加であり、これに連動する物理的増加と捉えられる。すなわち、同家仏事の参詣客の特性、商家井筒屋としての参詣客の特性がその背景にあると考えられる。

次いで、供物・物品贈与の内容を検証する。なお、同家史料は後項の日下・山口両家とは異なり施行年による差違はごく僅かであり、以下、史料を明治一〇年から一〇年刻みおよび最後の明治四五年の五事例によって概要をみた。また、供物として贈られる物品は菓子類が中心となることから、「菓子類」および「その他の物品」に大別し推移をみる。

	菓子類		その他の物品	
明治一〇年	三八回	七〇・四%	一六回	二九・六%
明治二〇年	四四	七五・九	一四	二四・一
明治三〇年	五八	八二・九	一二	一七・一
明治四〇年	六八	八五・〇	一二	一五・〇
明治四五年	六二	八八・六	八	一一・四

これによれば、菓子類とその他の物品における出現頻度の推移は時代の進行に伴う菓子類の漸増傾向が明らかで、供物としての物品は次第に菓子類に特化されていく。

その他の物品の種類は佐野家全贈与品を通して氷豆腐、素麺（巻素麺）、生麩、薄雪昆布、干瓢、椎茸、干大根などの加工品・乾物類の他、野菜類では筍、くわい、蕗、胡瓜、豌豆、三つ葉、茗荷芽などが僅かながらみられる。果実類では金柑、蜜柑、柚柑、九年母、橙、夏橙の柑橘類、また季節により柿、梨がある。食品以外の仏具他では、蝋燭なかでも頻出する朱（赤）蝋燭、香（線香、長線香、中線香）、白檀香、沈香、霊亀香などが供えられる。

以上、主として出入の者などから贈られる物品贈与全体の特徴をあげれば、第一に物品の種類が菓子類に特化すること。第二には素麺、氷豆腐などの食品、蝋燭、線香の仏具などいずれも商品化された物品が多数を占め、野菜類、果物類などの減少が顕著となる。さらにその他を含め総体として物品の種類数が少ないことも特徴といえよう。

筆者はこれまで農村部の葬儀香典に顕著な物品贈与から金銭贈与への移行を、職業的均質社会である村落共同体における「義理」と「均衡」に依拠する贈答互酬の慣習、すなわち立場が同等、同階層などでは贈られた物と同程度の返礼、等価交換の慣習を要因としてあげた。（註143）本稿の対象は葬儀とは異なり仏事であり軽重の異同はあるが、儀礼に伴う贈答互酬の慣習は不変といえる。佐野家仏事到来物における農村部とは相反する物品贈与優位の要因については以下のように考察できる。

その一つには佐野家で明かな出入の者による物品贈与の慣習、自然増がある。今一つの物品贈与への傾斜の要因としては物品そのものの変化、物品の商品化が指摘できる。増加傾向を示す菓子類、加工品・乾物類、仏具など仏事に贈与される商品化された物品は、物品と価格に対して地域・町場に一定の共通認識が存在しており、物品といえどもそのなかに金銭贈与的な性格を内包する。すなわち、佐野家仏事到来物にみる物品優位は、従来の農村部における物品優位とは本質的に異質であり、菓子類などその大半が物品ながら等価交換、贈答互酬の均衡に叶うものでもあった。このような金銭、物品の狭間に位置する商品化された物品の特性が、物品においても贈答互酬の慣習に必須の等価交換を容易に可能にし、つれて物品優位を加速させる要因ともなると考えられる。

二．日下家

日下家仏事贈答には「供物控」「供香料」「香供記」など香料、供物の語が用いられる。以下、贈与品を「金銭」（香料・供料）および「物品」（供物）に大別し、さらに史料が近世・近代にまたがるため時代を分けて検証した（表3）。出現回数は一人（または一軒）で複数贈与の場合にも一品目を一回とカウントした。

なお、本稿では近世・近代の区分を考察の便宜上から、引田地域において貨幣が匁建てから円建てに切り替わる時期によって区分した。ちなみに日下家仏事史料では移行期は明治一一年である。[註144] なお、日下家史料では他家に比較して史料により贈与数の多少の差が大きいことをお断りする。

(一)　金銭贈与（香料・供料）

金銭贈与は近世では「一香料　省三郎《たしまや》」「一香料　一菓子料　南堤氏」「一香料　一まんしう五十板東《坂元》氏」（天保一五年）[註145]のように、香料のみ、香料・菓子料の抱き合わせ、香料・供物の抱き合わせなどで贈られており、別途「香料寄左之通」「香料左之通」などに金銭の総額が〆として記載される。金銭贈与は近世では最多四四・四％（安政三年）から最少二六・一％（天保一五年）、平均は三三一回・三五・七％。近代では最多三五・七％（明治二〇年）から最少一六・〇％（明治三九年）、平均は二三一回・二五・八％。近世・近代全体では五六三回・三〇・八％で、近世から近代にかけて約一〇％減少し物品贈与移行が加速している。

前項佐野家で明らかにした贈答の特性、すなわち、参詣客の上・下分の格付けと主として金銭贈与は上分などの一類主体、物品贈与は下分の出入の者を主体とする贈与品との関係性について日下家の場合を検証する。検証は贈与者を主として「一類他」および「出入の者」「他家の分」別に贈与品目、金銭贈与と物品贈与をみた。なお、天保一五年以降近世では一類他と推定される家は南堤・北堤・東堤・佐野・神崎・津本・冨岡・奥村（高松）・日下（高松）などがある。近代では明治六年の「一類案内」および同年の葬儀案内者[註146]を参考とした。この場合一類他には純粋に姻戚などの一類以外の懇意な関係者も推定できるが同等として扱った。

表３　仏事到来物・香料と供物（日下家）

史料No.・年	金銭贈与			物品贈与		計
①天保15	6回	26.1%	24匁	17回	73.9%	23回
③弘化 5	15	34.1	47匁	29	65.9	44
④嘉永 4	14	36.8	42匁	24	63.2	38
⑤　7	17	29.8	59匁	40	70.2	57
⑥　7	15	33.3	52匁	30	66.6	45
⑦安政 2	22	36.1	87匁	39	63.9	61
⑧　3	20	44.4	78匁	25	55.6	45
⑨　6	13	39.4	59匁	20	60.6	33
⑩　7	18	40.9	78匁	26	59.1	44
⑪文久 2	18	30.5	367匁	41	69.5	59
⑫　3	14	27.5	350匁	37	72.5	51
⑬元治 1	14	42.4	155匁	19	57.6	33
⑭　2	12	41.4	73匁	17	58.6	29
⑮慶応 2	25	41.7	274匁 5分 6厘	35	58.3	60
⑯　3	13	34.2	872匁 8分 3厘	25	65.8	38
⑰　4	17	37.8	490匁	28	62.2	45
⑱明治 6	24	35.3	1貫231匁 8分 5厘	44	64.7	68
⑲　7	21	36.2	928匁 5分 7厘	37	63.8	58
⑳　8	19	33.9	519匁 1分 1厘	37	66.1	56
㉑　9	15	35.7	236匁 5分	27	64.3	42
近世	332回	35.7%		597回	64.3%	929回
㉒明治11	12	27.9	4円60銭	31	72.1	43
㉓　12	16	34.0	5円20銭	31	66.0	47
㉔　12	6	22.2	99銭	21	77.8	27
㉕　13	7	24.1	1円75銭	22	75.9	29

㉖	13	11	29.7	4円10銭	26	70.3	37
㉗	14	7	25.9	2円	20	74.1	27
㉘	17	6	16.2	4円90銭	31	83.8	37
㉙	18	12	24.5	3円94銭	37	75.5	49
㉚	19	4	33.3	1円30銭	8	66.7	12
㉛	19	10	20.4	4円80銭	39	79.6	49
㉝	20	5	35.7	2円80銭	9	64.3	14
㉟	22	12	25.0	3円60銭	36	75.0	48
㊲	27	11	28.2	3円60銭	28	71.8	39
㊳	28	12	30.8	4円15銭	27	69.2	39
㊴	29	9	26.5	2円90銭	25	73.5	34
㊵	30	15	32.6	4円32銭	31	67.4	46
㊶	34	16	25.4	5円20銭	47	74.6	63
㊷	35	14	24.1	5円60銭	44	75.9	58
㊸	36	11	20.0	4円30銭	44	80.0	55
㊹	38	11	22.4	4円00銭	38	77.6	49
㊺	39	8	16.0	4円20銭	42	84.0	50
㊻	44	16	35.6	5円65銭	29	64.4	45
近代		231回	25.8%		666回	74.2%	897回
総計		563回	30.8%		1263回	69.2%	1826回

※史料：日下家文書（２）より作表。

贈与品と贈与者の関係では天保一五年以降近世末頃までは、一類他では金銭贈与のみ、金銭と物品の抱き合わせなども含め比較的金銭贈与が多く物品贈与のみは僅かである。ただし、次第に金銭贈与への移行がみられる。対して、出入の者他でも金銭贈与（抱き合わせを含めて）が一類他（総数は少ない）を上回る贈与を示すなど、近世においては贈与者の上・下分の格付けによる贈与品目の差違、金銭・物品の差違は少なく慣習の慣用は近代以降が推定される。

近代以降（明治一一年）では、一類他は金銭のみ、物品との抱き合わせを含めてほぼ金銭贈与が慣習化し、次第に金銭のみの贈与へと移行する。対して、出入の者他では金銭贈与（抱き合わせも含めて）は減少傾向となるなど贈与者による金銭・物品など贈与品目の差違が明らかとなる。このような近世から近代への一類他および出入の者の金銭贈与・物品贈与の相反する傾向からは、佐野家に顕著な一類他＝金銭贈与、出入の者＝物品贈与の慣習はほぼ明治以降に定着するものと推定できる。

(二)　物品贈与（供物）

物品贈与は近世では「白糸素麪廿一　積善坊」「一《八りん》まんじう五十一　一白檀香一袋　一朱蝋燭二丁　嘉七郎《山口屋》」「一《七りん》まんじう三十五　一香料　寿吉」（天保一五年）[註147]のように物品のみ、金銭と物品の抱き合わせで贈られる。また近代では「一氷豆腐卅　桶長」「一菓子壱折　新八《川口屋》」「一香三拾銭　一香壱箱　堤傳太」（明治一一年）のようである。[註148]物品贈与は近世では最多七三・九％（天保一五年）から最少五五・六％（安政二年）、平均は五九七回・六四・三％。近代では最多八四・〇％（明治三九年）から最少六四・三％（明治二〇年）、平均は六六六回・七四・二％。近世・近代全体では一二六三回・六九・二％となり、近世から近代では約一〇％の物品贈与増加となる。
物品の内容について菓子類の占める割合が大きくさらにこれが増加傾向を示すことから、菓子類とその他の物品に分けて考察する。

・菓子類

菓子類の使用頻度は仏事の規模により贈与数の多少にばらつきがあり、近世では最少九回（安政三年）[註149]、（元治二年）[註150]、最多二八回（明治七年）[註151]、近代では最少四回（明治一九年）[註152]、（明治二〇年）[註153]、最多三六回（明治三四年）[註154]である。

使用頻度を傾向でみると一部上下はあるが概ね以下のようである。

近世　天保一五年から安政三年　三〇から四〇％台
　　　安政六年　から明治九年　五〇から六〇％台　近世平均　四七・六％
近代　明治一一年から明治二八年　五〇から八〇％台
　　　明治二九年から明治四四年　七〇から八〇％台　近代平均　六九・二％

これによれば、物品贈与における菓子類は時代の進行に伴って漸増傾向を示しており、近世、近代の平均では約二〇％増となるなど、物品贈与が次第に菓子類に特化することが明らかである。ちなみに、前項の佐野家では明治三〇年・八二・六％・明治四〇年・八五・〇％であり、やや下まわるものの同様の傾向を示している。

・その他の物品

菓子類を除くその他の物品についても近世と近代に分けて考察する。なお、（　）内は物品の出現回数を示す。近世では菓子類を除くその他の物品総数は二八八回、一仏事に約一四回の使用頻度である。食品類では乾物・加工品の頻度が高くなかでも素麺は巻素麺（二七回以下、回を略する）、素麺（七）、白糸素麺、白髪素麺、白滝、五色素麺、切素麺、太素麺など種類も多彩である。また麺類には饂飩（干饂飩、太饂飩）（一三）がある。麩（一八）は丸麩、丸山麩、焼麩、角麩、観世麩など素麺同様多彩である。その他氷豆腐（一二）、湯葉（結湯葉）、椎茸、干瓢、干切干、空豆、隠元豆、浅草のり、漬物には奈良漬、香の物がある。次いで野菜には大根、茄子、胡瓜、新午房、白蓮根、さや豆、新空豆、ずいき、「水菜沢山」などがあるがいずれも出現頻度は僅かである。竹の子は「一本掛目七、八百」「二本代金一匁位」などで贈られる。茸類には松茸、初茸、芋類には里芋（五）、薩摩芋がある。果実類は蜜柑（一〇）、柿（五所柿）（七）を筆頭に季節に沿って梨、九年母、柘榴、栗がある。その他では酒、茶、砂糖、赤飯などである。

仏具では香「香一包」「香一箱」（四九）の他、白檀香（三二）、線香（六）、五種香、七種香、沈香、焼香など。次いで蝋燭（二〇）は朱、赤、火蝋燭などがある。仏具では香類がまとめて九一回と高い頻度で贈与されており、蝋燭とともに仏事の供物として定着している。

近代では菓子類を除くその他の物品総数は二〇一回、一仏事に約九回と物品贈与の漸増傾向はあるものの、物品中の菓子類の増加などにより結果としては減少する。食品類では麺類は巻素麺（一四）、素麺（五）と種類、頻度ともに激減する。転じて、氷豆腐（高野豆腐）（三七）は近代に入り増加が著しい食品である。麩（七）も種類は激減し三〇、五〇などの個数で贈られている。その他には椎茸、干瓢、小豆がある。野菜他は胡瓜、午房、竹の子、松茸（一斤半）と種類、頻度ともに減少する。果実類は柿（一五）、蜜柑（一一）はいずれも増加で、九年母、仏手柑、金柑、柚、梨、桃、山桃、枇杷、西瓜なども含め果実類総合（三五）で種類、頻度ともに増加する。その他では酒は「酒五升但シ壱升ニ付拾三銭ツ、」「酒弐升但シ壱升ニ付代十四銭」と時価が附記されるなど供物における価格の必要性が示唆される。仏具では線香（一九）、香（一五）、白檀香（一五）の他、七種香、蝋燭（朱・赤・紅）（一一）で、香類はまとめて五〇回、蝋燭は二一回で香類は減少、蝋燭は僅かながら増加する。

上記、菓子類を除くその他の物品香料における近世から近代の比較では乾物類の麺類および麩の減少、氷豆腐の増加が顕著である。また、素麺、麩などにみる多彩な種類は氷豆腐など画一化された食品に集約される。仏具でも香類の使用頻度および種類などに同様の傾向がみられる。また、例えば、贈与形態なども巻素麺は近世では九把から三〇把、一貫目など様々な単位で贈られるが、近代では巻素麺の贈与はほぼ一七把に集約されている。

以上、物品贈与の近世、近代を通底する特徴は総体として食品では野菜、果物などの減少、乾物・加工品、仏具などの物品そのものの商品化の進行が指摘できる。このような結果は前項佐野家と一致しているが、日下家史料によりこの傾向が既に近世、天保期以降に由来することが明らかである。さらに近代における食品および食品の種類の減少、贈与形態などにみる画一化の進行の加速は、いずれもこれにより物品と価格の関係、物品の価格をより明確にする意図をうかがうことができる。すなわち、仏事贈答に必須の贈答互酬、贈られた物と同程度の返礼、等価交換の慣習などによる金銭贈与優位のなかでは、商品化された物品においてもさらなる金銭贈与に近い要素が求められた結果と考えられる。このような仏事贈答における農村部とは異なる特性の背景には、同地が天保一四年（一八四三）店商い調査に明かなように、文政一〇年（一八二七）には既に一一九軒の商家を擁する町場・在郷町を形成するなど商品経済発展の地であることによるところが大きいといえよう。[註155]

三．山口家

山口家仏事到来物の特徴を明らかにする目的から、佐野・日下両家に倣い「金銭」（香料）および「物品」（供物）に大別し検証する。なお、出現回数は一人（または一軒）で複数贈与の場合にも一品目を一回とカウントした。また、本稿では日下家と同様に近世・近代の区分を、考察の便宜上貨幣の実態が匁建てから円建てに切り替わる時期によって区分した。ちなみに、山口家仏事史料でも移行期は日下家と同様に明治一一年である。

山口家仏事到来物の推移を表4にあげる。これによれば、山口家仏事では到来物は以下のようにまとめられる。

		最少	最多	平均
[近世のみ]	金銭贈与	六八・六%	九六・三%	七七・七%
	物品贈与	三・七	三一・四	二二・三
[近代のみ]	金銭贈与	五〇・〇	七七・一	六二・六
	物品贈与	二二・九	五〇・〇	三七・四
[近世・近代]	金銭贈与	五〇・〇	九六・三	六七・七

物品贈与　　三・七　　五〇・〇　　三二・三

以上、山口家における仏事到来物のうち金銭贈与は近世ではやや増減はありつつも漸増傾向を示し近代では漸減傾向となる。全体を通じて金銭贈与が物品贈与を凌駕しており、当然ながら近世と近代の比較では、金銭贈与優位は近世に高く、近代に低くなり明治末頃には物品贈与の増加により近接する。このような山口家における金銭贈与優位は、前項の佐野・日下両家と異なる最大の特徴と考えられ以下にこの要因について考察する。

㈠　金銭贈与（香料・供料）

金銭贈与の具体例について検証する。例えば、安政三年では「拾匁　酒五升　佐野」「八匁むし物料四匁　日下」のように佐野・日下両家を上限として、一部には「四匁六分　一朱壱ツ」の金建てでも贈られている[註156]。また、通常では「一匁」「二匁」などの価格帯が多く用いられる。明治一一年は同地域において実質的に匁単位・匁建てから円単位・円建てに切り替わった年であり、香料は「三十銭まん寿料　十五銭　日下香料」「酒五升　二十銭　佐野香料」などのように佐野・日下両家の上位に対し、他方「丁」の肩書きの人々では「二銭」「三銭」などの低い価格帯の贈与となる[註157]。ちなみに、明治四三年では「三円佐野」を上限として「五十銭　二十銭　日下」、下限は「十銭」である[註158]。

前項の佐野・日下両家では金銭贈与は「一類他」、物品贈与は「出入の者」など、参詣客を上・下分に格付けしそれぞれの贈与品を主に金銭、物品に区別する慣習がみられた。さらにこの慣習は参詣客に占める一類他と出入の者の人（または家）の数量的な差が、金銭および物品贈与の差を生む大きな要因となる

表４　仏事到来物・香料と供物（山口家）

史料No.・年	金銭贈与		物品贈与	計
①安政 2	9回・75.0%	9匁	3回・25.0%	12回
② 3	41・75.9	110.3匁	13・24.1	54
③ 5	35・68.6	146.5匁	16・31.4	51
④ 7	23・76.7	83匁 9分 5厘	7・23.3	30
⑤文久 2	29・78.4	103匁 4分 1厘	8・21.6	37
⑥ 3	14・82.4	35匁	3・17.6	17
⑦元治 1	27・75.0	90匁 9分 5厘	9・25.0	36
⑧慶応 2	26・96.3	124匁 3分 6厘	1・3.7	27
⑨明治 2	10・83.3	58匁 6分 3厘	2・16.7	12
⑩ 5	32・78.0	255匁	9・22.0	41
⑪ 7	22・78.6	154匁 7分	6・21.4	28
近世	268回・77.7%		77回・22.3%	345回
⑫ 11	37・77.1	3円97銭	11・22.9	48
⑬ 12	32・74.4	3円25銭	11・25.6	43
⑮ 17	31・73.8	4円00銭	11・26.2	42
⑯ 18	22・61.1	2円15銭	14・38.9	36
⑰ 19	20・66.7	2円10銭	10・33.3	30
⑱ 20	18・69.2	2円01銭	8・30.8	26
⑲ 21	22・64.7	2円23銭	12・35.3	34
⑳ 23	20・62.5	2円84銭	12・37.5	32
㉑ 24	14・58.3	2円55銭	10・41.7	24
㉒ 27	18・58.1	2円82銭	13・41.9	31
㉓ 27	28・62.2	3円81銭	17・37.8	45
㉔ 28	19・54.3	2円91銭	16・45.7	35
㉕ 29	15・50.0	2円85銭	15・50.0	30

㉖	30	15　・50.0	2円73銭	15　・50.0	30
㉗	33	19　・65.5	3円55銭	10　・34.5	29
㉙	35	19　・57.6	4円80銭	14　・42.4	33
㉚	36	18　・58.1	4円50銭	13　・41.9	31
㉛	39	20　・58.8	4円70銭	14　・41.2	34
㉜	40	18　・58.1	5円05銭	13　・41.9	31
㉝	43	15　・55.6	5円75銭	12　・44.4	27
近代		420回・62.6%		251回・37.4%	671回
総計		688回・67.7%		328回・32.3%	1016回

※史料：山口家文書（3）より作表。
＊なお、金銭総額は記載と誤差のある場合は筆者計算によった。

ことを考察した。これに対して、山口家では贈与形態に関しては上層の慣習は相当しない。すなわち、既述のように山口家では参詣客の上・下分の格付けは遅れて明治末期の成立であり、当然ながら格付けによる金銭、物品の区別には反映しない。例えば、安政二年では贈与者九名中全員が五分から一匁の金銭贈与であり、物品はわずかに金銭と抱き合わせの三品のみである。[註159]さらに、慶応二年でも贈与者二六名中全員が一匁から一六匁（日下家）で、物品はわずかに金銭四匁と抱き合わせの酒五升（佐野家）のみである。[註160]ただし、明治以降、比較的金銭贈与の少ない明治二九年では、佐野・日下両家および一類他の金銭贈与（物品との抱き合わせあり）に対して菓子などの供物が増加する。[註161]明治四三年でも佐野・日下両家および一類他の金銭贈与（物品との抱き合わせあり）に菓子などの供物のパターンとなり物品贈与増加が加速している。[註162]ちなみに、三家の明治一〇年前後の比較は以下のようである。

	金銭贈与	物品贈与
佐野家　明治一〇年	三七・九％	六二・一％
日下家　明治一一年	二七・九	七二・一
山口家　明治一一年	七七・一	二二・九

佐野・日下両家の物品贈与優位に対し山口家の金銭贈与優位は歴然としている。この結果からは「一類他」を金銭贈与、「出入の者」を物品贈与優位とする慣習は、当然ながら参詣客を上・下分に格付ける上層のみのものであり、少なくとも格付けそのものが特定できない山口家・中層では客による贈与品の区別は不可能といえる。さらに時代的には近世から近代にかけて物品贈与は加速し近代以降に顕著となることが明らかである。

(二) 丁（町）の人々と金銭贈与（香料・供料）

前項に続き、金銭および物品贈与の贈与形態を構成する今一つの要因については、山口家参詣客の特性があげられる。同家参詣客には「丁」「隣」「裏」「奥」などが肩書きされるごく狭い地域、近隣の人々の参詣が多く、佐野・日下両家の参詣客の中心となる「出入の者」などとは異質の客層といえる。なかでも、「丁」（近世では五人組・近代では組と称する隣保組織）の人々の参詣は常態化している。すなわち、ここでは丁の人々は互いに属する丁内相互の仏事、すなわち参詣および供応（「丁の膳」、宵法事に別枠で丁の人々のみに供される簡素な膳）などを介して共有しており、これにより相互の絆を深めることを企図している。以下に、山口家参詣客を特徴付ける丁の人々および向こう三軒両隣など近所づきあいの人々の香料・供料の実際について検索する（なお、人名はアルファベットに変える）。

狭義の「丁」の肩書きの人々の香料・供料は、近世ではA（一匁）、B（一匁）、C（五分）、D（一匁）、E（一匁）、F（一匁）。近代ではC（二から三銭）、D（二から三銭）、E（三銭）、F（三銭）、G（三銭）などで金銭贈与のみに限定されている。

同じく近隣では隣A（八銭・一〇銭・一二銭位・菓子一袋・饅頭三〇・氷豆腐三〇・竹の子九〇〇目）、B（朧饅頭三〇・焼饅頭三〇）、C（氷豆腐二〇）、D（一〇銭）、奥A（二から二〇銭・氷豆腐五〇（二〇銭位））、B（二銭）、C（五銭）、D（一〇銭から二〇銭）、E（一〇銭）、F（菓子一袋・青瓜三本）などの金銭および物品が贈与されている。

上記、丁および近隣の人々の比較では、丁と特定される人々では金銭贈与のみであり価格帯も近隣に比較して低い。対して近隣の人々は価格面で丁を上回り金銭・物品併用による贈与形態などもみられる。この結果からは互いに仏事を共有する丁では、負担の軽減なども考慮し相互の共通認識のなかで贈与価格における一定の設定がなされたと推定できる。

さらにここでは山口家金銭贈与の一指標として最多価格帯をあげる（表5）[註163]。近世（ただし、史料では便宜上、匁建てから円建てに移行する明治一一年以降を近代とする）では、安政二年（一八五五）から慶応二年（一八六六）までは一匁、二匁がほぼ拮抗して上位を占めるが、安政二年では前代を引き継いだ五分などの低い価格がみられ、明治二年の維新期の高騰、明治七年では匁建てから円建てへの移行、紙紙幣の発行[註164]などの影響が推定できる。新紙幣の流通が定着する明治一一年以降では、一部に三銭、五銭などの価格帯もみられるがほぼ一〇銭が上位を占め、同地域の物価の高騰する明治末には二〇銭が最多価格帯と

表５　香料と供料・最多価格帯（山口家）

史料No.・年	序列１位			序列２位			総回数
	価格	回数	比率	価格	回数	比率	
①安政 2	1匁	3回	33.3%	5分	2回	22.2%	9回
② 3	1匁	15	39.5	2匁	9	23.7	38
③ 5	2匁	9	28.1	1匁	8	25.0	32
④ 7	1匁	6	27.3	2匁	5	22.7	22
⑤文久 2	2匁	10	34.5				29
⑥ 3	1匁	5	35.7				14
	2匁	5	35.7				
⑦元治 1	2匁	6	23.1	1匁	5	19.2	26
⑧慶応 2	2匁	7	26.9	1匁	5	19.2	26
⑨明治 2	2匁	2	20.0				10
	8匁	2	20.0				
	9匁4分5厘	2	20.0				
⑩ 5	2匁	12	37.5				32
⑪ 7	4匁	4	19.0				21
⑫ 11	10銭	7	18.9				37
⑬ 12	10銭	9	28.1				32
⑮ 17	10銭	6	18.8				32
⑯ 18	10銭	9	40.9	3銭	5	22.7	22
⑰ 19	10銭	5	25.0				20
	3銭	5	25.0				
⑱ 20	10銭	5	27.8				18
⑲ 21	10銭	7	31.8	5銭	5	27.7	22
⑳ 23	5銭	5	26.3				19
㉑ 24	10銭	3	21.4				14
	5銭	3	21.4				
㉒ 27	3銭	4	22.2				18
㉓ 27	10銭	7	25.0				28
㉔ 28	10銭	4	21.1				19
㉕ 29	10銭	3	20.0				15
	20銭	3	20.0				
㉖ 30	10銭	4	26.7				15
㉗ 33	10銭	4	23.5				17
㉙ 35	10銭	4	21.1				19
㉚ 36	10銭	4	22.2				18
㉛ 39	20銭	9	45.0				20
㉜ 40	20銭	6	33.3	10銭	4	22.2	18
㉝ 43	20銭	5	33.3	10銭	3	20.0	15

※史料：山口家文書（３）より作表。

なる。(註165) このような金銭贈与、香料・供料の一つの水準ともいえる最多価格帯と先に示した丁と特定される人々との比較では、いずれも同等またはこれを下回る価格、特に近代では低い価格帯であり丁内における贈与価格の設定が追認できる。

以上、山口家仏事における丁と仏事の関係、すなわち丁内相互に仏事を共有する関係では、香料・供物ともに丁内相互の共通認識の上に立った一定の価格設定が必要であった。さらにこれら相互に認識された低い価格は一定の基準として機能し、これによりさらに儀礼の保持、継続が謀られる。丁および近隣を含めた贈与の実際からは、贈答互酬、贈った物と同等の返礼の慣習の観点からも金銭贈与により利便性があり、さらに、比較的低い価格帯では物品購入の選択肢はきわめて低くここでも金銭贈与がより相応となる。

仏事施行の家と参詣客との関係は階層（上層・中層など）により異なる。前項、上層の佐野・日下両家が主として「一類他」「出入の者」などの上下、縦関係を有するのに対して、山口家仏事では参詣客の主体は「丁」「隣」「裏」「奥」など向こう三軒両隣、近隣の人々であり、主として同位、横関係での密接な関わりが想定できる。このような山口家仏事参詣客の特性および素朴な必然が佐野・日下両家の物品優位とは異なる金銭贈与を加速させると考えられる。

㈢　物品贈与（供物）

山口家物品贈与は全体として頻度（最少一回・三・七%・慶応二年から最多一五回・五〇・〇%・明治二九年、三〇年）種類ともに少なく、さらに内容は近世末からは菓子類、饅頭類に特化している。以下に物品贈与を菓子類とその他の物品に分けて検証する。

菓子類は近世末の安政二年から明治初期（明治七年）までは比較的物品贈与そのものの事例数も少なく、慶応二年・明治二年の〇％（菓子類〇回・その他一回）から元治一年の八八・九％（菓子類八回・その他一回）、平均六六・二％と乱高下する。ただし、明治以降の物品贈与の増加と相俟って、明治一一年から四三年の間には菓子類は明治二三年の最少五〇・〇％（菓子類六回・その他六回）から明治二〇年の最多八七・五％（菓子類七回・その他一回）、平均七〇・〇％と推移する。これらの菓子類は菓子（一袋、一重、一箱、袋菓子、茶菓子）の他、饅頭は大、焼、朧、細工饅頭および生菓子などは頻度、種類ともに増加し、わずかながら遠山、羊羹、小葛生菓子などもみられる。饅頭、生菓子は三〇個、五〇個などの個数で贈られており、これらの増加には後述の引物への転用の慣習が推定できる。

その他の物品では主として佐野家から贈与される酒（玉の露、上酒、上々酒）がある。酒は近世末の五升から明治一七年以降は二から三升に減じさらに明治三三年には酒の贈与は皆無となる。以下、米（二升）、糯米（五升）、饂飩粉（一斗）、素麺（三〇〇匁）、五色素麺（九包）、巻素麺（一五包）、焼麩（二五）、丸山麩（二〇）、蒟蒻（五〇）、奈良漬（二タ船）などの乾物類・加工品、なかでも氷豆腐は個数（一籠、一袋、一五から七〇個）でも贈られ、容易に個数によって贈与価格に対応できる利便性から菓子に次いで使用頻度が高い。野菜類は大根（沢山）、松茸、蕗（一籠）、新豆（四升）、新空豆（一籠、一袋）、芋（沢山）、田芋（沢山）、竹の子（一本、七〇〇匁から一貫目）など。果物類は柿（一一、一五、三〇個）、蜜柑・八代蜜柑（二〇、三〇個）、枇杷（一籠）など。また、蝋燭（三丁、五丁）、朱蝋燭（二丁、三丁）、春野香（小箱入）などの仏具がある。全体として物品は総数が少なく使用頻度、種類ともに僅少である。

まとめ

本節では仏事到来物・香料と供物について佐野・日下・山口三家の調査から、三家それぞれの異同を検証し町場の儀礼の特性を明らかにする。なお、検証はほぼ傾向を一にする佐野・日下上層両家と山口家・中層を階層別に考察した。

［佐野家・日下家の場合］

仏事における金銭および物品贈与の種類と「一類他」「出入の者」など参詣客の上・下分の格付けによる差違、すなわち、「一類他」＝金銭贈与、「出入の者」＝物品贈与を主とする慣習は、客の格付けそのものが明確となる近代以降に定着している。史料初期の贈与品の出現頻度は物品贈与が佐野家六二・一％（明治一〇年）・日下家七二・一％（明治一一年）とほぼ一致しており上層の物品贈与優位が明らかである。このような物品贈与優位の基層には上・下分など参詣客の格付けに対応した贈与品の種類の差違、および上層に顕著となる一類他を凌駕する出入の者の増加による物理的増加、自然増があげられる。

また、物品贈与の内容は「菓子類」「その他の物品」に大別される。物品贈与中の菓子類の割合は佐野家では明治四五年には八八・六％まで上昇し、日下家でも近世の平均四七・六％から近代では六九・二％と約二〇％増となるなど物品贈与は菓子類に特化していく。

その他の物品では佐野・日下両家ともに乾物・加工食品などの食品類。朱蝋燭、線香、香などの仏具が大部分を占め野菜、果物などは減少する。このような佐野・日下両家の菓子類を含めた物品贈与の特徴としてはいずれも物品の商品化があげられよう。商品化された物品は物品と価格に対して地域・町場に一定の共通認識が形成されており、物品といえども多分に金銭贈与的な要素を内包する。すなわち、佐野・日下両家に顕著な物品優位は、従来の農村部などにおける素朴な物品によるそれとは本質的に異質といえる。商品化された物品は金銭と物品の狭間に位置し、贈答互酬の慣習に必須の等価交換を容易に可能にし物品優位を加速させる。筆者はこれまでに農村部における近世から近代の金銭贈与優位を明らかにしてきた。すなわち、職業的均質社会である農村部においては贈答互酬の等価交換はさらに重要視され、相対的評価を要する物品に対して絶対的評価が容易な金銭贈与がその利便性からより受容される。佐野・日下両家の農村部とは異なる物品贈与優位の背景には、同地が少なくとも文政年間に遡って百余軒の商家を擁する町場・在郷町を形成するなど、商品経済発展の地に由来するところが大きい。町場における商品化された物品の数々は物品贈与の選択肢をさらに広げ優位を加速させる。さらに近代に顕著となる物品そのものの画一化、贈与形態の定型化の進行は、いずれもこれにより物品と価格の関係、物品の価格をより明確にする意図をうかがうことができる。

［山口家の場合］

山口家明治一〇年の仏事では金銭贈与七七・一％、物品贈与二二・九％であり同時期の佐野・日下両家とは逆転し相反する結果となる。このような山口家の仏事到来物を特徴付ける金銭贈与優位の要因には以下の二つがあげられる。

一つには明治末期に至るまで特定されない「一類他」「出入の者」など参詣客の上・下分の格付けがある。すなわち、佐野・日下両家に明かな参詣客の上・下分による格付けとこれに連動する贈与品の差違（金銭・物品）は山口家では皆無であり、従来の農村部の金銭贈与優位が引き継がれたと推定できる。

今一つには山口家参詣客そのものの特性があげられる。すなわち、上層の佐野・日下両家では参詣客は

「出入の者」など相互に両家と何らかの上下、主従関係、縦の関係を有しており、贈与においてもこれを反映した価格設定がなされる。対して山口家参詣客は一類も含めて主には隣、奥、裏など近隣の人々、同位、横並び関係の人々であり、香料にもいわゆる近所づきあいの範疇が設定される。さらに山口家では上記とは別に「丁」の存在があげられる。ここでは丁は「丁の膳」などを介して互いに属する丁内相互に仏事儀礼を共有しており、このような儀礼の共有は香料などにも反映し、相互の共通認識の上に立った一定の価格設定の必要があった。ちなみに、山口家金銭贈与の水準となる最多価格帯は、近世では一匁・二匁など、近代では一〇銭などに対して、丁ではいずれもこれを下まわる低い価格である。このような価格の低下は贈答互酬の観点からも価格設定が自在な金銭贈与に利便性があり優位となる。さらに、比較的低い価格帯では物品購入の選択肢は極めて少なく、この面からも金銭贈与がより相応であり金銭贈与優位を加速させると考えられる。

仏事施行の家と参詣客との関係は地域の上層である佐野・日下上層両家が主として一類他、出入の者など上下（主従）関係、縦関係によるのに対し、中層の山口家では丁および近隣の人々など同位、主として横並び関係で密接に関わる。山口家・中層の仏事を特徴付ける佐野・日下両家とは異なる金銭贈与優位は、同家参詣の人々の素朴な必然の所産でありこれが金銭贈与加速の要因ともなる。

このような町場における実態からは佐野・日下両家の物品贈与が農村部のそれと本質的に異なるように、山口家の金銭贈与も農村部のそれとは異質といえる。さらに両者の基層には農村部とは異なる地域性、商品経済の地としての町場・在郷町の特性が反映されると考えられる。

第四節　仏事到来物と饅頭

一．仏事到来物と饅頭

前項で明らかにしたように供物、物品贈与の最大の特徴は菓子類の多用および経年による漸増傾向があげられる。なお、史料にいう饅頭は中国の蒸餅を祖とする。わが国では正平四年（一三四九）に来朝、帰化した林浄因の創始になるとされる砂糖饅頭である。[註168] さて、仏事儀礼と饅頭の関係、少なくとも仏事の供物としての饅頭贈答の慣習はいつ頃に遡るものであろうか。近世刊行の贈答の手引き書、礼法書の『進物便覧』（文化八年）には、「佛事年廻ひかん茶のこ　中陰見廻」の進物に餅菓子とともに「まんぢう」があり儀礼との関係がうかがえる。[註169] 近世後期三都の風俗見聞録でもある『守貞漫稿』（嘉永六年成立）では、朧饅頭を京阪に盛んとし「京阪市民、先祖年忌仏事の時、引菓子粗なるは虎屋の五文万十、十《と》をばかり、美をなす者この朧万十を用ふ。価二分ばかりの大形、上製にて、白・赤・黄等を交ゆるもあり。多くは白と黄のみなり（下略）」。また、江戸風を「（前略）江戸にては仏事等の引菓子には、下図のごとくなる杉折に煉羊羹半棹、蒸菓子一、有平糖一、価三匁五分あるひは四匁ばかりを麁とす。美なるものは煉羊（羹）半棹、白煉羊羹半棹、蒸菓子二色各一、有平糖一を入る。価五、六匁なり。（下略）」と東西を比べるが、いずれも近世後期では饅頭類は仏事の引菓子として定着している。[註170] 市井では大坂の商家助松屋仏事の事例に「菓子　松風弐八文　とらやまんちう壱五文　きおんほう《＊渋柿》壱四文」（明和六年）。「御菓子菓子昆布　とらや弐つ　かき弐つ　壱人前廿一文ニ付」（文化四年）[註171]。また、同じく雑喉場神崎屋仏事の事例には「天保一一年　上之方、皮むき長棹饅頭三八本（三八匁）下之方、虎屋饅頭十ヲ入五五包　上下共、羊羹八本（三〇匁）」（天保一一年）、なお、神崎屋では客の上・下分別に菓子に格差を設けてもいる。「新製好一文菓子五種取合（ひなの里）七斤（三二匁五分）卯の花四〇（三分五厘替、一四匁）虎屋饅頭十ヲ包（一五）・虎屋饅頭七ツ包（二〇）」（弘化二年）などがみられる。[註172] このように都市部においては既に江戸中期頃には仏事の引菓子として饅頭とともに様々な菓子が用いられており、時代背景としての先祖供養の盛行は菓子文化の向上に大いに寄与したといえよう。

次いで、讃岐地域における仏事引物、引菓子などから饅頭贈答の慣習の由来をみる。高松藩では天保一二年幕府の天保改革を受けて農村へも様々の布達が出される。以下に菓子に関する数例をあげる。

「一盆夏祭り平日共店々ニ而も、軽キあめ・菓子・餅・まんちう・すいくわ・心太等者不苦候、（下略）」（天保一一年）[註173]。「菓子類近年御国製宜ニ出来、年々新製等相増自然と高価ニ相成無益之事ニ付、向後生菓子・干菓子共品々大小ニ不拘、壱つニ付代壱分、箱入ハ壱箱ニ付弐匁以上之品、商ヒ不相成候旨町方へ申渡候、郷中ニ而も所ニ寄候而ハ、結講（構）之菓子致売買候もの在之由相聞候、向後町方ニ准シ、郷中之義ハ尚さら下品ナルヲ商候様可被申渡候」（天保一三年）[註174]。「諸品直下之義者兼而旧臘申渡、当年ゟ銘々相働割下ニ而商可致所、（中略）兼而其旨相心得高利不貪下直ニ商セ可申候、文言略ス」「一餅・まんじう類二文以下」（天保一四年）[註175]。

これらの布達からは菓子類は従来の寺社の市、祭礼など非日常の小屋掛けなどの販売から、平日店々で「軽キあめ・菓子・餅・まんちう」が売買されるなど庶民間に一定の菓子の流通があり、さらに高価な菓子については価格の統制なども行われている。

本稿が対象とする引田町場においても文政期には以下のように九軒が菓子製造に携わっており、さらに

小屋がけ、振り売り、行商などによっても地域に一定の流通が推定できる。（註176）

一手製菓子類　文政十亥年御改　定国屋　重兵衛
一同　文政十亥年御改　染屋　徳兵衛
一同　種屋　嘉八郎
一同　定国屋　弥右衛門
一手製まんちう文政十亥年御改　橋元屋佐助倅庄兵衛
一同　谷屋　喜助
一手製飴　川向　伝七
一手製飴　文政十亥年御改　飴屋　爲五郎
一同　久米屋　弁右衛門

饅頭と仏事の関係については讃岐地域の庄屋文書などにもその実態が散見できる。例えば、鵜足郡宇多津村（現・香川県宇多津町）「阿比野家祭式　全」には仏事関係の定式が記されているが、「仏事執行控仏事献立控　籠饅頭拾文五十三　又焼マンシユウ三十并五分壱重同七分一重、上菓子五分、上茶壱匁」（推定嘉永五から六年）（註177）などがみられる。ちなみに、同家の年中行事における菓子は餅・団子に限定されており、饅頭の庶民間への流布は比較的新しいといえる。

日下家と同様に大内郡大庄屋大山家の文政六年（一八二三）仏事では、既に「引　もち・まんちう」などの引物および饅頭の用例がみられる。（註178）また、明治二四年（一八九一）には供物としての「一饅頭五十

一饅頭五十」などの贈与に対し「一来客八十名　惣仕立　一饅頭惣数　三百八十個　内五六十八余リマシタ」[註179]。また、明治二五年（一八九二）にも「一来客七十名　上下共　一饅頭三百こ　是レも充分ニ御座リましタ」[註180]などが記録されている。これらの史料からは仏事到来物の饅頭を土産用の引物菓子に流用する経緯がみられ、同地域における仏事供物と饅頭の関係をうかがうことができる。さらに、島嶼部、三宅家の仏事でも「引菓子　一大手饅頭　壱人前ニ七ツ宛　右大手饅頭三十一出申候事」、また「諸買物覚」では「一岡札　大手饅頭弐百代」（明治五年）などの一連の出入りがあり仏事引物菓子と饅頭の緊密な関係の証左といえる[註181]。

二．佐野家

佐野家仏事において贈与された饅頭数および饅頭の種類をあげた（表6）。なお、初期には饅頭と生菓子の混同が考えられること、小型菓子であり個数により後述の「饅頭配布」への転用が推定されるため併せて生菓子の個数を示した。

饅頭による贈与は明治三〇年頃から一〇〇〇個近くに達し、明治四〇年の一七九〇個をピークに、明治四〇年代はほぼ同水準を保って推移する。また、饅頭の種類も同時期から焼・鏡・細工・朧・腰高・遠山・大栗饅頭なども加わって多彩となる。なお、「渦巻」「渦巻餅」は引田など東讃地域の名物菓子で、蒸した漉し餡の生地と団子の生地を重ねて巻き、断面に渦巻き模様を切り出してみせる。往時より法事の供物として喜ばれ現在も催事の場では作られている[註182]。

仏事到来物として多量に贈与された饅頭はどのように費消されたのであろうか。明治期の史料中には饅

表６　仏事到来物と饅頭・生菓子（佐野家）

史料No.・年	饅頭		生菓子		計
	数量	種類	数量	種類	
①明治10	470個	焼・鏡	170個		640個
②　13	60	焼	273		333
③　14	752	焼	210		962
④　15	445	焼	130		575
⑤　16	412	焼	240		652
⑥　18	350	焼	180		530
⑦　19	180	焼・鏡	20		200
⑧　20	525	焼・ショ	150		675
⑨　22	530	焼	50		580
⑩　23	525	焼	80		605
⑪　24	390	焼	311		701
⑫　25	470	焼・腰高	90	渦巻	560
⑬　26	445	焼	85	渦巻	530
⑭　29	522	焼	46		568
⑮　30	975	焼	345	上生菓子	1320
⑯　31	920	焼	185		1105
⑰　32	755	焼	270	上生菓子	1025
⑱　35	1054	焼・細工・鏡	110		1164
⑲　37	990	焼・細工	100		1090
⑳　39	1066	焼・細工・朧	110	渦巻	1176
㉑　40	1790	細工・遠山	100		1890
㉒　41	1630	細工・大栗			1630
㉓　42	1785				1785
㉔　42	1465	焼・細工	100		1565
㉕　43	1325	焼・腰高・細工	75	渦巻	1400
㉖　45	1595	焼・細工	147	渦巻	1742
総計	21426		3577		25003

※史料：佐野家文書（１）より作表。

頭の用途に関する記述は皆無であり、また献立上にも「引物」は記載されていない。ただし、既述の大山家の引物への流用の用例もあり、少なくとも一時期一八〇〇個近い饅頭は何らかの形で仏事参詣客その他への転用が推定可能である。ちなみに、同家仏事史料は昭和二四年まで残されているが、昭和初期の史料には末尾に「参考」として贈与された饅頭の配布先が以下のように記載されている。

―昭和三年―（抄出、一部人物名は略す、以下同。）

参考

三．引物まんじゅうハ下五ツ宛上七ツ。

四．工場ノ女工及男工七十六人ニ対シ五ツ宛与ヘタルモ以後ハ三個宛ノコト。

五．翌日饅頭配布ハ町内十三個宛　松ノ下五ツ宛　店、勝手三ツ宛　電工及事務員ヘ対シ五ツ宛ノ割ニテ與フ。

本年ハ饅頭不足セリ、以後顧慮ノ事。(註183)

―昭和五年―　饅頭配布

一．翌日手伝十四人ヘ七ツ宛。

二．工場男女工三十三人及手袋部九人ヘ五ツ宛。

三．山口屋他四軒ヘ送ル。

四．町内ノ十一軒ヘ十三宛。

五．松ノ下十八軒ヘ五ツ宛　盆塗場五人ヘ五ツ宛。

十二．店ノ者ハ都合ニテ中止。

引物まんじう上七ツ宛、下五ツ宛　手伝人内三人饅頭七ツ宛添フ　其ノ他女手伝（中略）二十一人（中略）饅頭七ツ宛添フ。(註184)

―昭和七年―　饅頭配布

一．町内七軒九ツ　水貰ふ内。

一．手伝　七ツ宛。

一．松ノ下　二十軒。

引まんじゅう　上五ツ宛　僧侶九ツ宛　下五ツ宛。

翌日手伝　内女連中六人ニ対シテハ饅頭七ツ宛添フ。

男連中九人ヘハ饅頭七ツ宛添フ。(註185)

上記の事例から昭和初期には贈与された多量の饅頭は第一には仏事「引物」として転用され、さらに、工場関係者、町（丁）内、松ノ下（地区）、手伝人、店関係者などに配布されている。いずれも昭和初期の事例ではあるが年数的な隔たりは少なく、また仏事慣習の大幅の変更は考えにくいなどの諸般からこれらは前代を引き継いだ慣習と推定できる。ちなみに、昭和三年の贈与饅頭数は一五四八個超（生菓子を含む）であり、配布饅頭数は概算で一七〇〇余個となる。「本年ハ饅頭不足セリ、以後顧慮ノ事」（昭和三年）、「十二．店ノ者ハ都合ニテ中止」（昭和五年）などの文言が現実味を帯びている。さらに前述の大山家の「内五六十ハ余リマシタ」（明治二四年）(註186)、「是レも充分ニ御座リましタ」（明治二五年）(註187)などの記述からは、いずれの家でも不確定な到来物の饅頭配布に腐心する様子がうかがえる。

佐野家における饅頭数の漸増傾向および明治三〇年頃を画期とする増加傾向は、単に饅頭類の仏事供物としての適性の有無とは別に、その基層には到来物の饅頭を引物その他へ転用する慣習の定着が考えられる。本来は仏事施行の家が整えるべき引物などに到来物を転用する慣習は、仏事施行の家の事情を忖度しより必要なものを贈ろうとする贈与者側の意図に繋がる。すなわち、饅頭贈与は仏事供物としての適性に加えて仏事引物への適性が相俟った需要と供給の関係性のなかで、次第に供物としての饅頭贈与が顕在化していくと考えられる。このような関係性は同じく直嶋、三宅家葬祭贈答における多量の豆腐需要、豆腐贈与に対応した豆腐預、豆腐切手などにも相通じる。[註188]

なお、前出『進物便覧』には「一贈物によりたとへば生魚、青物のるいハおなししな差合てはもらひたる方ハ甚勝手あしきゆへに、近世切手と云物を調へ贈ること甚弁理なり」[註189]と述べている。近世京都の商家においては葬儀から四十九日（寛政年間）までに贈与された菓子類には、実際の菓子に代えて饅頭切手、朧饅頭切手、大阪虎屋饅頭切手、壱分饅頭切手、菓子切手などによる贈与がみられる。[註190]また、大坂の商家の仏事記録（宝暦元年・一七五一から慶応四年・一八六八）では饅頭は切手での贈与が頻出しており、他方、「外ニとらやまんぢう十ヲ包十ヲ買是ハ切（切手）にて取ニ遣し候」（天保一五年）、「虎屋饅頭切手壱まいツ、六十枚代〆三百廿四文　跡ハもらい候分遣い申候」（嘉永二年）[註191]のように切手による饅頭購入など、饅頭切手の都市部における一定の流通をうかがうことができる。ただし、このように主として都市部において利便性から生じた菓子切手、饅頭切手などは、佐野家における一過性、短期集中的（仏事期間中のみ）に多量の饅頭の移動を伴う需要と供給の関係のなかでは、切手需要の余地はなかったといえよう。

ちなみに、このような仏事の饅頭贈答の慣習の素地には、地域性で明らかにした讃岐地域では特殊な商家による町場・在郷町の形成が考えられる。天保一二年（一八四一）調べでは既に同地域内では菓子類関係でも手製菓子類（四軒）、手製まんぢう（二軒）、手製飴（三軒）などを商っている。なお、上記は藩から店商いを認められ店株を持っているものの数に限定されるが、調査外の小屋がけ、振り売り、行商などを含めるとさらに多くの菓子屋が商っていたと考えられ、仏事における多量の饅頭贈答の背景には、近世以降、商家が軒を並べる町場の繁栄など、地域の景観の影響が色濃いと推定できる。

三．日下家

物品贈与の特徴が全体として菓子類に特化し、さらに経年により漸増傾向を示すことは前項までで明らかにした。日下家における仏事の菓子類のうち饅頭・生菓子についてまとめた（表7）。饅頭と生菓子については史料中に既に両者を同様に「引物」として転用しておりこれに則った。なお、生菓子は近世以降同地の名物菓子で仏事の供物としても喜ばれた「渦巻」「渦巻餅」が多用されている。日下家仏事菓子類の饅頭と生菓子の関係は、近世では生菓子は全体のほぼ三六・七％を占めるのに対し、近代ではわずかに一二・四％と大きく減少し饅頭主体に移行する。饅頭の種類は朧・焼・腰高・鏡・大・都・遠山饅頭など、生菓子は渦巻・あやめ・角生菓子などがある。日下家「香料・供料控」などには以下のように「〆三百五十六　内わけ　一百三十三　生菓子　一百九十壱（二二一個、実数筆者計算）　饅頭　一弐重鏡（饅頭鏡弐重）」「一百　饅頭手元ニ而買取　〆四百五十六」[註192]など、金銭贈与の総額とともに饅頭、生菓子の総数が記載されており、饅頭の数量は引物との関係のなかで次第に重要視されていく。価格の記載は近世に止まるが饅頭は七厘から一分、生菓子は五厘から二分と幅がある。

表中の備考には「手元ニ而買取」「手許求メ」のように日下家が自家で購入した饅頭の数を示した。前項

表7　仏事到来物と饅頭・生菓子（日下家）

史料No.・年	饅頭		生菓子		計	備考	計
	数量	種類	数量	種類			
①天保15	286個				286回	饅頭7厘・8厘・1分	
③弘化 5	130+	朧・焼	181		311	饅頭7厘・朧8厘・焼8厘 生菓子1分・1分3厘	
④嘉永 4	30+	朧・焼	130		160	生菓子1分5厘・2分	
⑤ 7	130+		165		295		
⑥ 7	165	焼	30		195		
⑦安政 2	315+	焼	50		365		
⑧ 3	85	焼	60		145		
⑨ 6	206+	焼	130		336	生菓子1分5厘	
⑩ 7	130		100		230		
⑪文久 2	205	大・焼	125		330	生菓子5厘・1分	
⑫ 3	270	焼	220		490		
⑬元治 1	210	焼	30		240		
⑭ 2	110		125		235		
⑮慶応 2	166	大・焼	50		216		
⑯ 3	35	焼	50		85		
⑰ 4	195	焼	100	渦巻	295		
⑱明治 6	240+	都	60		300		
⑲ 7	275+	遠山	40		315		
⑳ 8	280		25		305		
㉑ 9	180		100		280		
㉒ 11	265+	遠山	130+	角・あやめ	395		
㉓ 12	310		50		360	「外五十〆四百十」	410
㉔ 12	60				60		
㉕ 13	70	焼	50		120		

㉖	13	110	焼	80		190		
㉗	14	190	焼	30		220		
㉘	17	160		110		270		
㉙	18	223	焼・鏡	133		356	「一百　饅頭手元ニ而買取」	456
㉚	19	0						
㉛	19	302	鏡			302	「外ニ百手元買取分」	402
㉝	20	30				30		
㉟	22	354	鏡	50		404	「一饅頭百〆手許ニ而買取分」	504
㊲	27	335	焼	19		354	「外ニ弐百拙者ニ而買取分」	554
㊳	28	302	鏡・腰高			302		
㊴	29	500				500	「外ニ百五拾手許求メ」	650
㊵	30	350	焼	170	渦巻	520	「外ニ百買取ニ而」	620
㊶	34	750		50		800		
㊷	35	910				910		
㊸	36	674	鏡			674		
㊹	38	715		50		765		
㊺	39	875		50		925		
㊻	44	505		75	渦巻	580	「百　内方」	680

※史料：日下家文書（２）より作表。
＊ただし、＋印は個数不明を示す。

の佐野家では多量の饅頭が贈与されており購入の記録はないが、日下家では仏事により四〇個から二〇〇個程の饅頭を自家で購入している。ただし、明治三四年以降（同四四年を除く）は贈与される饅頭の増加により購入はみられない。ちなみに、この時期は参詣者数が急増（明治四四年のみ参詣客減少）しており増加の一因と考えられる。仏事における饅頭、生菓子の贈与は不確定であり、土産物に配布する引物の数との兼ね合いは仏事の家にとって常に関心事であったといえる。

菓子については前述佐野家、後述の山口家ともに仏事贈答菓子として特化される饅頭について主に引物との関係から考察してきた。ここでは、「その他の菓子」について言及する（表8）。日下家では菓子類について菓子一袋・一折・一箱（箱入菓子）・一重などの単位で贈られる菓子が近世、近代を通じてかなりの比重（約二四・九％）を占める。これらの大部分は菓子の実態は不明であるが、一部に「並菓子一袋」、「干菓子一袋」、「生菓子一折」などがある。ただし、この場合の生菓子は饅頭などの個数にはカウントされていない。日下家では近世に限定されるが一部に価格の記載がみられる。例えば、「一弐匁余菓子一箱（註193）」、「一干菓子代二〇（註194）」、「箱入菓子壱箱代六〇（註195）」のようである。これらをまとめると嘉永四年から慶応二年の間の「その他の菓子」の価格は以下のようである。

菓子（八匁）、菓子代（一匁）

菓子一箱（八匁）（六匁）（四匁）（三匁）（二匁余）（二匁）

干菓子箱入（四匁位）、干菓子（二匁）（一匁）、干菓子一袋（三匁）

「その他の菓子」の価格は菓子の内容、維新期の高騰など時代によっても異なり価格の高低の評価は一概にはいえない。ただし、饅頭贈与との比較の指標として僅かな事例ではあるが日下・山口両家の近世の饅

表8　その他の菓子類（日下家）

史料No.・年	種類・出現頻度・価格
①天保15	干菓子1袋（2回・以下回を略）
③弘化 5	上菓子1重（1）　並菓子1袋（1）　菓子1箱（1）
④嘉永 4	菓子1重（1）　菓子1箱（3）　2匁余菓子1箱（2）
⑤　7	菓子（2）　菓子8匁（1）　菓子1箱（1）　干菓子1（1）　生菓子（1）
⑥　7	菓子（2）　菓子1袋（1）　菓子小箱（1）　菓子代1匁（1）　生菓子（1）
⑦安政 2	菓子1（4）　箱入菓子（1）
⑦　3	菓子箱入2（1）　菓子1箱（1）　干菓子（1）　代2匁（1）　代1匁（1）
⑨　6	菓子1箱代2匁（1）　同右代3匁（1）　干菓子（1） 干菓子箱入代4匁位（1）
⑩　7	干菓子1箱（4）　干菓子（3）　菓子1箱代2匁（1）　同右代3匁（1）
⑪文久 2	菓子1箱（7）　菓子1箱代8匁（1）　菓子1折（4）　菓子1袋（1） 菓子1重（1）　干菓子1箱（1）　干菓子1袋（1）　羊羹（1）　同5本（1）
⑫　3	菓子1（2）　菓子1箱（3）　菓子1箱代4匁（1）　菓子1袋（1）
⑬元治 1	箱入菓子1（1）　干菓子1（2）
⑭　2	箱入菓子1（3）
⑮慶応 2	菓子1箱（4）　菓子1箱代4匁（1）　同右代8匁（1） 箱入菓子1箱代6匁（1）　干菓子1袋（1）　同右代3匁（2）
⑰　4	菓子1箱（3）　干菓子1（2）　生菓子（1）　あめ（1）
⑱明治 6	菓子1袋（7）　菓子1箱（4）　菓子1折（2）
⑲　7	菓子1袋（10）　菓子1折（6）
⑳　8	菓子1折（10）　菓子1袋（5）　生菓子1折（1）
㉒　11	菓子1折（3）　菓子1袋（3）　遠山3折（1）　あやめ1折（1） 三色餅3重（1）
㉔　12	菓子1折（1）　菓子1袋（2）　ぼふろ1（1）
㉕　13	菓子1折（3）　菓子1袋（6）　生菓子1折（1）
㉖　13	菓子1袋（7）　菓子1折（1）　菓子1箱（1）

㉗	14	菓子1折（4）　菓子1袋（3）　菓子1箱（1）
㉘	17	菓子1箱（6）　菓子1袋（5）　菓子1重（1）　羊羹3本（1）
㉙	18	菓子1折（3）　菓子1袋（6）　菓子1箱（7）
㉚	19	菓子1折（2）　菓子1袋（2）
㉛	19	菓子1折（10）　菓子1袋（6）
㉝	20	菓子1折（2）　羊羹2本（1）
㉟	22	菓子1袋（4）　菓子1折（5）　菓子1箱（上々）（2）　羊羹2本（1）
㊲	27	菓子1折（4）　菓子1袋（1）
㊴	29	菓子1袋（2）　菓子1折（1）
㊵	30	菓子1折（9）
㊶	34	菓子1折（12）　菓子2折（1）　菓子1袋（1）
㊷	35	菓子1（1）　菓子1箱（3）　菓子1折（2）　生菓子1折（5）
㊸	36	菓子1折（14）
㊹	38	菓子1折（5）　菓子1袋（1）　菓子1箱（1）
㊺	39	菓子1折（5）　菓子1袋（1）
㊻	44	菓子1折（2）　生菓子1折（1）

※史料：日下家文書（２）より作表。
＊（　）内は出現頻度を示す。生菓子は個数無記載のみ。

頭・生菓子の単価をあげ、以下にこれらを饅頭他の個数（三〇・五〇個）の価格に当てはめて比較した。

	三〇個	五〇個
饅頭（七厘から一分）	二匁一分から三匁	三匁五分から五匁
生菓子（五厘から二分）	一匁五分から六匁	二匁五分から一〇匁

＊価格は日下家文書（天保一五年から文久二年）より検索。

饅頭（三分）	九匁	一五匁
生菓子（一分から三分五厘）	三匁から一〇匁五分	五匁から一七匁五分
渦巻（二分五厘から三分）	七匁五分から九匁	一二匁五分から一五匁

＊価格は山口家文書（文久二年から明治七年）より検索。

価格は日下家史料は年代的に近世後期の通常の価格であり、対して山口家史料は維新期の物価高騰時の価格が反映されたものと推定される。年代、価格の上下限など全体的にみて近世における「その他の菓子」は饅頭・生菓子贈与に比較して贈与価格は下回っており、これらが比較的安価な贈与として用いられたと推定される。

四．山口家

物品贈与は明治中期頃から菓子類なかでも饅頭類に特化していく。仏事儀礼と饅頭の関係、少なくとも仏事供物としての饅頭贈答の慣習については佐野家仏事の項で概観した。本項では山口家仏事に用いられる菓子について検証する。山口家仏事の饅頭は前項までの佐野・日下両家と記述が異なるため、参詣客から供物として贈与される「供物菓子」、自家で購入する「購入菓子」、仏事の引物として用いられる「引物菓子」に分け山口家仏事の饅頭・菓子の動向を検証する。

［供物菓子］

仏事にそれぞれの参詣客から贈与された供物菓子をまとめた（表9）。饅頭、生菓子など個数が記入される菓子は引物（引手）として用いられるため、その他の菓子類と分けて示した。生菓子の実態は不明であるが後述する購入菓子などの事例から、一部には引田地域の郷土菓子「渦巻」(註196)が推定できる。饅頭と生菓子をあわせた個数は三〇個（安政二年）から三八三個（明治三五年）と幅はあるが、安政二年（一八五五）から明治四三年（一九一〇）の約五〇余年の経年による増減は少なく近世末頃から供物として一定数の饅頭贈与がなされている。ただし、饅頭と生菓子の数では饅頭が優位で生菓子の贈与は減少し供物菓子は饅頭に特化していく。饅頭の種類では焼饅頭が比較的早く出現し（明治一一年）、以後、朧・細工饅頭が続く。なお、かなりの事例を占める菓子一袋、菓子一箱、菓子一重などについては前項の日下家と同じく菓子の種類などの内容は特定できない。

［購入菓子］

山口家菓子類なかでも饅頭について前項佐野・日下両家と最も大きく異なる点は購入菓子の記録にある。佐野家では多量の供物菓子が贈与されており引物転用のための購入は不要であった。対して山口家では贈与される供物菓子の不足を補うために恒常的に饅頭購入がみられる。山口家仏事の購入菓子については饅頭、生菓子は菓子名・単価・店名を、その他の菓子については菓子名（数量）・価格（単価）・店名をそ

表９　山口家仏事・供物菓子

史料No.・年	菓子名（個数）	計（饅頭＋生菓子）	その他の菓子（回数）
①安政 2	饅頭（30）	30	
② 3	饅頭（150）	150	菓子1袋（3）・菓子1重
③ 5	饅頭（350） 生菓子（25）	375	菓子1袋（3）・菓子1箱
④ 7	饅頭（200）	200	菓子（2）
⑤文久 2	饅頭（180） 生菓子（15）	195	菓子1袋（2）
⑥ 3			菓子1箱
⑦元治 1	饅頭（280）	280	菓子1袋・菓子1箱
⑩明治 5	饅頭（100） 生菓子（100）	200	菓子1袋（2）・菓子1箱
⑪ 7	饅頭（100）	100	
⑫明治11	饅頭（100）・焼（50） 生菓子（60）	210	菓子1箱（2）
⑬ 12	饅頭（200） 遠山（50）	250	菓子1箱（3）
⑭ 13	饅頭（100）	100	菓子1重
⑮ 17	饅頭（150） 生菓子（30）	180	菓子1箱（2・上々）
⑯ 18	饅頭（145）・大饅頭2重（2） 小葛生菓子（40）	187	菓子1箱（3）・羊羹2本
⑰ 19	饅頭（125） 生菓子（35）	160	菓子1箱（2）・菓子1重

⑱	20	饅頭（80） 生菓子（30）	110	菓子1袋・菓子1箱（2） 菓子1重
⑲	21	饅頭（267）	267	菓子1袋
⑳	23	焼（大）（50）・朧（50） 生菓子（30）	130	菓子1重
㉑	24	饅頭（100）・焼（30）・朧（25） 生菓子（30）	185	菓子1箱・袋菓子
㉒	27	饅頭（80）・焼（25）・朧（70） 生菓子（50）	225	菓子1箱
㉓	27	饅頭（50）・焼（90）・朧（70） 生菓子（上）（20）	230	菓子1箱（2）
㉔	28	饅頭（50）・焼（71）・朧（120）・ 大饅頭2タ重（2）	243	
㉕	29	饅頭（75）・焼（30）・朧（140）	245	生菓子1袋・生菓子1箱
㉖	30	饅頭（255）	255	菓子1袋・生菓子1箱（2）
㉗	33	饅頭（50）・焼（90）・朧（30）	170	菓子1袋（2）・生菓子1箱（2）
㉙	35	饅頭（100）・焼（120）・朧（80） 生菓子（83）	383	
㉚	36	焼饅頭（142）・朧（30）・ 細工（50）	222	生菓子1箱・茶菓子1箱
㉛	39	焼（120）・朧（50）・細工（50）	220	菓子1袋・菓子2箱・菓子1箱
㉜	40	焼（180）・細工（50） 菓子9入1箱	239	菓子1袋・菓子1箱
㉝	43	饅頭（160）・焼（30）・細工（30）	220	菓子1袋・菓子1箱（2）

※史料：山口家文書（３）より作表。

れぞれまとめた（表10）。

饅頭・生菓子の価格は種類、店、また年により異なるが、近世末（近世は匁建ての明治七年までとする）では、饅頭は三分（慶応二年）、生菓子は一分（文久二年）から三分五厘（明治二年）、渦巻は二分五厘（明治五年）から三分（明治七年）と維新期には高騰している。円建てに変わる明治一二年以降では、饅頭の単価は明治二九年までは五厘を主に四厘から六厘を推移するが、以降は七厘から八厘となり明治末期には一銭、一銭一厘へと高騰しており全体としても価格は漸増傾向がみられる。饅頭の種類では細工饅頭が焼・朧饅頭に比較してやや高価であり渦巻は全体として饅頭の価格に準じている。

饅頭・生菓子購入の菓子屋は前半の「谷屋」（八回）、中・後半の「はし元屋」（一八回）の他、「魚安」（七回）、「兼吾郎（兼吾）（四回）」などである。ただし、回数は菓子の種類により店が異なることもあるため菓子別にカウントした。ちなみに、高松藩が天保一四年（一八四三）に行った「大内郡引田村店商株人別書出」[註197]によれば、

一　引合　文政十亥年御改　手製まんちう　引合　はし元屋佐助倅　庄兵衛
一同　　　　　　　　　　　　　　　　　　引合　谷屋　喜助

があり、名称などからはし元屋、谷屋両店は文政一〇年（一八二七）から手製饅頭を商う老舗と推定される。その他の菓子のうち荘厳菓子、仏前菓子、供菓子は仏前に飾る菓子で価格は四銭から一三銭と漸増傾向である。内容は読みとれないが単価九毛から二厘七毛程の小菓子を四五、五〇個（枚）程用いている。菓子店の記載は少ないが「俵屋」「橋元屋」「たしま屋」「南種ケ嶋」「魚安」などがあり重複する店もあるが饅頭専門店など菓子の種類によっても店が異なると考えられる。

表10　山口家仏事・購入菓子

史料No.・年	饅頭・生菓子			その他の菓子		
	菓子名	単価	店名	菓子名(数量)	価格(単価)	店名
⑤文久 2	生菓子	1分	谷屋			
⑧慶応 2	饅頭	3分		御前菓子	4匁	
⑨明治 2	生菓子	3分5厘				
⑩ 5	渦巻	2分5厘	谷屋	菓子	2匁1分	
⑪ 7	渦巻	3分	谷屋	茶子	7匁5分	俵屋
⑬ 12	饅頭	5厘	谷屋	菓子	2銭5厘	俵屋
	生菓子	(5厘)	谷屋	菓子	3銭5厘	
⑭ 13	生菓子	8厘	谷屋	菓子(70)	7銭(1厘)	
⑮ 17	饅頭	6厘	お□み	供菓子	6銭	はし元屋
⑯ 18	葛生菓子	5厘	兼五郎			
⑰ 19	饅頭	5厘	兼吾	供菓子	4銭2厘	たしま屋
	饅頭	4厘	はし元屋			
⑱ 20	饅頭	5厘	兼吾	荘厳菓子	8銭	
	渦巻	5厘	谷屋			
⑲ 21	饅頭	5厘	兼吾内	荘厳菓子	10銭	
	饅頭	4厘	はし元屋			
	饅頭	5厘	はし元屋			
⑳ 23	饅頭	5厘	茂吉	仏前菓子(45枚)	5銭(1.1厘)	南種ケ嶋
	焼饅頭	4厘5毛	はし元	茶菓子	2銭	
㉑ 24	渦巻	5厘	谷屋	仏前菓子(44)	4銭(0.9厘)	
	焼饅頭	6厘	はし元	茶菓子	5銭	
	朧饅頭	5厘	はし元			

㉒　27	焼饅頭	5厘	はし元	仏前菓子	7銭	俵屋
	朧饅頭	5厘	はし元			
㉓明治27	饅頭	5厘	はし元	仏前菓子	5銭	
㉔　28	饅頭	5厘		仏前菓子	9銭	
	生菓子	6厘		茶菓子	4銭	
㉕　29	饅頭	6厘		仏前菓子（50）	11銭（2.2厘）	
	生菓子	6厘		茶菓子	7銭	
㉖　30	饅頭	7厘		仏前菓子	5銭	
	生菓子	7厘		菓子	7銭	
㉗　33	饅頭	7厘	はし元	仏前菓子（50）	7銭（1.4厘）	
	渦巻	7厘	はし元	茶菓子	5銭	
㉘　34	朧饅頭	7厘5毛	はし元			
	渦巻	6厘	はし元			
㉙　35	□饅頭	7厘5毛		仏前菓子	8銭	
	渦巻	6厘				
㉚　36	饅頭	8厘	はし元	供菓子（45）	12銭（2.7厘）	
	渦巻	8厘	はし元			
	細工饅頭	8厘	魚安			
㉛　39	細工饅頭	1銭	魚安	仏前菓子（45）	11銭5厘（2.6厘）	魚安
	朧饅頭	8厘	魚安	茶菓子	11銭	
	渦巻	8厘	はし元			
㉜　40	細工饅頭	1銭	魚安	仏前菓子	13銭	
	朧饅頭	8厘	魚安	茶菓子	5銭	
	渦巻	1銭	はし元			
㉝　43	饅頭	1銭	魚安	茶菓子	8銭	
	細工饅頭	1銭1厘	魚安			
	渦巻	1銭	はし元			

※史料：山口家文書（３）より作表。
＊その他の菓子・単価は筆者加筆、価格は四捨五入した。

［引物菓子］

引物は引手などの名称でも出される料理、菓子などで、仏事では既述のように饅頭などの菓子類が膳部の後に添えられる（表11）。[註198] ただし、山口家では初期（安政二年から明治一八年）には膳部の後に「引手まん寿　生菓子」「引物　まん寿小盆ニ」のように添えられるが、明治一九年以降は「二の膳　盆ニまん寿」「二ノ膳　引物まん寿」のように二の膳に組み付けられる。「二ノ膳　盆ニまん寿生菓子三ツヽ」[註199] からは饅頭、生菓子は合わせて六個が配布されている。山口家の引物菓子は史料初めの近世末では概ね贈与された供物菓子により「引物」を調えている。例えば、初出の安政二年では贈与された饅頭は僅かに三〇個であるが参詣客は九名（香料贈与者）であり規模からも購入の必要はなかったと考えられる。近代以降仏事による異同はあるが供菓子、引物菓子の数量などからは、傾向として同家仏事は年とともに拡大傾向であり需要に見合った自家での饅頭購入が顕著となる。引物の饅頭、生菓子は本来は仏事施行の家が調えるべきものであるが、供物として贈与された饅頭をこれに用いる慣習は近世末期頃から常態化している。すなわち、仏事の饅頭贈与は仏事により必要な物品、ここでは饅頭がそれであり、客はこれを贈与することで仏事の家に合力するとした考えが成立の基層にあると推定できる。このため、家々では贈与される供物菓子とこれを補う購入菓子の数量の見立てに腐心する。仏事控帳などには常に「引物数　三百五十五ニテ十分ニテ少し余り」、「まん寿引物十分アリ七十余残　以後ハ五十丈へす事」、「〆三百九十五　大分ニ返品アリ」、「〆引物数まん寿生菓子合計三百廿ニテ都合宜敷也」、「此まん寿五十位へ過」などの文言を添えて後の仏事への案内としている。

表11　山口家仏事・引物菓子

史料No.・年	購入菓子（個数）	供物菓子（個数）	計（個数）	備　考
①安政 2		饅（30）	30	引物　まん寿生菓子
② 3		饅（150）	150	
③ 5		饅・生（375）	375	
④ 7		饅（200）	200	
⑤文久 2	生（80）	饅・生（195）	275	引手　まん寿生菓子
⑥ 3				引手　まん寿生菓子
⑦元治 1		饅（280）	280	
⑧慶応 2	饅（50）		50	引手　まん寿□ツお寺計
⑨明治 2	生（30）		30	
⑩ 5	渦（80）	饅・生（200）	280	引物
⑪ 7	渦（100）	饅（100）	200	引物　まん寿生菓子
⑫ 11		饅・生（210）	210	
⑬ 12	饅・生（100）	饅・生（250）	350	引物　まん寿
⑭ 13	生（150）	饅（100）	250	
⑮ 17	饅（110）	饅・生（180）	290	
⑯ 18	生（100）	饅・生（185）	285	引物　まん寿小盆ニ
⑰ 19	饅（120）	饅・生（160）	280	二ノ膳　盆ニまん寿生菓子三ツツヽ
⑱ 20	饅・渦（100）	饅・生（110）	210	二の膳　盆ニまん寿
⑲ 21	饅（200）	饅頭（267）	467	二の膳　盆ニまん寿
⑳ 23	饅（200）	饅・生（130）	330	
㉑ 24	饅・渦（170）	饅・生（185）	355	「引物数三百五五ニテ十分ニテ少し残り」
㉒ 27	饅（200）	饅・生（205）	405	「まん寿弐百五個仝二百買〆四百五個右上出来ニテ大形ニアリキ」「まん寿引物十分アリ七十余残以後ハ五十丈へす事」

㉓	27	饅（180）	饅・生（230）	410	「まん寿二百個供物当ル全買入」
㉔	28	饅・生（150）	饅（241）	391	「〆まん寿百五十二百四十一外大まん寿二タ重」
㉕	29	饅・生（150）	饅（245）	395	「〆まん寿百七十外方ヨリ全百五十内買求分　金地五十　橋本廿五〆三百九十五大分過品アリ」
㉖	30	饅・生（150）	饅（255）	405	「〆弐百五十五個外百五十買求分〆四百五個」
㉗	33	饅・渦（150）	饅（170）	320	「〆引物数まん寿生菓子共三百廿ニテ都合宜敷」
㉘	34	饅・渦（170）		170	
㉙	35	饅・渦（170）	饅・生（383）	553	「まん寿三百個・別に生菓子八十三個」 「此まん寿五十位へ過」
㉚	36	饅・渦（150）	饅（222）	372	「外弐百廿弐個まん寿」
㉛	39	饅・渦（200）	饅（220）	420	
㉜	40	饅・渦（200）	饅・生（239）	439	
㉝	43	饅・渦（200）	饅（220）	420	

※史料：山口家文書（３）より作表。
＊饅＝饅頭・焼饅頭・朧饅頭・細工饅頭を含める。生＝生菓子、渦は渦巻を指す。
＊「　」内は史料引用を示す。

まとめ

近世末期から近代にかけて物品贈与に占める菓子類の割合は増加傾向であり、なかでも菓子類中の饅頭類の使用頻度は高い。饅頭が仏事贈答品として用いられる歴史は都市部では江戸中期頃と考えられ虎屋饅頭などがもてはやされ饅頭切手なども盛行する。讃岐においても菓子類は近世後期には「軽きあめ、菓子、餅、饅頭」などが売られ、「菓子類近年御国製宜ニ出来」と上等の菓子の規制が行われるなど、庶民間にも一定の流通をうかがうことができる。特に引田町場では文政期には既に手製菓子、手製饅頭、手製飴を商う店が九軒あり、加えて、小屋掛け、振り売り、行商などを通しても地域への菓子類の浸透が推定できる。本節では、一時期、佐野家において一七九〇個をピークとする仏事到来物としての饅頭について、仏事儀礼の慣習との関係のなかでこれを考察した。

讃岐では仏事儀礼における「引物」の慣習、膳部に添えて出す肴、菓子などを土産物とする慣習が江戸時代末期頃から流布し近代以降さらに進行、定着する。また、これら仏事の引物、土産に饅頭を用いる慣習は讃岐においても既に文政年間には散見され、相前後して仏事供物としての「仏事に饅頭」の慣習が次第に広がりをみせる。これらは両々相俟って「供物としての饅頭」および「引物としての饅頭」の儀礼の慣習を形づくる。すなわち、仏事に特化する饅頭贈与はその基層には到来物の饅頭を引物その他へ転用する慣習の定着が考えられる。本来は仏事施行の家が調えるべき引物に到来物を転用する慣習は、仏事施行の家の事情を忖度し、より必要なものを贈ろうとする贈与者側の意図に繋がる。すなわち、饅頭贈与は仏事供物としての適性に加えて仏事引物への適性が相俟った需要と供給の関係性のなかで、次第に供物としての饅頭贈与が顕在化していくと考えられる。

多量に贈与された饅頭は例えば佐野家の場合「引物まんじゅう八下五ツ宛上七ツ」（昭和三年）、「引まんじゅう　上五ツ宛　僧侶九ツ宛　下五ツ宛」（昭和七年）など参詣客の引物にあてられる他、「町内」「松の下（地域）」などの人々、店の者、工場の者、手伝いの者などの施行としても幅広く贈られている。

仏事儀礼において物品贈与の選択肢は時代、地域などにより異なることは当然といえよう。ただし、引田地域における時代の進行に伴う物品贈与の菓子類への傾斜、なかでも饅頭類への特化には儀礼の慣習、ここでは参詣客へ引物を土産とする慣習の存在、その影響が強く認められる。儀礼は儀礼を構成する諸相によって成立しており、諸相はまた儀礼の目的、意図を反映しつつ両々相俟って変化していくことが明らかである。

第五節　仏事贈答と階層・双方向からの検証

阿部謹也氏は「世間の掟」として贈与・互酬を「対等な関係においては貰った物に対してほぼ相当のものを贈りかえす。」ことと規定する。(註200)なかでも葬送、婚礼など長期にわたる儀礼の交換は、機会が生じるたびに相対的に行われる交換、時差的交換であり、香典帳などの儀礼の記録は、時差的交換において等価交換を行うための覚え書きとして永く機能してきた。(註201)

これまで、筆者は主として庄屋など農村部、上層の家の葬祭、婚礼などの祝儀、不祝儀帳から贈答について いくつかの検証を行ってきた。ただしこれらの記録はいずれも被贈与者、贈与を受けたものの一方的な記録に限定される。従来はこれら一方的な記録を、贈与に対してはほぼ同等の反対給付、返礼が伴うと

した共通認識のうえで用いてきた。（註202）

本節では、東讃岐引田地域の町場・在郷町において近接する佐野・日下・山口三家の仏事儀礼における「香料控」などの仏事記録、すなわち、三家の近世末から近代における長期にわたる贈答の記録、時差的交換の記録から、贈与者また被贈与者双方それぞれを対置し、仏事贈答ここでは主には佐野・日下両家の上層と山口家・中層の贈答における階層間の異同を検証する。なお、検証の前提となる佐野・日下・山口三家の同地域におけるそれぞれの位置付けおよび相互の関係については「第一章、第二節　佐野家・日下家・山口家および相互の関係」を参照されたい。

一．佐野家と日下家

㈠　佐野家から日下家へ

佐野家から日下家、上層から上層へ同階層間の贈与である。香料・供物贈与は天保一五年（一八四四）から明治四四年（一九一一）の維新期をはさむ六八年間の史料である（表12―1）。この間は近世後期から近代への変革期でありその前後の異同なども併せて検証する。贈与はその形態により、㈠金銭贈与、㈡物品贈与、㈢金銭・物品贈与併用の三タイプに分類できる。以下、贈与形態から史料を三期にわけて考察する。

・天保期から安政期

この期は㈡物品贈与および、㈢金銭・物品贈与併用による贈与であり、わずかな事例ながら結果からは前代における上層の物品贈与優位も推定できる。物品の種類は饅頭、生菓子の菓子類および饂飩（太饂飩）、太素麺の麺類である。なお、多量の饂飩などの麺類は同地の仏事供応に欠かせない食品であり、[註203]仏事への一類などによる加勢、合力と位置付けられる。ちなみに天保一五年以前の仏事では総額のみの記録であるが、香料は天保八年・四〇匁、同九年・三四匁、同一一年・四五匁、同一二年・一〇匁、同一三年・三三匁、同一四年・三一匁、同一四年・一〇匁である。[註204]これらによる金銭贈与の価格のみの比較では弘化年間以降の漸増傾向をうかがうことができる。

・文久期から明治九年

この期は考察の便宜上引田地域の流通貨幣単位が匁建てから円建てに切り替わる明治九年迄とした（以下、同様とする）。贈与形態では一例を除き、㈢金銭・物品贈与併用である。この時期はいずれも佐野家に縁の深い故人の仏事が施行されている。すなわち、文久二・三年・元治元年・慶応四年はいずれも日下吉房（一一代）（実佐野新兵衛男）妻キセの仏事。慶応三年は上述日下吉房仏事。明治六・七・八年は日下久太郎（実佐野五郎左衛門男）仏事であり、いずれも佐野家を出自とする故人またはその妻の仏事である。[註205]これらの仏事における佐野家の金銭贈与は、全参詣人の金銭贈与総額中の最多八五・七％[註206]から最少でも六四・五％[註207]を占めるなど異例の贈与がなされる。なかでも佐野家贈与の最高額は明治六年日下久太郎の「七七勤」（七七忌）で、総額は一貫二五匁七分（供物料を含む）にのぼり総金銭贈与の八三・三％を占めるなど、一類による仏事贈与の枠を超えた特殊な事例となる。[註208]香料・供物料の価格の多寡、物品の優劣などは贈与者側と故人との関わりが大きな要素となる。この時期佐野家では未だ亡き久太郎実父五郎左衛門

表12－１　仏事贈与・佐野家→日下家

史料No.・年	香料（供料）・供物		贈与価格	金銭贈与総額
(2) ①天保15		饅頭（1分）100		24匁
③弘化 5	香料4匁	太素麺2貫100目	4匁	47匁
④嘉永 4		生菓子1折30（2分づゝ）・饂飩1折		38匁（不明1）
⑤ 7	香料6匁	生菓子	6匁	59匁
⑥ 7		太饂飩3貫目		52匁
⑦安政 2	香料8匁	饂飩4貫目	8匁	87匁
⑧ 3		饂飩4貫目		78匁
⑨ 6		饂飩		59匁
⑩ 7		饂飩・太素麺2貫目		78匁
⑪文久 2	香料300目	饂飩	300匁	367匁
⑫ 3	香料300目	饂飩	300匁	350匁
⑬元治 1	香料100目	酒5升・饂飩	100匁	155匁
⑭ 2	香料20匁	生菓子50	20匁	75匁
⑮慶応 2	香料50匁・50匁	饂飩4貫目	100匁	274匁7分
⑯ 3	香料金10両	饂飩2貫目・餅米5升・小豆	750匁	872匁8分3厘
⑰ 4	香料300匁・香料50匁	饂飩	350匁	490匁
⑱明治 6	香料金10円（此銀750目）	素麺4貫目・酒1斗・醤油1挺・味噌2貫目 ＊佐野氏ヨリ香料并ニ供物共 1貫25匁7分	1貫25匁7分	1貫231匁8分5厘（供物共）
⑲ 7	香料750匁	饂飩4貫目・赤飯1提	750匁	928匁5分5厘
⑳ 8	香料375匁		375匁	519匁1分1厘
㉑ 9	香料112匁5分	生菓子50・饅頭50	112匁5分	236匁5分

㉒明治11	香金1円・供料金1円　上酒5升	2円	4円60銭
㉓　12	香價金3円　酒5升但シ1升代13銭ツ、	3円	5円20銭
㉔　12	香料30銭　酒2升但シ1升ニ付代14銭	30銭	1円39銭
㉕　13	香料20銭・供料50銭	70銭	1円75銭
㉖　13	香料金1円・香料金1円	2円	4円10銭
㉗　14	香料70銭・供30銭	1円	2円
㉘　17	供香料3円	3円	4円90銭
㉙　18	香1円50銭・供50銭	2円	3円94銭
㉚　19	香料50浅	50銭	4円80銭
㉛　19	香料1円・供1円	2円	
㉜　20	香料50銭・香料10銭	60銭	1円50銭
㉝　20	香料1円	1円	2円80銭
㉞　21	香料60銭	60銭	1円40銭
㉟　22	香料50銭・供料1円	1円50銭	3円60銭
㊱　25	金50銭	50銭	
㊲　27	金1円・金50銭	1円50銭	3円60銭
㊳　28	香1円・供1円	2円	4円15銭
㊴　29	香供70銭・香供70銭	1円40銭	2円90銭
㊾　30	香1円・供1円	2円	4円32銭
㊶　34	香料1円・供料1円	2円	5円20銭
㊷　35	香1円・供1円	2円	5円10銭
㊸　36	香2円・饅頭50	2円	4円30銭
㊹　38	香50銭・供1円	1円50銭	
㊺　39	香価1円50銭	1円50銭	4円20銭
㊻　44	香50銭・供1円	1円50銭	5円65銭

※史料：日下家文書（２）より作表。
＊各仏事の金銭贈与（香料・供料）総額の項目を設けた。

は存命中であり（明治四年隠居、同八年没）、一二代新三郎（漆原家より入家）は商家・井筒屋としての経営を拡大している。佐野家から日下家へ入家した久太郎四十九日における破格の贈与の実態からは、日下家仏事とは言い条、他面、商家・井筒屋の威信をかけた仏事であったとも考えられる。

・明治一一年から同四四年

この期は㈠金銭贈与に特化しており、物品は酒（三例）、菓子（一例）と僅かである。なお、既述の金銭・物品贈与における主として「一類他」など上分の金銭贈与優位と「出入の者」などの物品贈与優位の慣習については、一類筆頭である佐野家においても金銭贈与に特化するのは明治一三年以降であることから、このような慣習は近代以降においてより顕著になるものと推定できる。この期の仏事総贈与額に占める佐野家贈与の割合は最多六一・二％（明治一七年）から最少一〇・四％（明治一九年）と幅がある。また佐野家贈与の価格について記載がある明治一一年以降同四四年までの近代に限定して検証した。結果は最多は明治一二年の三円、(註209)最少は明治一九年・明治二五年の五〇銭、(註210)(註211)平均は約一円五二銭四厘となる。ちなみにこの期（明治一一年から四三年）の佐野家贈与は全金銭贈与総額の約四二％を維持するなど、近世との比較では大幅に減額するものの佐野家は未だ日下家一類筆頭としての存在感を示している。

㈡　日下家から佐野家へ

日下家から佐野家へ、同じく上層から上層へ同階層間の贈与である。贈与は明治一〇年（一八七七）から明治四五年（一九一二）の三六年間で近代に限定される（表12―2）。贈与形態は㈠金銭贈与のみで物品贈与は皆無であり、同時期には佐野家と同様に近代における「一類他」上分の金銭贈与優位が定着している。贈与価格については日下家に対する佐野家贈与が著しく変動し続けるのとは対照的に、数例を除きほぼ一定で七〇銭から九〇銭の間を推移する。なお、一部高額の贈与のうち明治一〇・一八年は佐野家より日下家に入家した日下久太郎の実兄佐野市太郎、明治一四・一五・四五年は市太郎妻ゆきのそれぞれの仏事であり故人との関係が贈与に反映した事例といえる。(註212) 日下家金銭贈与の最多は明治一四年の一円八〇銭、(註213) 最少は一六例（六一・五％）を占める七〇銭、平均は約八五銭四厘である。

このような日下家から佐野家への贈与全体を通底する特徴としては、第一には金銭贈与に限定した贈与形態および第二には三十余年にわたる増減の幅が少ない価格帯、少なくとも米価などから物価の高騰が推定される明治後期においても僅かの変化に止まることなどがあげられる。日下家は大内郡引田村において近世以来大政所、政所など村方三役の長として永く同地を治めた引田随一の名家といえる。このような為政者としての日下家からの贈与は、人々にとってはある種のメッセージ性を帯びる可能性を有すると考えられ、時間と対象を超えて変化しないこと、一定であることが肝要であったとも推定される。同様の意味からも、相対的評価がなされる物品贈与に比して金銭贈与による絶対的評価がより必要であったといえよう。さらに日下家としての家政の側面からは、往々にしてこれらの旧家には家政万般にわたる定式、定法を有し、これにより生活を営むことで家の永続を謀っている。(註214) 例えば、能登国（現：石川県）の豪農村松標左衛門による『村松家訓』（推定寛政一一年から天保一二年）では「仏事例」により仏事について以下の定法が決められる。すなわち、「一・仏ニ付常に異なる事仕間敷也。厨子等ニ至るまで栄曜ケ間敷義不仕様可懸心事。」「一・法事等仏事ニ付、禄不相応懇志振舞堅仕間敷事。」のように仏事においては常に変

表12－２　仏事贈与・日下家→佐野家

史料No.・年	香料（供料）	贈与価格
(1) ①明治10	香料30銭・供料50銭	80銭
② 13	香料20銭・供料50銭	70銭
③ 14	香料30銭・供料1円50銭	1円80銭
④ 15	香料30銭・供料1円	1円30銭
⑤ 16	香料20銭・供料50銭	70銭
⑥ 18	香料50銭・供料1円	1円50銭
⑦ 19	香料40銭・供料50銭	90銭
⑧ 20	香料20銭・供料50銭	70銭
⑨ 22	香料20銭・供料50銭	70銭
⑩ 23	香料20銭・供料50銭	70銭
⑪ 24	香料20銭・供料50銭	70銭
⑫ 25	香料20銭・供料50銭	70銭
⑬ 26	香料50銭・供料20銭	70銭
⑭ 29	香料20銭・供料50銭	70銭
⑮ 30	香料40銭・供料50銭	90銭
⑯ 31	香料40銭・供料50銭	90銭
⑰ 32	香料20銭・供料50銭	70銭
⑱ 35	香料20銭・供料50銭	70銭
⑲ 37	香料20銭・供料50銭	70銭
⑳ 39	香料20銭・供料50銭	70銭
㉑ 40	香料40銭・供料50銭	90銭
㉒ 41	香料40銭・供料50銭	90銭
㉓ 42	香料20銭・供料50銭	70銭
㉔ 42	香料20銭・供料50銭	70銭
㉕ 43	香料20銭・供料50銭	70銭
㉖ 45	香料60銭・供料50銭	1円10銭

※史料：佐野家文書（１）より作表。

わらないことおよび不相応な振舞を戒めている。[註215] 日下家においても文久三年（一八六三）の「遺訓之事」には「一家政之義者神仏之祭り其他日々の衣食、（中略）奢ケ間敷義者相慎可申事」[註216]と謳っている。日下家から佐野家への仏事贈与における一定の対応からは、引田随一の名家としての家政定式の墨守、変化しないことを良しとする意図も読み取ることができる。

香料からみる佐野・日下両家の贈答関係を金銭贈与のうち明治以降の円建てに限定して比較する。

佐野家から日下家（表1―1）明治一三年から四四年（二四回）平均一五五銭九厘

日下家から佐野家（表1―2）明治一〇年から四五年（二六回）平均　八五銭四厘

日下家に対し佐野家贈与はほぼ倍近くを上まわっている。このような両家の贈与の格差からは前述した佐野家の大規模な商家、大店としての破格の贈与が強調されるのに対し、日下家贈与の佇まいからは仏事儀礼への一定の対応、格式の保持の意図が看取され、同じく上層間での贈答にもそれぞれの家の来歴などの背景をうかがうことができる。

二．佐野家と山口家

㈠　佐野家から山口家へ

佐野家から山口家へ、上層から中層への贈与は安政三年（一八五六）から明治四三年（一九一〇）の五五年間、近世末から近代へ維新期にかけての史料である（表13―1）。贈与形態は、㈢金銭・物品贈与併用のみである。ただし、ここでは物品贈与として自家の商品である酒が贈られており、通常の金銭・物品贈与併用とはやや趣を異にする。佐野家のこのような贈与形態は対日下家においてもみられるが、日下家への物品は概ね麺類、菓子類などの購入品が用いられており自家の酒類の使用は僅かで山口家のそれとは異なる。

なお、対山口家贈与では贈与に占める酒価格の割合が大きいため、佐野・山口両家の仏事史料から酒価格、酒単価を検索し（第三章　表27　酒価格・佐野家）（第三章　表28　酒価格・山口家）、これを加算した贈与価格を備考欄に加えた。井筒屋酒醸造は明治一八年製造中止、後大正二年合名会社酒造井筒屋が設立されており、一部には購入した酒も贈与される。(註217) 近世における贈与のうち金銭贈与は最少四匁（慶応二年）から最多五〇匁（明治五年）、平均では約一五匁である。また、「一金弐歩（＊三七匁五分）一酒五升　佐の氏」（明治七年）のように金建てでも贈られる。(註218) 物品贈与の酒は一例を除き五升が贈られている。近世では酒価格は「町方酒屋共」へ銘酒、上々酒、上酒、次酒など種類別に触れ出される（文化一一年）。(註219) 殊に幕末は原料である米価の変動によりしばしば触が出された。これらのうち、上酒の価格は安政二年・一匁九分、同六年・二匁二分、文久一年・三匁一分、同二年・二匁二分、元治一年・二匁七分で幕末の高騰期以前は二匁前後を推移している。(註220)

近代の佐野家から山口家への贈与を㈠金銭贈与、㈢金銭・物品贈与併用（酒二升から五升）などそれぞれについて明治一一年以降の円建てに限定して比較する。金銭・物品併用の贈与価格の最少は四四銭（明治一九年）(註221)、最多は三円（明治四三年）(註222)、平均は約八五銭一厘である。また、㈠金銭贈与のみでは最少二〇銭、最多三円、平均約五八銭一厘で佐野家贈与に占める酒価格の割合は近世、近代ともに大きいといえよう（ただし、史料により酒価格の異なる場合はより高額を用いた）。また、明治四〇年「一円五〇銭　佐野」は山口家金銭贈与総額「〆五円五銭」の約三〇％(註223)、明治四三年「三円　佐野」は同じく総額の「〆五

表13－1　仏事贈与・佐野家→山口家

史料No.・年	香料（供料）・供物	酒単価・酒価格（贈与価格）
(3)　②安政 3	香料10匁　酒5升	
③　5	香料 6匁　饅頭料8匁　玉の露5升	
④　7	香料 8匁　上酒5升	
⑤文久 2	香料10匁　玉の露5升	
⑥　3	香料 8匁　玉の露5升	
⑦元治 1	香料 6匁　上酒5升	
⑧慶応 2	香料 4匁　玉の露5升	6匁・30匁（34匁） ＊上酒7升・42匁
⑨明治 2	香料10匁　酒2升	8匁・16匁（26匁）
⑩　5	香料20目　香料30目　酒5升	5匁5厘・25匁2分5厘 （75匁2分5厘） ＊酒1斗・50目5分
⑪　7	香料2歩　酒5升	6匁7分・33匁5分（71匁） ＊1斗・67匁
⑫　11	香料20銭　酒5升	
⑬　12	香料20銭　酒5升	13銭・65銭（85銭）
⑭　13	香料 1円　酒5升	15銭・75銭（1円75銭）
⑮　17	香料50銭　酒3升	13銭・39銭（89銭）
⑯　18	香料50銭　酒3升	13銭・39銭（89銭）
⑰　19	香料20銭　酒2升	12銭・24銭（44銭） 14銭・28銭（48銭）
⑱　20	香価20銭　酒2升	13銭・26銭（46銭）
⑲　21	香料30銭　酒3升	12銭・36銭（66銭） 13銭・39銭（69銭）
⑳　23	香料50銭　酒上々2升	15銭・30銭（80銭）
㉑　24	香料50銭　酒2升	14銭・28銭（78銭）
㉒　27	香料50銭　酒2升	13銭・26銭（76銭）
㉓　27	香料30銭　酒2升	14銭・28銭（58銭）
㉔　28	香料30銭　酒2升代19がへ	19銭・38銭（68銭）
㉕　29	香料30銭　酒2升代17がへ	17銭・34銭（64銭）
㉖　30	香料30銭　酒2升24銭がへ	24銭・48銭（78銭）
㉗　33	香料20銭　供料50銭	（70銭）
㉙　35	香料50銭　供料 1円	（1円50銭）
㉚　36	香料20銭　供料 1円	（1円20銭）
㉛　39	香料 1円　酒2升	37銭・74銭（1円74銭）
㉜　40	香料 1円50銭	（1円50銭）
㉝　43	香料 3円	（3円）

※史料：山口家文書（3）より作表。
＊酒価格は佐野家および山口家仏事史料の購入記録（購入量・購入価格）より算出した。
＊なお、酒価格不明年は空欄とした。

円七拾五銭」の約五二％を占める（ただし、物品贈与は含まない）[註224]。これら佐野家贈与は山口家「香料控」などでは常に日下家と並び筆頭に記載されている。このような格差拡大の要因としては既述のように酒価格の高騰があげられる。ちなみに、山口家史料によれば明治一二年から二七年の間の酒価格は一升一二銭から一五銭を上下するが、明治二七年以降上昇し明治末期には三六銭（明治四三年）とほぼ三倍まで急騰しており贈与価格を押し上げている。ただし、佐野家では酒を伴わない金銭贈与のみでも明治後期には、一円五〇銭[註225]、一円二〇銭[註226]、一円五〇銭[註227]、三円[註228]などの贈与の実態がみられ、酒の有無に関わらず高額の贈与は佐野家により意図的に行われている。

(二)　山口家から佐野家へ

山口家から佐野家へ中層から上層への贈与は明治一〇年（一八七七）から明治四五年（一九一二）の三六年間近代のみの史料である（表13―2）。贈与形態はいずれも、(二)物品贈与のみで金銭贈与は皆無である。内容的にも仏事による差違は少なくほぼ同型である。すなわち、物品の種類は菓子類（生菓子、饅頭）を中心に自家の商品である蝋燭（朱蝋燭）、香（白檀香、沈檀香、線香）の三種で、これら数種類を組合わせる山口家独自の贈与である（四種組一一・五％、三種組七三・一％、二種組一一・五％、一種類のみ三・八％）。なお、明治初期には一部に素麺の事例がある（二例）。備考に贈与される物品（生菓子、饅頭、朱蝋燭）の価格（記載のみ）を示した。ただし、蝋燭の価格はわずかに明治一六年「一弐銭　山口屋払　朱蝋燭弐丁代」があるが[註229]、その他では蝋燭の種類、単価などは不明のためここでは「朱蝋燭一丁一銭」の価格を全体に適用した。なお、赤（朱）蝋燭は浄土真宗本願寺派の仏事に用いられるが、用法は七回忌までは白、

表13－2　仏事贈与・山口家→佐野家

史料No.・年	供　物	菓子単価（贈与価格）＊蝋燭価格・2銭を加算
(1) ①明治10	生菓子50　朱蝋燭2丁　香1包　素麺500目位	
②　13	生菓子50　朱蝋燭2丁　香	生菓子7厘（37銭）
③　14	生菓子50　菓子1折　沈檀香1　香1	
④　15	生菓子50　朱蝋燭2本　香1	
⑤　16	朱蝋燭2丁　香1袋　素麺700目	
⑥　18	生菓子50　朱蝋燭2丁　香1	饅頭5厘（27銭）
⑦　19	生菓子50　朱蝋燭2丁　香1	饅頭5厘（27銭）
⑧　20	生菓子50　朱蝋燭2丁　白檀香1袋	饅頭5厘（27銭）
⑨　22	饅頭50　朱蝋燭2丁　香1	
⑩　23	饅頭50　朱蝋燭2丁　香	
⑪　24	生菓子50　朱蝋燭2丁　香1包	朧饅頭6厘（32銭）
⑫　25	饅頭50　朱蝋燭2丁　香1包	
⑬　26	饅頭50　蝋燭2丁　香1包	
⑭　29	饅頭50　蝋燭2丁　香1包	饅頭6厘（32銭）
⑮　30	饅頭50　朱蝋燭2本　白檀香1包	饅頭7厘（37銭）
⑯　31	饅頭50　朱蝋燭2本　白檀香1包	
⑰　32	饅頭50　朱蝋燭2本　香1箱	
⑱　35	饅頭50　朱蝋燭2本　白檀香1箱	饅頭7.5厘（39銭5厘）
⑲　37	細工饅頭50　朱蝋燭2本　白檀香	
⑳　39	細工饅頭50　朱蝋燭2本　白檀香1包	細工饅頭5厘（27銭）
㉑　40	細工饅頭50　香1包	細工饅頭5厘（27銭）
㉒　41	饅頭50	
㉓　42	饅頭50　朱蝋燭2本	
㉔　42	饅頭50　蝋燭1袋	
㉕　43	渦巻50　蝋燭2本　香1袋	渦巻1銭（52銭）
㉖　45	饅頭50　蝋燭　線香　白檀	

※史料：佐野家文書（1）より作表。
＊饅頭価格は山口家仏事史料によった。ただし、明治初期は生菓子と饅頭の混同が見られるため一部生菓子にも饅頭の価格を当てた。
＊蝋燭価格2丁（本）2銭を加算した。

三回忌、十三回忌からは赤など寺により異なる。(註230) 引田地域の聴き取りでは浄土真宗の家では朱蝋燭の使用がみられた。(註231) なお「香」の価格は佐野家史料に「一金弐銭　山口屋払　白檀香」などがみられるが単価など は不明であり贈与価格から除いた。

贈与価格の明かな一一例は明治四三年の菓子（渦巻）の高騰を除きいずれも饅頭価格がほぼ安定しており平均は約三三銭一厘となる（ただし、史料により饅頭価格が異なる場合はより高額を用いた）。

上記から両家の贈与価格を比較すると以下のようである。

佐野家から山口家
　金銭贈与のみ　明治一一年から四三年（二一回）平均五八銭一厘
　金銭・物品併用　明治一二年から三九年（一五回）平均八五銭一厘
山口家から佐野家
　物品贈与のみ　明治一三年から四三年（一一回）平均三三銭一厘

贈与価格による両家の格差は佐野家が金銭贈与のみでは約一・八倍、金銭・物品併用では山口家の約二・六倍の贈与がなされており両家の贈答の格差が顕著な実態が明らかである。

三．日下家と山口家

㈠　日下家から山口家へ

日下家から山口家へ、上層から中層への贈与は安政三年（一八五六）から明治四三年（一九一〇）の五五年間、維新期にかけての史料である（表14―1）。贈与は基本的には㈠金銭贈与で一部を除き蒸物、饅

表14－1　仏事贈与・日下家→山口家

史料No.・年	香料（供料）・供物	香料・贈与価格
(3) ②安政 3	香料 4匁・蒸物料8匁	12匁
③ 5	香料 6匁・まん料4匁	10匁
④ 7	香料10匁	10匁
⑤文久 2	香料 2匁・まん料6匁	8匁
⑥ 3	香料 4匁・供料6匁	10匁
⑦元治 1	香料10匁	10匁
⑧慶応 2	香料16匁	16匁
⑩明治 5	香料15匁	15匁
⑪ 7	香料 3朱　＊米2升・10匁	24匁0分7厘
⑫ 11	香料15銭・饅頭料30銭	45銭
⑬ 12	香料10銭・30銭	40銭
⑭ 13	香料20銭・50銭	70銭
⑮ 17	香料50銭	50銭
⑯ 18	香料30銭	30銭
⑰ 19	香料30銭　＊素麺300目位・7銭位	約37銭
⑱ 20	香料40銭	40銭
⑲ 21	香料10銭・供料30銭	40銭
⑳ 23	香料50銭	50銭
㉑ 24	香料50銭	50銭
㉒ 27	香料50銭	50銭
㉓ 27	香料20銭・供物料30銭	50銭
㉔ 28	香料50銭　＊松茸一斤半	50銭＋
㉕ 29	香料50銭	50銭
㉖ 30	香料50銭	50銭
㉗ 33	香料50銭　＊白米2升・27銭	77銭
㉙ 35	香料20銭・供料50銭	70銭
㉚ 36	香料50銭　＊白米2升・32銭	82銭
㉛ 39	香料50銭・20銭	70銭
㉜ 40	香料70銭	70銭
㉝ 43	香料50銭・20銭	70銭

※史料：山口家文書（３）より作表。
＊米価。
　明治７年（山口家仏事史料）一百五拾匁　米三斗（１升＝５匁）。

　明治33年（　　〃　　）一三円十銭　十三、五銭かえ　白米二斗三升（１升＝13.5銭）。

　明治36年（　　〃　　）一弐円七十二銭　十六銭　米一斗七升（１升＝16銭）。

　　〃　（日下家仏事史料）一米八斗　代拾弐円八拾銭（１升＝16銭）。
＊太素麺価格。
　明治19年（山口家仏事史料）一壱円弐拾六銭　柏屋払　太素麺五貫五百目代
　（100目＝約2.3銭）。
＊贈与価格は金銭香料・供料に米価・太素麺価格を加えた。
＊（価格）＋は価格不明を示す。

頭なども金銭（供料）によっている。㈢金銭・物品贈与併用は安政三年から明治七年の匁建ての期間に一例（米二升）のみ、明治一一年以降円建てでも四例（白米、素麺、松茸）といずれも僅かである。

贈与価格は匁建てでは金銭・物品ともに変動期の明治七年を除き一〇匁前後、平均約一二匁七分である。明治一一年以降円建てでは明治三〇年までは四〇銭または五〇銭、以降は七〇銭がそれぞれ主で、金銭贈与のみでは平均五一銭二厘、金銭・物品贈与併用では平均は五四銭三厘である。このような日下家からの贈与の特徴は、既述の佐野家への贈与と同様に概ね価格に高低が少ないことがあげられる。このことは、大政所、政所など為政者として永く同地を治めた引田随一の名家日下家の山口家への対応、すなわち、対日下家と同等の関係を有する家（例えば、山口家のような出入の商家など）への一定の対応、価格の設定およびこれの墨守が推定できる。さらには同家の家政の定式、定法「奢ケ間敷義者相慎可申事」（遺訓之事）(註232)などの側面からも同様の対応は不可欠であったと考えられる。なお、当然ながら、日下家から佐野家が概ね七〇銭から九〇銭を推移するのに対し、日下家から山口家へは三〇銭から七〇銭と下まわっている。

㈡　山口家から日下家へ

山口家から日下家へ中層から上層への贈与は天保一五年（一八四四）から明治四三年（一九一〇）の維新期にかけての六八年間の史料である（表14―2）。贈与形態は日下家からの贈与がほぼ金銭贈与であるのに対し、山口家からのそれは佐野家への贈与と同じく㈡物品贈与のみであり金銭贈与は皆無である。表によれば既述の主として「一類他」の金銭贈与が近代以降顕在化するのに対し、「出入の者」などによる物品贈与優位の慣習は少なくとも天保年間以降、近世から引き継がれると推定できる。物品の種類は菓子

表14－２　仏事贈与・山口家→日下家

史料No.・年	供物			菓子単価（贈与価格） *蝋燭価格・2銭近代のみ加算
(2) ①天保15	饅頭（8厘）51	朱蝋燭2丁	白檀香1袋	＊8厘（4匁8厘）
③弘化 5	生菓子（1分3厘）50	朱蝋燭4丁	五種香1袋	＊1分3厘（6匁5分）
④嘉永 4	生菓子（1分5厘）	朱蝋燭□丁	白檀2袋	
⑤ 7	生菓子50	蝋燭2	白檀香 香の物	
⑥ 7	生菓子	赤蝋燭2	香1	
⑦安政 2	生菓子50	朱蝋燭4	白檀香2	
⑧ 3	赤飯	火蝋燭	香	
⑨ 6	生菓子50（7匁5厘）			＊1分5厘（7匁5厘）
⑩ 7	生菓子50	赤蝋燭4本	白檀2	
⑪文久 2	生菓子50	赤蝋燭	香	生菓子1分（5匁）
⑫ 3	生菓子50	朱蝋燭5本	香	
⑬元治 1	饅頭50	蝋燭2	香1	
⑭ 2	生菓子50	赤蝋燭	香	
⑮慶応 2	生菓子50	赤蝋燭2本	香	饅頭3分（15匁）
⑯ 3	大竹の子2本（1匁位）	赤蝋燭2本	香1	
⑰ 4	生菓子	赤蝋燭	香	
⑱明治 6	素麺1袋	赤蝋燭2挺	香1袋	
⑲ 7	生菓子40	赤蝋燭2挺	白檀香1包	渦巻3分（12匁）
⑳ 8	生菓子1折	朱蝋燭2本	白檀香	
㉑ 9	氷豆腐50	朱蝋燭2丁	白檀香1袋	
㉒ 11	角生菓子50	赤蝋燭2丁		
㉓ 12	生菓子50	赤蝋燭2丁		饅頭5厘（27銭）
㉕ 13	生菓子50	赤蝋燭2丁	白檀香1	
㉖ 13	生饅頭50	蝋燭2丁	白檀香1	饅頭8厘（42銭）

㉗	14	巻素麺15把	蝋燭	白檀香	
㉘	17	饅頭50	紅蝋燭2本	白檀香1袋	饅頭6厘（32銭）
㉙	18	生菓子50	赤蝋燭2丁	香1包	饅頭5厘（27銭）
㉚	19		赤蝋燭2丁	線香1袋	
㉛	19	饅頭50	赤蝋燭2丁	白檀香1	朧饅頭6厘（32銭）
㉟	22	饅頭50	赤蝋燭2丁	白檀香1袋	
㊲	27	饅頭50	朱蝋燭2丁	香1袋	饅頭5厘（27銭）
㊳	28	饅頭30	朱蝋燭2丁	白檀香1包	饅頭5厘（17銭）
㊴	29	饅頭50	朱蝋燭2丁	白檀1包	饅頭6厘（32銭）
㊵	30	饅頭50	赤蝋燭2丁	白檀香1	饅頭7厘（37銭）
㊶	34	饅頭50	朱蝋燭2丁		朧饅頭7.5厘（39銭5厘）
㊷	35	饅頭50	赤蝋燭2丁	白檀香1	饅頭7.5厘（39銭5厘）
㊸	36	饅頭50	赤蝋燭2丁	香1袋	饅頭8厘（42銭）
㊹	38	饅頭50	朱蝋燭2丁	白檀香1	
㊺	39	饅頭30			細工饅頭5厘（17銭）
㊻	44	饅頭50	赤蝋燭2丁		

※史料：日下家文書（２）より作表。
＊饅頭価格＊印は日下家仏事史料、その他は山口家仏事史料による。

類（生菓子、饅頭）、自家の商品である蝋燭（朱、赤、紅、火）、香（白檀香、五種香、線香）である。なお、近世から明治初期には一部に赤飯、竹の子、氷豆腐、素麺、巻素麺（以上五例）が用いられるが、上記三種の組み合わせは天保期以来ほぼ近代まで踏襲される。このような菓子類を中心に自家の商品である蝋燭と香の三種の組み合わせは佐野家への贈与も含めて山口家独自のものといえよう（四種組二・五％、三種組八〇・〇％、二種組一二・五％、一種類のみ五・〇％）。

贈与価格は近世ではわずかな事例であるが、菓子価格により概ね五匁から七匁、幕末から明治には一二匁から一五匁へと高騰する。饅頭および朱蝋燭の価格が明かな明治一二年以降同三九年までの近代に限定すれば、最少は一七銭（明治二八年・同三九年）、最多は菓子価格が上昇する明治後期の四二銭（明治三六年）、平均は三二・六銭である。

上記から両家の贈与価格を比較すると以下のようである。

日下家から山口家
　金銭贈与のみ　明治一一年から四三年（二一回）平均五一銭二厘
　金銭・物品併用　明治一一年から四三年（二一回）平均五四銭三厘
山口家から日下家
　物品贈与のみ　明治一二年から三九年（一三回）平均三一銭六厘

格差は日下家が金銭贈与のみでは約一・六倍、金銭・物品併用では山口家に対して約一・七倍の贈与がなされており両家の格差の実態が明らかである。なお、山口家から佐野家贈与についても物品の内容は勿論のこと価格も「三三銭一厘」とほぼ同額であり、地域の上層である両家に対しては贈与された価格の高低如何に関わらず一定の返礼がなされるなど、山口家の両家への細やかな意図が看取できる。また、日下家から山口家贈与の具体例としては匁建てでは最多は明治七年「一三朱　一米二升　日下」がある[註233]。また円建ての最多は明治三六年「一五十銭　一白米二升　日下氏」（八二銭）[註234]、最小は明治一八年「一拾三銭　日下」（三〇銭）[註235]などであり、全体として日下家からの贈与は佐野家と同様に格差が明らかである。

まとめ

本節では佐野・日下・山口三家の仏事贈答に関して、三家相互に贈与者、被贈与者それぞれを対置させ双方向からの検証により、同位また異なる階層、非対称の階層間の贈答の実態を明らかにする。

はじめに述べたように本稿でいう階層は三家の比較の指標として設定するものであり、序列は経済的側面、併せて地域における家格、地位などの側面から区分した。例えば、佐野・日下両家は既述のように各々来歴は異なるものの、明確に地域の「上層（最上層）」と位置付けられる。また、山口家は町場・在郷町で大勢を占めると思慮される近世以来の商家であり、その他諸般の条件などの補足を加えいわゆる「中層」と設定した。また、同時に山口家は佐野・日下両家にとっては「出入の者（家）」であり、冠婚葬祭などの儀礼には常に馳せ参じて役割を担う関係でもある。

森本幾子氏は商家の葬礼と人間（家）関係について、「葬礼における到来物の贈答は、商家としての「家格が問われる場」でもあり、贈答関係が繰り返されるなかで商家同士の家格の再確認が行われていった。」と述べる[註236]。また、安国良一氏は近世都市における貨幣について、「人と人との関係を確認する意味をもつとともに、副次的に、他人との関係を親疎に対応した貨幣の数量で計量化できるようになった。」と述べている。[註237]　ここでは三家は近世後期から近代へと長期にわたり仏事贈答を繰り返すなかで、それぞれの家格の再確認および階層の定着が謀られる。さらに、その関係性の確認は価格により数量的に計量化される。この場合、たとえ物品贈与であっても価格の特定がより容易な商品化された物品による贈答は計量化を加速させる。すなわち、仏事儀礼の場における金銭・物品などの贈答は、人と人、家と家との関係、家格、親疎などの距離を確認するものとして機能することが明らかであり、さらに、これを踏まえて以下の点が指摘できる。

(一)　佐野家と日下家

［佐野家から日下家へ］　上層から上層へ同位の贈与は、佐野家が一時期大庄屋を勤めるものの、当該時期の幕末から近代にかけては同地域きっての商家、大地主としての側面がより強調された贈与となる。佐野・日下両家をめぐる重層的な姻戚関係はさらにこれを増幅し金銭、物品贈与ともに異例となる。全体としては「(前略)佐野家は日下家ヲ以立チ、日下家者佐野家ニ依而立ち候義と合心得、毛頭無隔心、互ニ睦敷末長久ヲ計可申事」(「遺訓之事」[註238])のように佐野家から日下家への贈与は、他面、両家を同一視(佐野家の側から)したものであり、一部には仏事贈答の枠を超えた異質の側面も有している。

［日下家から佐野家へ］　同じく上層間同位の贈与は、明治一〇年以降近代に限定されており、幕末から明治初期の圧倒的な佐野家贈与に対する日下家の反対給付の実態は明らかではない。ただし、明治一一年以降もほぼ二倍近くとなる佐野家贈与への対応、すなわち、金銭贈与のみに限定した贈与形態、さらには一定に設定された価格帯などからは、佐野家とは一線を画した対照的な贈与が明らかである。このような

日下家贈与の特徴には、同家が大庄屋など地域の長として永く同地を治めてきたこともその一因と推定される。すなわち、このような為政者としての日下家からの贈与は、被贈与者にとってある種のメッセージ性を有しており、同家と被贈与者との関係、階層の上下、家相互の親疎などにより、一定の定式を設けこれに則って贈る必要があったと考えられる。日下家からの贈与は被贈与者にとって常に差違がないこと、変化しないことが必要であったと考えられる。日下家贈与の端正な佇まいからは、一七〇余年にわたり大庄屋・庄屋として郡村を治めた家の格式、矜持も垣間見ることができる。

以上、同じく上層に位置付けられる佐野家、日下家はそれぞれの来歴および近代における生業などの諸条件により仏事贈答の内容に大きな差違が生じることが確認できる。

(二)　佐野家・日下家と山口家

［山口家から佐野・日下両家へ］　贈与はいずれも出入りの商家中層から上層への非対象の贈与である。贈与形態は近世、近代を通じて徹頭徹尾物品贈与であり、さらには物品は概ね饅頭、生菓子などの菓子類、自家の蝋燭、香の三種の取り合わせを墨守する。山口家のこのような佐野・日下両家への反対給付、すなわち、上層からの贈与の、価格の高低、物品の優劣などの如何に関わらず定型化された物品贈与からは、出入りの商家として揺るぎない上下関係、距離を自らに課したものであり、町場の仏事贈答と階層の関係を如実に示すものといえよう。

［佐野・日下両家から山口家へ］　いずれも上層から中層、出入の商家山口家への非対象の贈与である。両家はともに一類・上分などに顕著な金銭贈与主体であるが、佐野家は併せて自家の商品である酒が添え

られるなど、商家としての側面が質量ともに強調される。加えて、双方の贈答関係における最大の特徴は、佐野・日下両家から山口家へ、上層から中層への破格の贈与があげられる。贈与は両家ともに山口家一類を超えるものであり（佐野家一・八倍から二・六倍、日下家一・六倍から一・七倍）、香料帳には両家は常に筆頭で記載されるなど異例の対応がなされる。このような異なる階層、非対称における上層から中層への破格の贈与、過分の贈与は三家の贈答関係を特徴付ける一つといえよう。すなわち、これらの贈与の特徴は、森本幾子氏が指摘する仏事を通じて地域の人々に家格・格式を誇示する側面が指摘できる。いみじくも磯田道史氏は『武士の家計簿』において「武士身分としての格式を保つために支出を強いられる費用、その身分であることにより不可避的に生じる費用」を「身分費用」の概念で捉えており[註239]、佐野・日下両家の山口家への贈与には、本稿では「階層費用」とも言い換えられる、地域の上層としての格式を維持するための贈与、実質的な対価を求めない「階層費用」の側面が考えられる。

はじめに確認したように祝儀、不祝儀帳などの時差的交換（通時的交換）の記録は贈与者と被贈与者の等価交換のための記録として機能するが、これらは贈る者と贈られる者の双方が対等な関係であることが前提であり、相互に差違がみられる場合には適用されない。佐野・日下・山口三家の階層は一部に非対称であり、この場合香典帳などの記録は香料・供物から人と人、家と家の関係、親疎などの距離の確認の表徴として機能する。香料の金銭の多寡、物品の優劣などは安国良一氏の指摘するように相互の関係、相互の距離を具現化したものと見ることができよう。史料の贈答の実態からは往時の町場・在郷町のリアルな人間関係も再現できる。

おわりに

佐野家・日下家・山口家を史料とする引田地域における本調査の最大の特徴は、山口家史料の存在があげられる。事前調査から山口家は、従来、筆者らが主調査対象としてきた上層とは明らかに異なる階層であり、これを佐野・日下両家の下位に設定し、中層と特定した。上層とは異なる新たな階層の出現は、儀礼そのものの階層間による差違を顕在化する。すなわち、既に検証されてきた上層の儀礼の慣習を新たな異なる階層（中層）の慣習と対置させることにより、その異同から上・中層個々の儀礼の特性を明確にし得る。加えて、儀礼は上・中層（またはそれ以下の階層）両々相俟って一体のものでありこれの検証により仏事儀礼の実相の解明がより深化すると考えられる。

［参詣客の特定］

階層の高低から派生する参詣客の特定。佐野・日下両家の上層では参詣客を「一類案内」（上分）、「出入の者案内」（下分）と上・下分、縦の関係に格付けし、仏事の供応をはじめ全てに格差を設ける。対して下位の山口家・中層では、参詣客は相互に横断的横並びであり上下関係の認識は少ない。すなわち、中層においては参詣客の上下の格付けおよびこれに対応する格差そのものが成立しない（＊ただし、明治末期に格付け・格差ともに成立する）。これら上・中両階層に由来する両者の相異は儀礼を構成する様々な面に影響をおよぼし、結果として一部上・中層間に異なる儀礼の慣習を生じる。

［地域（丁・町）と仏事］

山口家・中層の史料によって明らかになった知見の一つに、従来の上層には未見の地域との関わりがあげられる。引田町場では家々は五人組的隣保組織である狭義の「丁」（構成は四、五軒）に属している。この「丁」では丁独自の「丁の膳」を介して、仏事における参詣と供応など丁内相互に儀礼を共有する。このような儀礼の共有は、相互の共通認識のうえに儀礼の保持、継続が謀られるなどより緊密な人間関係を醸成する。他面、仏事における儀礼の共有は、また、儀礼が個の家の内的儀礼から「丁」を介した外部への拡大化を示すものでもある。「丁」を通じた人間関係および、儀礼の拡大はともに町場の中層（またはそれ以下の層）の相互扶助などに根ざすの独自の慣習と捉えることができる。

［仏事到来物・香料と供物］

上層における参詣客の上・下分の格付けは、一部上層を中心に仏事到来物を主に「上分・一類他」の「金銭贈与」、「下分・出入の者他」の「物品贈与」の慣習を近代以降に定着させる。このことは、上層においては数量的に多数を占める「出入の者」による「物品贈与」優位を加速させる。対して、上・下分の格付けが特定されない山口家・中層では、香料などの低い価格設定も相俟って「金銭贈与」優位となるなど、仏事到来物は階層の高低により（上・中層）により上層の物品優位、中層の金銭優位とそれぞれ相反する傾向を示す。

［仏事到来物と階層・双方向からの検証］

佐野家と日下家は階層的には同位であるが、近世末期以降の佐野家による圧倒的多量の贈与傾向は明治末期まで引き継がれる。対する日下家から佐野家への贈与はほぼ一定、変わらないことを可とする佇まいであり近世以来の名家の格式と伝統が儀礼の基層にある。これら上層同位間の仏事贈答の差違が両家の来歴、生業などに由来することが明らかである。

佐野・日下両家と山口家は上層、中層と異なる階層、非対称である。上層両家から下位の山口家への贈与は両家ともに山口家一類を上まわる対応がなされている。この要因として一つには贈与を通じて地域の人々に上層としての家格・格式を誇示するためであり、今一つには、家をめぐる人の輪、絆を強め、ひいては自家の繁栄、安泰への願いも看取できる。これら両家に対する下位の山口家の反対給付は、ほぼ近世から近代を通底して徹頭徹尾物品贈与に限定される。さらに、佐野・日下両家から贈与される物品の価格の高低、優劣に拘わらず定型化された贈与形態からは、出入りの商家としての揺るぎない上下関係、距離を自らに課したものであり、町場の仏事贈答と階層の関係を示すものといえよう。

香典帳などに丹念に記録された金銭の多寡、物品の種類などは佐野・日下・山口三家相互の関係、親疎、距離などを具現化したものであり、史料の贈答の実態からは往時の町場・在郷町のリアルな人間関係が再現される。

本稿における山口家・中層の出現により、儀礼（仏事儀礼）の慣習が階層の高低により異なること、さらにはその具体の一部を明らかにし得たと考える。例えば、上・中層と異なる階層による参詣客の格付けの有無、さらに上・下分の格付けによる金銭・物品など異なる仏事贈与の慣習などは、いずれも階層区分から派生している。近世封建制は位階制により全ての面で上下の関係を重視する。これらは次第に地方の農村部などへも波及し、人々は様々な序列により階層区分されこれこれに規定される。従来の上層を主史料とした調査研究に新たな階層、山口家・中層が加わることはこれにより儀礼の解明をより深化させると考えられる。

註

（註1）江原絢子『高等女学校における食物教育の形成と展開』雄山閣　一九九八年　二四頁。

食文化の用語は一九六〇年代に用いられはじめたが必ずしもその概念は定まっていない。ここでは民族、集団、地域、時代などにおいて共有され、一定の様式として習慣化し、それが伝承される程に定着した食物摂取に関する生活文化を食文化とよぶ。食物の材料、その調理、加工方法、食具の種類と形態、食事作法などに各々固有の特徴がみられる。

（註2）原田信男「江戸と地方の料理文化―近世後期の利根川流域を中心に―」『日本の食文化〈七〉日本料理の発展』雄山閣　一九九八年　二二三～二六二頁。

（註3）芳賀登『葬儀の歴史』雄山閣　一九九一年　一六六～一七三頁。

（註4）芳賀登『葬儀の歴史』雄山閣　一九九一年　一六六～一七三頁。

（註5）『日本国語大辞典〈七〉』小学館　一九九三年　一二八五頁。

斎・時。食すべき時の食の意。①僧家で、食事の称。正午以前に食することを法とする。②寺で、檀家や信者に供養のために出す食事。また、法要のときなどに、檀家で、僧・参会者に出す食事。おとき。

（註6）『日本国語大辞典〈八〉』小学館　一九九三年　一三九一頁。

非時。非時は仏語。①日中から翌朝の日の出前までの間。僧が食事をしてはならないとき。②（「ひじしき」（非時食）の略）僧の午後の食事。③参会者に出す食事。しのぎ。

（註7）佐々木孝正『仏教民俗の研究』名著出版　一九八七年　一九七～二〇五頁。

（註8）秋山照子「香川県域・江戸後期から昭和初期における仏事献立の変容（第1報）皿の食品および料理の動向を事例として」『日本家政学会誌』Vol.49　No.1　一九九八年　一二三～一三二頁。

（註9）秋山照子「香川県域・江戸後期から昭和初期における仏事献立の変容（第2報）平皿の食品および料理の動向を事

例として」『日本家政学会誌』Vol.49　No.1　一九九八年　三三～三九頁。

（註10）「大内郡引田村店商株人別書出」『香川県史』9近世史料Ⅰ　一九八七年　七五九～七七四・一〇一六～七頁。

（註11）朝尾直弘・宇野俊一・田中琢『角川新版日本史辞典』角川書店　一九九六年　四二四頁。

在郷町（ざいごうまち）、在町、在方町とも。近世、農村部に生まれた商工業的性格をもった集落の総称。中世から交通の要衝などとして都市的機能をもっていた村落や、流通の拠点として成立していた定期市をもつ村落などが、商品流通の発展に伴い地域市場の中心となり、様々な商工人が常設店舗を設けて定住し町場化したため、人々が町とよぶようになった所。農村的性格を強くもっていたので、領主から正式に町と認定された所は少なく村と呼ばれた所も多い。なお、「在郷町」の用語は近世農村内に形成された町場を指したが、当該地域の成り立ち、特徴などを端的に示す用語として近代にもこれを使用した。

（註12）渡辺浩一『近世日本の都市と民衆―住民結合と序列意識―』吉川弘文館　一九九九年　四頁。

ただし、上記をさらに細分して、「在町」は幕藩領主が年貢米の換金、伝馬の継立などのために設定した在方に存在する都市的な場。「在郷町」は商品流通や農村工業の拠点、地域社会の流通の結節点として在方の町場と区別する傾向もある。

（註13）『香川県立文書館　収蔵文書目録』第六集　佐野家文書目録　二〇〇二年　解説。

引田の行政組織は村方支配は、代官―大庄屋―庄屋―組頭。浦方支配は、御船手―浦庄屋―町頭―浦年寄がそれぞれ担っている。町頭職は高松藩では引田のみに置かれたもので二から三人であった。

（註14）『引田町歴史民俗資料館　収蔵資料目録』（二）（古文書・文献―山本家・浪花家・遠藤家など）一九九七年。

（註15）『引田町歴史民俗資料館　収蔵資料目録』（二）（古文書・文献―山本家・浪花家・遠藤家など）一九九七年　八六～一〇〇頁。

（註16）『引田町歴史民俗資料館　収蔵資料目録』（二）（古文書・文献―山本家・浪花家・遠藤家など）一九九七年。

山口家史料は、一、家業、二、茶道・華道、三、證書・褒状、五、書籍などで近代が主である。なかでも四、吉凶（慶事・仏事）は近世末期から明治、大正、昭和にかけての史料がよく調っている。

以下、山口家文書は「引田町歴史民俗資料館」（「現東かがわ市歴史民俗資料館」）所蔵。なお、一部の「歴史民俗資料館」所蔵に関しては別記する。

（註17）『カシオ広辞苑』社会経済的地位によって序列化された社会層。年令・財産・職業・学歴・身分などが尺度。

『日本国語大辞典〈二〉』小学館　一九九三年　九七七頁。

社会を形づくる色々な生活層。また、一定の職業社会の中での階級。階層・階級層。

木原溥幸『地域にみる讃岐の近世』美巧社　二〇〇三年　一五七～一八二頁。

農民の階層構成を農地の持高により本百姓・間人（もうと）、上層農民・下層農民などに区分している。

著者未詳「粒々辛苦録」文化二年（一八〇五）山田龍雄・飯沼二郎・岡光夫編『粒々辛苦録他』日本農書全集25

農山漁村文化協会　一九九三年　二〇・一四九～一七四頁。

「粒々辛苦録」では以下のように役職、持高により農民を上中下に序列をつけている。

「農民の中ニも上中下の次第有て一様ならす。庄屋・組頭・長百姓抔の高多く持たるハ上農夫也。其次ハ中農夫也。

又、其次ハ下農夫也。此中ニハ無田百姓も有、是を水呑百姓と云う。（下略）」。

既述のように従来の調査対象は史料の制約から上層に限定される。本稿の予備調査では「山口家」は明らかに上

層外、非上層であり新たな階層を設定した。ただし、ここでいう階層は佐野・日下・山口三家の比較の指標として

設定するもので主として経済的側面を尺度として序列化した。

（註18）丸屋（吉川）甚七「家業考」一七六四～一七七一年『日本農書全集』第9巻　農山漁村文化協会　一九七八年　一五七

～一七〇頁。

（註19）東かがわ市歴史民俗資料館編『よみがえる井筒屋―引田の町並みとともに―』二〇〇五年　三～九頁。

（註20）梶原景紹『讃岐国名勝図会』前編　嘉永六年（一八五三）臨川書店　一九九九年　四五～六頁。

（註21）日下家文書・葬儀関係史料四冊。1）「随教院速證道覚様御死去諸事誌帳　明治六癸酉年第八月二十六日御死去（旧暦七月四日当ル也）俗名七十郎」。2）「随教院速證道覚様廻リ目控并案内人別留　明治六癸酉年第八月二十六日御死去（旧暦七月四日当ル）」。3）「随教院速證道覚様御供物帳　明治六癸酉年八月二十六日（旧暦七月四日当ル）御臨終」。4）「葬式諸事取計帳　明治六年癸酉旧暦七月三日戌刻寂（四日致候也）新暦八月二十五日也（廿六日致候也）」。

以下、日下家文書は全て香川県立ミュージアム所蔵（分館）瀬戸内海歴史民俗資料館保管。所蔵は「歴史民俗資料館」と略称する。

（註22）梶原景紹『讃岐国名勝図会』前編　嘉永六年（一八五三）臨川書店　一九九九年　四五～六頁。

（註23）梶原景紹『讃岐国名勝図会』前編　嘉永六年（一八五三）臨川書店　一九九九年　四五頁。

引田町史編さん委員会『引田町史　自然・原始～近世・文化財』一九九五年　五六三～四頁。

（註24）『香川県立文書館　収蔵文書目録　第六集　佐野家文書目録』二〇〇二年。

佐野家文書は香川県立文書館所蔵。以下同。

（註25）「日下家文書（補遺）」の紹介」『瀬戸内海歴史民俗資料館紀要　第12号』一九九九年　一三～四頁。

なお、日下家文書は既に『讃岐国大内郡引田村日下家文書目録』が一九八四年に刊行されているが、当該文書は同家より新たに寄託された史料を補遺として整理したものである。

（註26）『引田町歴史民俗資料館　収蔵資料目録（二）』山口屋収蔵資料（補遺）一九九七年　八六～一〇〇頁。

山口家文書は東かがわ市歴史民俗資料館所蔵。なお、一部に歴史民俗資料館所蔵文書があるが別途表記する。

（註27）梶原影紹『讃岐国名勝図会』前編　嘉永七年（一八五四）臨川書店　一九九九年　三三頁。

（註28）引田町史編さん委員会『引田町史　自然・原始～近世・文化財』一九九五年　二二五頁。

永正年間（一五〇五～一五二〇年）信濃より入った四宮右近は寒川氏に属し、引田城を居城とす（「全讃史」）。

（註29）朝尾直弘・宇野俊一・田中琢『角川新版日本史辞典』角川書店　一九九六年　四二四頁。

（註30）渡辺浩一『近世日本の都市と民衆―住民結合と序列意識―』吉川弘文館　一九九九年　四頁。

（註31）香川県立文書館『収蔵文書目録　第六集　佐野家文書目録』二〇〇二年　解説。

（註32）「大内郡引田村店商株人別書出」『香川県史』９近世史料Ⅰ　一九八七年　七五九～七七四・一〇一六～七頁。

史料は①「天保十四年卯二月改　大内郡引田村文政六未年店株人別扣」。②「天保十四年卯四月大内郡引田村文政六未御改ゟ取続店商人別　同十亥年御改ゟ取続店商并休　同亥年以後店商人別夫々取調書出帳　四月五日夜有馬十右衛門方へ持セ指出申候」。③「天保十四年卯二月　大内郡引田村店商無株之分人別書出帳　村扣」。④「天保十四年卯四月　大内郡引田村店々人別書出帳　但文政六未年御改　同十亥年御改　右七月四日相認和泉氏江指出」。これらはいずれも天保一四年に作成されたものである。

（註33）引田町史編さん委員会『引田町史　自然・原始～近世・文化財』六六五～六頁。

日下家文書などを史料とする「年表」に依拠した。

（註34）松岡調『新撰讃岐国風土記』明治中期頃成立か。多和文庫所蔵。転写本第一巻　香川県立文書館所蔵　一九頁。

同時期の「戸数は千百九拾五戸、人口は五千四百参拾人、男二千七百六十九人、女二千六百六十一人」である。

（註35）引田町史編さん委員会『引田町史　近・現代』一九九五年　四～一一頁。

（註36）引田町史編さん委員会『引田町史　近・現代』一九九五年　二八～九頁。

（註37）引田町史編さん委員会『引田町史　近・現代』一九九五年　四〇〇頁。

（註38）和田仁監修『香川歴史年表』四国新聞社　一九九七年　二八～九頁。

（註39）引田町史編さん委員会『引田町史　近・現代』一九九五年　四一二～四一四頁。

（註39）引田町史編さん委員会『引田町史　近・現代』一九九五年　四二〇頁。

（註40）木原溥幸『地域にみる讃岐の近世』美巧社　二〇〇三年　一八〇～一頁。
慶応二年（一八六六）高松藩領鵜足郡真時村階層構成。
全農家数六四軒　一五石以上　八軒（一二・五％）
一〇石前後の本百姓　一五軒（二三・四％）
一石から五石未満　一九軒（二九・七％）
一石未満、無高　二二軒（三四・四％）
本百姓以上二三軒（三五・九％）に対し以下は四一軒（六四・一％）と半数以上を占め、地主と小作などに階層分化する。
慶応二年（一八六六）高松藩領鵜足郡下法軍寺村階層構成。
全農家数一七四軒一五石以上　一二軒（　六・九％）
一〇石前後の本百姓　二五軒（一四・四％）
一石から五石未満　四三軒（二四・七％）
一石未満　二二軒（一二・六％）
無高　七二軒（四一・四％）
本百姓以上三七軒に対し、五石未満の六五軒に無高七二軒を加えた下層農民は一三七軒（七八・七％）となり階層分化が顕著である。
（註41）渡辺浩一『近代日本の都市と民衆』吉川弘文館　一九九九年　一二〇頁。
（註42）香川県立文書館『収蔵文書目録　第六集　佐野家文書目録』二〇〇二年　解説。
（註43）昔を知ろう会（藤本正武・正木英生・木村篤秀）「大内郡大政所を検討する」『東かがわ市歴史民俗資料館年報・紀要』第十三号　二〇一六年　一～一四頁。

調査は東かがわ市歴史民俗資料館所蔵日下家文書（写真製本）のうち月番帳、浦方御用留、浦方万覚帳、地方御用留、村方御用留に拠った。史料の制約から元禄一〇年以後に限定され、また欠落の年などもあり今後の調査が待たれる。


（註44）徳山久夫『讃岐国大内郡引田村日下家文書目録』一九八五年　一〇九～一一二頁。

大庄屋介役は天保七・一一年・嘉永元年、庄屋介役は文政一二年・天保六～嘉永二年の間勤める。

（註45）香川県立文書館『収蔵文書目録第六集　佐野家文書目録』二〇〇〇年　解説。

（註46）日下家文書「由緒書控　日下佐左衛門」歴史民俗資料館所蔵。

木村篤秀「日下氏系図考　大内郡人物伝稿―改稿のために」『東かがわ市歴史民俗資料館年報・紀要』第２号、一九～二七頁。

（註47）香川県編『香川県史』９近世史料Ｉ　一九八七年　七五九～七七四頁・一〇一六～七頁。

東かがわ市歴史民俗資料館編『よみがえる井筒屋―引田の町並みとともに―』二〇〇五年　四二頁他に依拠する。

徳山久夫『讃岐国大内郡引田村日下家文書目録』一九八五年　六六～七頁。

木原溥幸『藩政にみる讃岐の近世』美巧社　二〇〇七年　一七二～一八六頁。

（註48）東かがわ市歴史民俗資料館編『よみがえる井筒屋―引田の町並みとともに―』二〇〇五年　五二～三頁。

（註49）香川県編『香川県史』９近世史料Ｉ　一九八七年　七六〇～七六三頁。

「天保十四年卯四月大内郡引田村文政六未年御改ゟ取続店商人別　同十亥年御改ゟ取続店商并休　同亥年以後店商人別夫々取調書出帳　四月五日夜有馬十右衛門方へ持セ指出申候」。

（註50）『讃岐国松平讃岐守領内諸家文書目録（三）』一七～二一頁。

『引田町歴史民俗資料館　収蔵資料目録（一）』一〇〇頁。

（註51）史料番号（日下―㉒）（日下―㊵）。

史料番号は家名―番号で示す。なお、以降は（日下―㉒）のように略記する。

（註52）神代雄一郎・松本勝邦他調査『いろいろなコミュニティ―引田におけるハマとオカ―』一九七五年調査　五〇頁。

（註53）香川県編『香川県史』9近世史料Ⅰ　一九八七年　七六五～七七四頁。
「天保十四年卯四月　大内郡引田村店々人別書出帳　但文政六未年御改　同十亥年御改　右七月四日相認　和泉氏江指出」

（註54）山口家文書「山口宗七郎履歴書」『讃岐国松平讃岐守領内諸家文書目録（三）』歴史収蔵資料目録十八　一九九四年八頁。なお、山口家当該文書は「歴史民俗資料館」所蔵。

（註55）山口家文書「小海村松崎免田畑山林原簿　明治廿二年七月一日改　引田村　山口勇吉」『讃岐国松平讃岐守領内諸家文書目録（三）』歴史収蔵資料目録十八　一九九四年　八頁。なお、山口家当該文書は「歴史民俗資料館」所蔵。

（註56）日下家文書「大内郡引田浦本賃水夫人別名前帳　嘉永三戌年四月　郷方江指出し候ひかへ」。

（註57）萩野憲司「明治時代の香川県大内郡引田村における中高網紛議」『香川県立文書館紀要』第16号　二〇一二年　二四頁。

（註58）明治大学神代研究室「いろいろなコミュニティ―引田におけるハマとオカ―」『SD（スペースデザイン）』一九七六年。

（註59）山口家文書「山口宗七郎本宅平面図」『讃岐国松平讃岐守領内諸家文書目録（三）』歴史収蔵資料目録十八　一九九四年　九頁。

（註60）圭室諦成「葬式と仏事」『葬送暮制研究集成』第3巻　先祖供養　一九八八年　七八～九二頁。

（註61）阿比野家文書「阿比野家祭式　全」阿比野家文書は香川県立文書館所蔵。

（註62）秋山照子「『阿比野家祭式　全』にみる行事と食」『香川県立文書館紀要』第7号　二〇〇三年　三一～五四頁。

（註63）藤村家文書「主人年中行司録　享和二年　壬戌十二月始」香川県観音寺市立豊浜図書館所蔵。

（註64）藤村家文書「年中行事録　斎居士御仕成　年々用之者也」香川県観音寺市立豊浜図書館所蔵。

（註65）藤村家文書「主人年中行司録　文化八年　辛未十月年ニ用」香川県観音寺市立豊浜図書館所蔵。

（註66）藤村家文書「年中行事録　斎居士御仕成　年々用之者也」香川県観音寺市立豊浜図書館所蔵。

（註67）渡辺家文書「松橋院青海秀壙様御長逝御弔帳　安政三年　丙辰八月二日」「歴史民俗資料館」所蔵。

（註68）秋山照子『近世から近代における儀礼と供応食の構造―讃岐地域の庄屋文書の分析を通して―』美巧社　二〇一一年　三四～五頁。

（註69）山本眞功「江戸期庶民家訓の軌跡」『日本家族史論集』6家族観の変遷　吉川弘文館　二〇〇二年　一七七～一八五頁・二〇〇頁。

（註70）伊勢貞丈「貞丈家訓」一七六三年『日本思想史大系』27　近世武士思想　岩波書店　一九七四年　九三頁。

（註71）『日本国語大事典』第一巻　一九九二年　八六八頁。

　佐野家・日下家ともに「上分」には「一類」の用語が用いられている。『日本国語辞典』の一類の語彙は親族。親類。親戚などであり、民法上では六親等内の血族、配偶者および三親等内の姻族を指す。史料では両家ともに用語の本意に添った血族、姻族を中心としつつ、一部、寺方関係、懇意の人々も含む。

（註72）佐野―③。

（註73）佐野―⑳。

（註74）東かがわ市歴史民俗資料館編『よみがえる井筒屋―引田の町並みとともに―』二〇〇五年　三頁。

棚橋久美子「明治・大正期における地方名望家の贈答―香川県佐野家の中元・歳暮―」『近世近代の地域社会と文化』清文堂　二〇〇四年　五八六～六一七頁。

（註75）西坂靖「5近世都市と大店」吉田伸之編『日本の近世　第9巻　都市の時代』中央公論社　一九九二年　一九四～一九七頁。

（註76）昔を知ろう会「引田の屋号調査概報」『東かがわ市歴史民俗資料館　年報・紀要』第6号（平成二〇年度）七五～

八四頁。

（註77）佐野―⑳。

（註78）秋山照子『近世から近代における儀礼と供応食の構造―讃岐地域の庄屋文書の分析を通して―』美巧社　二〇一一年。

（註79）森本幾子「商家の儀礼と人間関係」宇佐美英機・藪田貫編『江戸の人と身分〈1〉都市の身分願望』吉川弘文館　二〇一〇年　六七～八頁。

（註80）森本幾子「近世大坂商家における追善供養と食―雑喉場魚問屋神崎屋平九郎の追善供養―」『なにわ・大坂文化遺産学研究センター二〇〇八』関西大学なにわ・大阪文化遺産学研究センター　二〇〇九年　六四～六七頁。

（註80）佐野―⑯。

（註81）佐野―㉔。

（註82）佐野―⑤。

（註83）佐野―⑩。

（註84）佐野―⑱。

（註85）東かがわ市歴史民俗資料館『よみがえる井筒屋―引田の町並みとともに―』二〇〇五年　四頁。

「佐野家略系図」の没年から算出、特定した。

（註86）丸屋（吉川）甚七「家業考」一七六四～一七七一年『日本農書全集』第九巻　農山漁村文化協会　一九七八年　一五七～一七〇頁。

大葬式は祖父母、父母、本妻など、小葬式は兄弟、子供、伯父、伯母など。これにより参詣の住職、布施などの全てが異なる。

（註86）佐野―③。

（註87）佐野―㉔。

（註88）佐野―㉑。

（註89）佐野―⑯。

（註90）下川耿史編『明治・大正家庭史年表』河出書房新社　二〇〇〇年　三六八頁。

（註91）下川耿史編『明治・大正家庭史年表』河出書房新社　二〇〇〇年　三七六頁。

（註92）日下―⑱。

（註93）明治六年寺社最大の仏事事例では、参詣寺院は積善坊・万生寺・本光寺・観音寺・海蔵院・円光寺・弘海寺・志度寺・千光寺。布施、道具料、供などの総費用は〆八百五拾九匁七分五厘　金拾壱円四拾六銭三厘三毛である。

（註94）日下―㉛。

（註95）日下―⑱。

（註96）引田町史編さん委員会『引田町史　自然・原始～近世・文化財』一九九五年　三四七～三五一頁。

　米屋（神崎家）は生業は醤油醸造業。引田村で最初に醤油生産をはじめる（＊日下家文書「地方御用留」より）。安政三年（一八五六）には高松城下で最多（七軒）の醤油卸売り店を有する。

（註97）山口―⑪。

（註98）山口―㉑。

（註99）瀬戸内海歴史民俗資料館『讃岐国松平讃岐守領内諸家文書目録（三）』山口鶴齢堂文書　解題。「忠太郎別家別品帳」一九九四年　八頁。

（註100）山口家文書「婚礼歓送り物諸入目記　丙明治九年子正月廿九日吉日」。

（註101）山口家文書「お久悦事諸控　廿四年卯正月十八日引越し」。

（註102）山口―①「香料控」。

（註103）山口―⑩「香料控」。

（註104）山口―⑬「香料　九日十日之分」。

（註105）史料後半では徳蔵、仲蔵に「浦」の字が充てられる。ただし、両人はともに丁の構成員であり、地理的に浦の住人とは考え難く充て字と解釈し「裏」を用いた。

（註106）山口―⑩。

（註107）山口―⑫。

（註108）山口―㉑。

（註109）奥富敬之『名字の歴史学』角川書店　二〇〇四年　一四八～一五〇頁。

（註110）高橋康夫・吉田伸之編『日本都市史入門Ⅱ　町』東京大学出版部　一九九〇年（序）。

（註111）佐野家文書「御代々様御年忌諸記簿　明治十年（丁丑）二月」。

〔昭和三年四月二日ヨリ三日へ〕〔昭和五年十月二十七日ヨリ二十八日へ〕〔昭和七年四月十九日ヨリ二十日へ〕。

（註112）明治文化研究会編『明治文化全集　法律編』第九巻「全国民事慣例類集」日本評論社　一九九二年　二八一～二八四頁。

全国各地の町方、村方の組合の慣例が示されるが、概ね、戸数、役割などが記述の中心である。

（註113）『日本国語大辞典〈四〉』小学館　一九九四年　一〇〇一頁。

五人組。江戸時代庶民の隣保組織。主には法令の遵守、相互監察による犯罪の予防・取締り、連帯責任による貢租の完納および成員の相互扶助的機能に重点が置かれる。

（註114）佐野家文書「御代々様御年忌諸記簿　明治十年（丁丑）二月」。

〔昭和七年四月十九日ヨリ二十日へ〕「饅頭配布（前略）一丁内九ツ　水貰ふ内」。

（註115）山口家文書「葬式之際手伝人別簿　廿七年旧十月卅日往生　皈元釋清林信士」。

（註116）山口家文書「葬式諸事控簿　卅四年七月廿八日午前十一時往生ス　釋妙純信女」。「悔帳　卅四年旧七月廿八日」

（註117）秋山照子『近世から近代における儀礼と供応食の構造―讃岐地域の庄屋文書の分析を通して―』美巧社　二〇一一

年　四二～三頁。

（註118）藤井洋一「第四章・第一節・一村落社会」『引田町史　民俗』一九九五年　二二七～二三五頁。

昭和初期の村落社会の内部を細分すると、家並みごとに機械的に数軒ずつを区分した「向こう三軒両隣」のようなまとまりを「近隣組」（仮称・地域、時代により異なる）、これらの集合体であり相互扶助などの地域生活共同体の単位である「村組」（仮称・同上）の二つの組が存在した。

（註119）『日本国語大辞典〈七〉』小学館　一九九三年　四一四頁。

茶の子。彼岸会、仏事などの供物または配り物。

（註120）山中浩之『仲村家年中行事録（一）―大谷女子大学資料館報告書第14冊―』一九八六年　五一頁。

（註121）山中浩之『仲村家年中行事録（二）―大谷女子大学資料館報告書第16冊―』一九八七年　五頁。

（註122）香川県編『香川県史』9近世史料Ⅰ　一九八七年　四六六～七頁。

「御領分中村高大小庄屋性名覚帳」（推定天保一〇年（一八三九）～弘化三年（一八四五））。

「秘閣院練心清覚供物軒別控　嘉永七年寅七月」大庄屋・庄屋の葬儀参詣。

「遠方悔参り候人別」（一一名）。

浜垣宇一郎　大内郡大庄屋。

木村太一郎　大内郡大庄屋。

嶋田弥太郎　小海村庄屋。

岡田八十八　小海村庄屋。

八郎右衛門　吉田村庄屋。

高畑作兵衛　三本松村庄屋。

国方九郎兵衛　石田西村庄屋（寒川郡）。

（註123）日下―⑥。

（註124）日下―⑧。

（註125）日下―⑩。

（註126）瀬戸内海歴史民俗資料館『讃岐国大内郡引田村日下家文書目録』一九八四年　一〇二～一一二頁。
四国新聞社出版委員会編『香川県大百科事典』一九八四年　六九四・九〇七～八頁。
村役人。江戸時代の農村における村落行政の担当者。引田村の場合は庄屋・組頭に百姓代が加わって村方三役と称する。引田の場合、町方に組頭に代わり町頭職が置かれるがこれは高松藩で唯一の役職である。

（註127）以上は、以下の資料から検索した。
日下家文書「大内郡引田浦本賃水夫人別名前帳嘉永三戌年四月　郷方江指出し候ひかへ」。
宇佐美尚穂「幕末期砂糖生産地域における農業構造―大内郡引田村を事例として―」『史窓』第55号　一九九八年
六七～八五頁。
萩野憲司「天保十四年引田浦湊普請から見る引田浦」『郷土東かがわ』第71号　二〇〇四年　二五～三七頁。

（註128）日下家文書「過去帳年忌繰出控帳」。
智光院蓮臺妙寿大姉　文久二戌年十二月十日　吉房室　キセ行年六十五。

（註129）日下家文書「智光院蓮臺妙寿様遺物人別控帳　文久三亥年三月」。

（註130）日下家文書「随教院速證道覚様遺物人別帳　癸明治六年酉十一月吉日　旧暦九月当ル」。

（註131）『日本国語大辞典』小学館　一九九四年　一〇〇一頁。
五人組のその他の機能としては法令の遵守、相互監察による犯罪の予防・取締まり、連帯責任による貢租の完納などがある。

（註132）明治文化研究会編『明治文化全集　法律編』第九巻「全国民事慣例類集」日本評論社　一九九二年　二八一頁。

「町方ニテハ時々組替ヲ爲ス　村方ニテハ其家筋定リアリテ変換スル事ナシ。」

（註133）日下家文書（地方御用留）享和二年。

（註134）明治文化研究会編『明治文化全集　法律編』第九巻「全国民事慣例類集」日本評論社　一九九二年　二八一頁。

（註135）山口―㉖。

（註136）山口―①。

（註137）山口―②。

（註138）山口―⑬。

（註139）山口家文書「婚礼附諸入目帳　紀元二千五百三十六年明治九子正月吉日　勇助」。

「婚礼他ゟ歓」丁五軒・丁四軒（酒一升）。「餅送ル控」丁五軒。

（註140）山口家文書「伊勢参宮悦見立物土産物控　明治六五月三日出二十八日帰宅」。

「伊勢参宮見立物」丁四軒（魚二つ、酒一升）。「土産物」丁四軒（ふろ敷一つ、うちわ一本、御はらい様〆）。

（註141）秋山照子『近世から近代における儀礼と供応食の構造―讃岐地域の庄屋文書の分析を通して―』美巧社　二〇一一年。

筆者は農村部の庄屋など上層の儀礼調査から葬儀儀礼、仏事儀礼、婚礼儀礼の三儀礼について、供応食と不可避の関係をなす儀礼の特性を以下に設定した。すなわち、㈠葬儀儀礼は、儀礼が喪家の手を離れ免場など葬儀互助組織により施行される儀礼、喪家内部では自己完結し得ず他者が関与する儀礼と規定しこれを「外的儀礼」と位置付ける。㈡仏事儀礼は、年忌法要、祥月仏事など時系列で応分に施行される儀礼であり、さらに一類などを中心として個の家内部で主体的に行われる儀礼、自己完結し得る儀礼と規定しこれを「内的儀礼」と位置付ける。すなわち、ここでは葬祭両儀礼の特性を儀礼執行に伴う他者の介在の有無をその基層に置いた。㈢婚礼儀礼は儀礼が個の家内部で完結し得る儀礼でありつつ、他面、婚礼また花嫁（花婿）の認知のために村落または地域社会が関与する儀礼、内的儀礼の内部に認知のための外的側面を内包する儀礼と規定しこれを「認知儀礼」と位置付ける。三儀礼の特性はすなわちこれを反映した儀礼個有の供応食の形成を促し、供応食を特徴付ける。

（註142）佐野―①。

（註143）秋山照子『近世から近代における儀礼と供応食の構造―讃岐地域の庄屋文書の分析を通して―』美巧社　二〇一一年　五二～八・一四一～三頁。

讃岐国阿野郡北青海村（現：香川県坂出市青海町）において代々大庄屋、庄屋を勤めた渡辺家の四葬儀（嘉永六～明治四年）・一六仏事（安政三～明治三八年）の事例では、葬儀は金銭香典が主体で物品香典はわずかであり、仏事はいずれも金銭香典がほぼ半数を占める。また、物品香典の種類は葬儀では菓子類の他「香」などで、種類、頻度ともに僅かである。仏事では一類、知人などから数品を抱き合わせで贈られる「斎米二升」、菓子類、「香」などである。

（註144）加藤慶一郎・鎮目雅人「幕末維新期の商品流通と貨幣の使用実態について―東讃岐地方の事例から―」『社会経済史学』Vol.79　No.4。

明治政府は明治四年に「一円ヲ以テ一両即チ永一貫文ニ充ツベシ云々」の布告によって匁建てから円建てに切替わる。讃岐おける新紙幣の発行は明治五年二月で種類は一円、五〇銭、二〇銭、一〇銭の四種類であった。本稿では、考察の便宜上円建て移行の時期を近代と仮称する。山口家、日下家ともに円建ては明治一一年以降である。また加藤他は佐野家「金銀出入帳」「世帯帳」の分析から明治一〇年以降を円建ての時期としている。

（註145）日下―①。

（註146）日下家文書「葬式諸事取計帳　明治六年癸酉　旧暦七月三日戌刻寂四日致候也新暦八月廿五日也廿六日致候也」。

（註147）日下―①。

（註148）日下―㉒。

（註149）日下―⑧。

（註150）日下―⑭。

（註151）日下―⑲。

（註152）日下―㉚。

（註153）日下―㉜。

（註154）日下―㊶。

（註155）香川県編『香川県史』９近世史料Ⅰ　一九八七年　七五九～七七四・一〇一六～七頁。「大内郡引田村店商株人別書出」史料は①「天保十四年卯二月改　大内郡引田村文政六未年店株人別扣」。②「天保十四年卯四月大内郡引田村文政六未御改ゟ取続店商人別　同十亥年御改ゟ取続店商并休共　同亥年以後店商人別夫々取調書出帳　四月五日夜有馬十右衛門方へ持セ指出申候」。③「天保十四年卯二月　大内郡引田村店商無株之分人別書出帳　村扣」。④「天保十四年卯四月　大内郡引田村店々人別書出帳　但文政六未年御改　同十亥年御改　右七月四日相認和泉氏江指出」。これらはいずれも天保一四年に作成されたものである。

（註156）山口―②。

（註157）山口―⑫。

（註158）山口―㉝。

（註159）山口―①。

（註160）山口―⑧。

（註161）山口―㉕。

（註162）山口―㉝。

（註163）山口家香料の最多価格帯。ここでは使用頻度約二〇・〇％以上の価格帯について頻度上位順に示した。なお、価格については正確を期するため、一人または一軒で香料（金銭）と供料（金銭）・香料（金銭）と供物（物品）を抱き

合わせで贈与した場合は排除し、純粋に香料、供料のみの価格によった。

（註164）四国新聞社　和田仁監修『香川歴史年表』一九九七年　五頁。

明治五年二月に新紙幣が発行され、種類は一円、五十銭、二十銭、十銭の四種類である。

（註165）秋山照子「引田村・在郷町商家における仏事儀礼と供応食—背景としての地域性—」『香川県立文書館紀要』第18号
二〇一四年　三一頁。

引田地域の物価の変動をみる目的で、佐野家仏事の購入記録から米価の変動率を算出し物価の推移をみた。これによれば米価は明治末期頃から上昇が続き同四五年にピークとなる。

（註166）讃岐地域の近世から近代の物価の概要について、比較的史料が調う酒（一升）の価格を物価の一指標として検証する。
小林可奈翻刻「別所家文書「弘化四未御用留」」『香川県立文書館紀要』第18号　二〇一四年　八九頁。
「弘化四未年分　右之通明二日与り直段相究申候　正月朔日」

銘酒、極上酒、上々酒、上酒、次酒の五種類について、三匁から二匁二分を二匁八分から二匁へ各二匁ずつ引き下げる。

引田村

安政五年（二匁）・明治二年（八匁）・同五年（五匁五分）（山口—③⑨⑩）。

明治六年（五匁五分）（日下—⑱）。

明治一二年から同二七年（一三銭から一五銭）（山口—⑬〜㉓）・明治三三年（二八銭）（山口㉗）・明治三九年（三七銭）（山口㉛）・明治四三年（三六銭）（山口㉜）。

阿野郡青海村　秋山照子『近世から近代における儀礼と供応食の構造—讃岐地域の庄屋文書の分析を通して—』
二〇一一年　二〇二〜二〇四頁。

文久一年（二匁五分から三匁三分）・慶応四年（五匁三分から六匁五分五厘）・明治二年（八匁）。

（註167）阿部謹也『「世間」とは何か』講談社　一九九五年　一五九～一六〇頁。

（註168）鈴木普一・松本仲子編訳註『近世菓子製法書集成』1　平凡社　二〇〇三年　四二～四五頁・一四四～一四五頁。『古今名物御前菓子秘伝抄』享保三年（一七一八）。『古今名物御前菓子図式』宝暦一一年（一七六一）。「饅頭は中国の蒸餅の一種で小麦粉の皮に肉や野菜の餡を包んで蒸したものである。日本の饅頭は一三四九年に来朝、帰化した林浄因の創始になる。同氏は奈良で塩瀬姓を名乗り饅頭を製して業とし日本最古の菓子屋となる。」

（註169）田宮橘庵『進物便覧』一八〇七年　中之島図書館（大坂）所蔵。「進物心得之事」。

（註170）喜田川守貞著・宇佐美英機校訂注『近世風俗志（五）（守貞謾稿）』岩波書店　二〇〇三年　後集　巻之一（食類）一三五頁。

（註171）近江晴子校訂『助松屋文書―大坂・靫　干鰯商の記録―』（私家版、昭和五三年）一三五頁。
大坂・靫の干鰯商助松屋の主として葬祭関係の文書。宝暦元年（一七五一）から慶応四年（一八六八）のほぼ一二〇年の記録で近世都市部の葬祭における儀礼と供応食が詳述されている。

（註172）森本幾子「近世大坂商家における追善供養と食―雑喉場魚問屋神崎屋平九郎家の追善供養―」（『なにわ・大坂文化遺産学研究センター二〇〇八』関西大学なにわ・大阪文化遺産学研究センター　二〇〇九年　六四～六七頁）。

（註173）香川県編『香川県史』9近世史料Ⅰ　一九八七年「延享二子年寄控　御法度被仰出留　岡村控」一三三頁。

（註174）香川県編『香川県史』9近世史料Ⅰ　一九八七年「御改革一件記」三三八頁。

（註175）香川県編『香川県史』9近世史料Ⅰ　一九八七年「延享二子年寄控　御法度被仰出留　岡村控」一三六頁。

（註176）香川県編『香川県史』9近世史料Ⅰ　一九八七年「天保十四年卯四月　大内郡引田村店々人別書出帳　但文政六未年御改　同十亥御改　右七月四日相認和泉氏江指出」七六五頁。

（註177）阿比野家文書「阿比野家祭式　全」推定嘉永五（一八五二）から六年。香川県立文書館所蔵。
阿比野家は讃岐国鵜足郡宇多津村（現：香川県宇多津町）に住し農商を業とする。屋号は高田屋。一二代善祐は

貞享元年（一六八四）郷士として苗字帯刀を許され御目見となる。史料は同家の家政を中心とした定式の記録である。

（註178）大山家文書「閏院阿閣来鳳居士一周忌於保恵　文政未年正月廿五日六日」。『讃岐国大内郡水主村大山家文書目録』一九八三年　一一八～一二三頁。歴史民俗資料館所蔵。以下同。

大山家は讃岐国大内郡水主村において大内郡大政所と水主村、中筋村政所を勤めた。

（註179）大山家文書「瓊雲院覚月定観居士壱百年回忌他　明治二十四年新二月廿五日二十六日執行」。

（註180）大山家文書「嶺松院月洞宗休居士百五拾年忌他　明治廿五年旧三月廿五日ゟ廿六日迄」。

（註181）三宅家文書「寶證院［　］明治［　］壬申［　］」（明治五年）。『讃岐国香川郡御料直島三宅家文書目録』一九七八年　歴史民俗資料館所蔵。

三宅家は幕府の天領であった直島で代々庄屋を勤めた。

（註182）『日本の食生活全集37　聞き書香川の食事』農山漁村文化協会　一九九〇年　五一～二頁。

（註183）佐野家文書「御代々様御年忌諸記簿　明治十年（丁丑）二月」香川県立文書館所蔵「昭和三年四月二日ヨリ三日へ」。

（註184）佐野家文書「御代々様御年忌諸記簿　明治十年（丁丑）二月」香川県立文書館所蔵「昭和五年十月二十七日ヨリ二十八日へ」。

（註185）佐野家文書「御代々様御年忌諸記簿　明治十年（丁丑）二月」香川県立文書館所蔵「昭和七年四月十九日ヨリ二十日へ」。

（註186）大山家文書「瓊雲院覚月定観居士壱百年回忌他　明治二十四年新二月廿五日廿六日執行」。

（註187）大山家文書「嶺松院月洞宗休居士百五拾年忌他　明治廿五年旧三月廿五日ゟ廿六日迄」。

（註188）秋山照子『近世から近代における儀礼と供応食の構造―讃岐地域の庄屋文書の分析を通して―』美巧社　二〇一一年　一〇九～一二七頁。

（註189）田宮橘庵『進物便覧』一八〇七年　中之島図書館（大坂）所蔵。「進物心得之事」。

（註190）森田登代子『近世商家の儀礼と贈答』岩田書院　二〇〇一年　一〇七頁。

（註191）近江晴子校訂『助松屋文書―大坂・靭　干鰯商の記録―』（私家版、昭和五三年）六四～五・一九八～九頁。

（註192）日下―㉙。

（註193）日下―④。

（註194）日下―⑧。

（註195）日下―⑮。

（註196）『日本の食生活全集37　聞き書香川の食事』農山漁村文化協会　一九九〇年　五一～二頁。

（註197）高松藩が天保一四年（一八四三）に行った「大内郡引田村店商株人別書出」

（註198）祝儀または仏事などに、引物として出す装飾菓子。引物、引出物、引手。特に膳部に添えて出す肴・菓子など。焼物膳のつぎに据える物。

（註199）山口―⑰。

（註200）阿部謹也『「世間」とは何か』講談社　一九九五年　一六～七頁。

（註201）伊藤幹治『贈答交換の文化人類学』筑紫書房　一九九二年　九〇頁。

（註202）秋山照子『近世から近代における儀礼と供応食の構造―讃岐地域の庄屋文書の分析を通して―』美巧社　二〇一一年。

主に「第一章　第四節　葬儀と香典」、「第二章　第二節　三．仏事と香典」、「第三章　第一節　三．葬儀と香典―香典における均衡―」、「第二部　第一章　第二節　五．婚礼祝儀・贈答」。

（註203）秋山照子「引田村・在郷町商家における仏事儀礼と供応食―背景としての地域性―」『香川県立文書館紀要』第18号　二〇一四年　二五～七頁。

（註204）日下家文書「法用諸事控　天保六乙年未三月より（明治三年迄）」。

（註205）木村篤秀「日下家系図考　大内郡人物伝―改訂のために」『東かがわ市歴史民俗資料館　年報・紀要』第二号　平成

15年・16年度　一九〜二七頁。

　木村氏には、その他、佐野家・日下家についてもご教示いただいた。

（註206）日下―⑫。

（註207）日下―⑬。

（註208）日下―⑱。

（註209）日下―㉓。

（註210）日下―㉚。

（註211）日下―㊱。

（註212）佐野市太郎「教徳院真照儀全居士」文久元年辛酉没。同妻ゆき「教覚院真篤儀入大姉」明治十三年庚辰没。上記は木村篤秀氏調査による。

（註213）佐野―③。

（註214）例えば、草薙金四郎編『讃岐に於ける江戸末期　豪農年中行事録―享和二・文化八・同一二年―藤村家記録』香川県立図書館　一九六〇年。

阿比野家文書「阿比野家祭式　全」推定嘉永五（一八五二）から六年　香川県立文書館所蔵。

（註215）山田龍雄・飯沼二郎・岡光夫編『村松家訓』日本農書全集27　農山漁村文化協会　一九八一年　三九二〜三頁。

　村松標左衛門（宝暦一二年（一七六二）から天保一二年（一八四一））篤農家、豪農（天保期には高二〇〇石・十数町歩を擁する）。農書、本草学などの多くの著作を残す。

（註216）東かがわ市歴史民俗資料館『よみがえる井筒屋―引田の町並みとともに―』二〇〇五年　七頁。

　十代佐野五郎左衛門親信より日下家に入家した息子久太郎に宛てた訓戒。

（註217）東かがわ市歴史民俗資料館『よみがえる井筒屋―引田の町並みとともに―』二〇〇五年　一七頁。

佐野家の酒醸造は宝暦年間（一七五一～六四）が伝えられるが、明治一八年一時中止し、大正二年（一九一三）に合名会社酒造井筒屋設立。大正九年に讃岐酒類株式会社を設立する。

（註218）佐野―⑪。

（註219）『香川県立文書館史料集2　高松藩御令條之内書抜　下巻』一九九九年　二〇二～三頁。

比較的当該史料と近い文化一一年の酒価格は以下のようである。

当時究直段

一只今迄壱匁五分之分　上々酒壱升ニ付　代壱匁七分

一只今迄壱匁三分之分　上酒壱升ニ付　代壱匁五分

一只今迄壱匁之分　次酒壱升ニ付　代壱匁弐分

上々様御用

一只今迄壱匁九分之分　銘酒壱升ニ付　代弐匁壱分

右野通、当秋被下米直段ヲ以酒究直段申上候（下略）。

（註220）坂出市史編さん委員会『坂出市史　年表』一九八八年　二三二・二四七～二四八・二五二・二五六・二六四頁。

比較的当該史料に近い年代を選んだ（ただし、年により上酒のランクが異なるが全て上酒を適用した）。安政二年酒値段一升　銘酒二匁五分、極上酒二匁三分、上々酒二匁一分、上酒一匁九分、次酒一匁七分・（以下上酒価格のみ）・安政六年二匁弐分・文久一年三匁一分・文久二年二匁弐分・元治一年二匁七分

（註221）山口―⑰。

（註222）山口―㉝。

（註223）山口―㉜。

（註224）山口―㉝

（註225）山口―㉙

（註226）山口―㉚

（註227）山口―㉜

（註228）山口―㉝

（註229）佐野―⑤

（註230）大石孔・玉野井いづみ・中松米久『和ろうそくの世界』文葉社　二〇〇二年　四四頁。

（註231）「昔を知ろう会」（引田）の聴き取りでは、会員中のF氏、N氏は浄土真宗であり朱蝋燭の使用が確認された（平成二七年七月一日）。

（註232）東かがわ市歴史民俗資料館編『よみがえる井筒屋―引田の町並みとともに―』二〇〇五年　五二～三頁。

（註233）山口―⑭

（註234）山口―㉚

（註235）山口―⑯

（註236）森本幾子「商家の儀礼と人間関係―大坂雑魚場の魚問屋・神崎屋平九郎家の人脈形成―」宇佐美英機・藪田貫編『〈江戸〉の人と身分〈1〉都市の身分願望』吉川弘文館　二〇一〇年　九一～三頁。

（註237）安国良一「近世の都市社会と貨幣」宇佐美英機・藪田貫編『〈江戸〉の人と身分〈1〉都市の身分願望』吉川弘文館　二〇一〇年　二九～三〇頁。

（註238）東かがわ市歴史民俗資料館『よみがえる井筒屋―引田の町並みとともに―』二〇〇五年　七頁。
十代佐野五郎左衛門親信より日下家に入家した息子久太郎に宛てた訓戒。

（註239）磯田道史『武士の家計簿「加賀藩御算用者」の幕末維新』新潮社　二〇〇三年　七四～七九頁。

第三章　引田村・町場における仏事供応食

はじめに

　通過儀礼、なかんずく仏事儀礼は年忌、祥月など儀礼が故人の死後も永く時系列で継続される。さらに儀礼には儀礼固有の供応食が組みこまれ施行されてきた。(註1)佐々木孝正氏は本願寺の年中行事に強く認められる飲食の要素、なかでも法会における斎・非時の共同飲食、すなわち、食事と勤行をセットにした儀礼形態の確立を、八代蓮如の時代に遡るとする。(註2)(註3)(註4)(註5)同時期、法然命日には五菜二汁、親鸞命日には六菜二汁などが定められ、門徒が宗主に斎を指し上げる慣行など、斎は献立、料理の品数ともに次第に華美になる。(註6)(註7)このように仏事における斎・非時は勤行と同様に重視され、仏事儀礼と斎・非時の不可避の関係は、次第に地方の末寺、門徒など庶民間にも引き継がれる。例えば、年忌仏事などにちなんで本願寺宗主に差し上げる斎と布施は、「斎料三貫、白米一石、荷樽四荷、布施、献立品数は汁三、菜八、菓子七」、また「料一貫、米三斗、樽一荷、献立品数は汁二、菜五、菓子三」などであり斎の献立は重く位置づけられる。(註8)

　下って、讃岐地域の江戸時代後期から明治期の仏事調査においても、儀礼を構成する諸相における供応食の位置付けは大きく、さらに、これらが十三仏事、(註9)祥月の供養など死後も永く時系列で営まれることの意義は大きい。(註10)すなわち、仏事儀礼およびこれに付随する儀礼固有の供応食の特徴は、その他の葬儀、婚礼などの儀礼に比較して施行回数が圧倒的に多く、さらにこれが永く継続されるところにある。これらの仏事における供応食の特徴は一つには儀礼の食の時系列での解明が可能であり、今一つ量的側面からは、多量のデータの分析により、地域、時代などにおける一定の普遍的な傾向の把握が可能になると考えられる。仏事およびこれに伴う共同飲食は仏の恩徳に対する報謝の念を、実践を繰り返すなかで体現、具現化し世代を超えて伝持していく。また、仏事に伴う斎・非時の共同飲食は一類、同族および故人に繋がる地域共同体などの関係を、再確認しさらに緊密にする意義も有した。

本章では、仏事儀礼に提供される宵法事・本法事の供応食について、出膳数、献立構成および料理・食品の具体的な検証から、農村部とは異なる町場・在郷町の地域性を明らかにする。さらに本稿の仏事供応食の最大の課題は、山口家・中層による新たな階層の供応食の解明がある。これら山口家・中層に従来の佐野・日下上層両家の異なる階層を対置させることにより、階層別に形成される供応食それぞれの特性を検証する。また、料理人・給仕人のなどの台所向役割担当者の側面からも町場の仏事供応の実態を解明する。

第一節　出膳数

一．佐野家

佐野家仏事における出膳数は一日目、宵法事・晩では上・下分総数は最少一〇〇人から最多一六一人、平均一二四・二人（二例不明）、二日目、本法事・朝では同じく一〇〇人から一九三人、平均一四二・九人にのぼっている。また、一日目に対して二日目、本法事の出膳数が多く、全体としては両日ともに増加傾向を示している（表1）。このように、出膳数なかでも本法事の人数の多さは佐野家仏事の特徴であり、儀礼および供応食の様々な面に影響をおよぼす。なお、参詣客の人数が上・下分別に明記される明治三一年以降では、一類案内など上分の一八人から三五人に対し、出入の者などによる下分では一一〇人から一六八人と下分の増加が顕著であり総人数の増加に連動している。明治三一年以降、本法事・朝が最少となる明治

表1　出膳数・佐野家

史料No.・年	一類案内	出入者案内	宵法事・晩	本法事・朝
①明治10	20軒	33軒	130人計	140人計
② 13		38軒	100人計	100人計
③ 14	24軒	41軒	140人計	140人計
④ 15	9軒	4軒	120人計	120人計
⑤ 16	7軒	34軒	120人計	120人計
⑥ 18	12軒	34軒	120人計	120人計
⑦ 19	11軒	34軒	120人	130人
⑧ 20	20軒	38軒	125人計	150人計
⑨ 22	13軒	36軒	125人計	145人計
⑩ 23		40軒	100人	120人
⑪ 24	17軒	37軒	125人	150人
⑫ 25	6軒	33軒	110人	130人
⑬ 26	6軒	33軒	100人	110人
⑭ 29	7軒	34軒	110人	125人
⑮ 30	19軒	58軒	140人位上下	175人位上下
⑯ 31	16軒	50軒	125人上下共	172人（上32・下140）
⑰ 32	9軒	39軒	135人上下共	163人（上26・下137）
⑱ 35	13軒	39軒 +5*1	161人（上31・下130）	
⑲ 37	5軒	36軒 *2	126人	128人（上18・下110）
⑳ 39	4軒	43軒 +3*3	119人	155人（上25・下130）
㉑ 40	10軒	51軒	137人（上17・下120）	168人（上28・下140）
㉒ 41	17軒	46軒	133人（上13・下120）	185人（上35・下150）
㉓ 42	13軒	52軒	152人（上12・下140）	193人（上28・下168）
㉔ 42	12軒	45軒	110人	151人（上21・下130）
㉕ 43	11軒	30軒	123人（上13・下110）	139人（上19・下120）
㉖ 45	19軒	46軒		
（付表）				
大正 6	15軒	41軒	160人（上17・僧13・下130）	160人（上17・僧13・下130）
7	18軒	45軒		
9	15軒	50軒		
11	16軒	39軒		

※史料：佐野家文書（1）より作表。史料名は史料No.および史料年（大正期）で示す。
＊1外ニ岡田他〆五人。
＊2〆七二人　此外膳ニ座リタルハ、内方ノ者店拾人、蔵六人、下女五人、雇女一人、乳母一人、その他雇人六人、寺供四人、日下下男女四人〆三十七人　人数〆百九人。
＊3外ニ手伝ニ雇、草木町はる、川向つや、南のきぬ。

三七年には、親戚案内五軒・一八人に対し出入の者は三六軒・七二人＋その他三七人〆一一〇人（一〇九ヵ）、総数一二八人となる。最多の明治四二年は親戚案内一三軒・二八人、出入の者五二軒・一六五人、総数一九三人で、ここでも出入の者の増加が佐野家仏事の出膳数増加に繋がっている。ちなみに、参詣客の上・下分などの格付けは「一類案内」「出入之者」と区別されており、献立にも「次献立」などがあることから、上・下分別人数が記載される以前、少なくとも史料はじめの明治一〇年（さらに遡ることも推定される）から参詣客の格付けは存在していたことは明らかである。

上記、明治三七年の史料から出膳数の詳細を検証する。本法事・朝の出膳数は上分一八人、次（下分）一一〇人、総数一二八人である。この時の上分は一類案内五軒に寺関係の人々（積善坊、万生寺、海蔵院、千光寺および弟子など）が加わり一八人となる。次（下分）は出入の者「〆三拾六軒　〆七十二人」であるが、この人数はそれぞれの名称に肩書きされた数字（一から六まで）を乗じたものであり、一軒の家から複数名の参詣を示している。加えて、「此外膳ニ座リタルハ内方ノ者、店拾人、蔵六人、下女五人、雇女一人、乳母一人、寺供四人、日下家下男下女四人、その他（雇い人）六人〆三十七人」に内々が加算され計一一〇人（一〇九ヵ）となる。(註11) このような出膳数の増加、および主（上分）従（下分）の数量的逆転、仏事の主体たるべき一類を凌駕する出入の者などの存在は、仏事本来の目的、すなわち、遺族などによる故人の追善、追福のための目的を希薄化させる。換言すれば商家井筒屋に関わる出入の者中心の参詣客からは、仏事施行の目的の一端に商家としての側面が透けて見える。すなわち、農村部では個の家の内的儀礼（一類、故人縁の懇意の人々、台所向人々など）として位置付けられる仏事儀礼の外的側面、(註12) 外部への広がりからは町場としての儀礼の特性をうかがうことができる。なお、儀礼は一連の時代の流れのなかで施行されており付表として大正期の事例をあげた。これによれば大正期まではほぼ同規模で仏事が営まれたことが明らかである。

二．日下家

日下家仏事における出膳数は宵法事・晩では最少七〇人から最多一五〇人、平均一〇七・二人、本法事・朝では同じく七〇人から一五〇人、平均一〇八・四人である（表2）。出膳数における宵法事と本法事の差はほとんどなくほぼ同数であり、同家では宵法事・本法事はほぼ同列に扱われている。上・下分などの参詣客の格付けに関する記載はわずかで（明治四四年）それぞれの出膳数は把握できない。ただし、案内は佐野家同様に「一類案内」「他家（出入者）案内」と区別されること、また本法事献立には「勝手分」（下分）があることなどから上・下分の格付けは少なくとも史料はじめの明治六年（佐野家同様にさらに遡ることが推定される）から存在していたことが明らかである。日下家の一類案内（上分）は佐野家を筆頭とし、さらに堤家（南堤・北堤・東堤）、国方家（本家国方・東国方・西国方）などの姻戚の他、檀那時積善坊、弟子、供（下分）などの寺関係者が加わる。下分は出入りの引田町場の商家の他、髪結、大工、左官などの諸職人が案内される。ちなみに、明治四四年および付表に示した大正期の上・下分別人数からは、仏事の主体たる一類などの上分に比較して出入の者などの下分がほぼ三倍近くを占めており、前項の佐野家を下まわるもののほぼ同傾向を示している。このような佐野・日下両家に明かな参詣客における主従の数量的逆転は、従来の農村部の内的儀礼の範疇を超えるものであり、佐野家と併せて儀礼の内部から外部への拡大は町場の仏事儀礼の顕著な特徴の一つと捉えられる。

表２　出膳数・日下家

史料No.・年	一類案内・他家（出入者）案内	宵法事・晩	本法事・朝
⑱明治 6	16軒　26軒 ＊佐野様店者不残同断裏ノ者不残 ＊米屋裏ノ者不残		
⑲ 7	13軒　30軒 ＊佐野之内者不残案内 ＊全ク九日晩計り案内致候也	100人位	100人位
⑳ 8	12軒　30軒	90人（上下共）	97人（上下共）
㉑ 9	8軒　18軒 ＊佐野店之者	70人計	70人計
㉒ 11	12軒　18軒 ＊佐野之内裏一統店者不残案内	80人	85人
㉓ 12	13軒　20軒 ＊佐野召遣之者凡三十人位	110人	120人
㉖ 13	9軒　21軒 ＊佐野家店之者不残下女廿一 米屋裏の者（1）　佐野裏之者（3）	75人	87人
㉘ 17		90人	90人
㉙ 18		100人	100人
㉛ 19	39軒（一類・他家） ＊佐野召遣不残	110人	110人
㉟ 22		110人	110人
㊲ 27		100人	100人
㊴ 29		90人位	95人計
㊵ 30		110人	110人
㊶ 34		145人	145人
㊷ 35		150人	150人
㊸ 36		130人	130人
㊹ 38		120人	120人
㊺ 39		150人	150人
㊻ 44			90人（上20・下 70）
（付表）			
大正 1		100人（上下）	122人
2			105人（上25・下 80）
5		105人	125人（上34・下 91）
8		120人（上次）	130人（上30・下100）

※史料：日下家文書（２）より作表。史料名は史料No.および史料年（大正期）で示す。
＊印は「晩」のみ案内の者を指す。

さらに、日下家仏事案内の特徴には「佐野様店者不残同断裏ノ者不残」（註13）「佐野之内者不残案内　全ク九日晩計リ案内致候也」（註14）のように佐野家使用人を残らず案内していることがある。明治六年卒日下久太郎（七十郎）は嘉永七年に佐野家より入家、大内郡大庄屋職を引き継ぐなど、両家の関係はこれを期に一層緊密度を増しており、これが異例の佐野家使用人全員の案内に繋がったと考えられる。また、一部に同様の事例として「米屋裏ノ者不残」（註15）がある。米屋は佐野家と同様に醤油醸造業を生業とする神崎家の屋号で、同家は安政三年には髙松城下などに卸売店を有するなど引田でも有数の家といえる。（註16）これらの案内の人々は二〇人から三〇人程度、参詣は宵法事・晩のみで出膳数にはカウントされていない。なお、明治二二年以降にはこのような慣習の記録はなく継続の有無は不明である。

三．山口家

山口家仏事における出膳数は宵法事・晩では最少四〇人から最多七〇人、平均は五〇・四人、本法事・朝は最少五〇人から最多七五人、平均は六二・〇人とやや本法事優位であり（表3）、当然のことながら佐野・日下上層両家に比較して規模は小さい。また、参詣客の上・下分別格付けの記載は明治末期のわずかな事例に止まっており、上分二五人（献立記載三〇人）、下分四四人（献立記載四〇人）（明治四〇年）（註17）、上分二五人、下分三〇人（明治四三年）（註18）である。付表の大正期の上・下分五例を加えた平均でも上分二五・七人、下分三三・九人で両者間の差違は少なく、上述までの佐野・日下両家の下分優位、なかでも佐野家の圧倒的な下分優位とは異なる。なお、山口家参詣客の上・下分などの格付けに関する記述は明治四〇年以前にはほぼ皆無にちかく、同家においては明治末期まで参詣客の上・下分の格付けおよび格差の認識は希

表３　出膳数・山口家

史料No.・年	宵法事・晩	本法事・朝
⑥文久 3	60人	67人
⑬明治12	70人	67人
⑭　13		75人
㉑　24	45人	55人　＊此両60人前致ス
㉒　27	43人	50人
㉓　27		65人位
㉔　28	51人	60人　＊65人内5名丁内引
㉕　29	45人	60人
㉖　30	56人	67人
㉗　33	46人　＊上下共	57人
㉘　34		65人　＊上下人員
㉙　35	55人	64人
㉚　36	40人	55人
㉛　39	45人	60人（65人）　＊（　）内は献立書人数 ・下の分ハ（平・椀・猪口）
㉜　40	57人	69人（上25（30）・次44（40）） ・次ノ分（平・椀）　＊（　）内は献立書人数
㉝　43	42人	56人（上25・下30）・下ノ分（平・椀）
（付表）		
大正 2	37人	63人（上29・下34）（平・椀・猪口）
6	32人	53人（平・椀・坪なし）
7	34人	53人（平のみ）　＊其他上下なし
7	50人	65人（70調え）
8	50人	68人（平・椀）
9	52人　＊上下通し	74人（上34・次40）（平・引物なし）
13	36人	60人（上32・下28）（平のみ）
14	36人	50人（上20・次30）（平のみ）
15	37人	46人（上15・次31）（平のみ）

※史料：山口家文書（３）より作表。史料名は史料No.および史料年（大正期）で示す。
＊（　）内数字は献立・案内など記入により人数が異なる場合に補足した。

薄であったと推定される。客の格付けに関する記述はわずかに明治三三年「上下共」、同三四年「上下人員」などを経て明治末期に至り上記の上・下分の人数が書き分けられる。

ちなみに、山口家における参詣客の上・下分の特定は「孋珖院三年忌仏事控簿　大正九年三月廿七八日　旧二月八日九日ニ当ル　俗名寿美仏事」(註19)が唯一の史料と言える（ただし、時期の特定はできないが慣習として史料と同様の参詣客の上・下の格付けはなされていたと推定できる）。これによれば、「時上ノ部」には、「一寺方四名　一海蔵院一　一佐野二人　一日下二人　一南一人　一金地松原二人　一金地寺町二人　一青木や二人　一正木一人他　〆三十四人」。「次ノ部」「一寺ノ供一人　一南三人　一正木三人　一稲田二人　一森末（吉）三人　一助一母二人　一ふじえ一人　一ヨシ一人　一内八人他　〆四十人」などが特定できる（ただし、一部は名称のみをあげた）。これによれば「時上ノ部」では寺方、佐野・日下両家、南以下一類の人々の参詣である（第一節・三、山口家参照）。また「次ノ部」では、寺供、一類家族、料理人森末吉他の手伝人（「入費」支払い記録より検索）、内（方）八名が加わる。ちなみに、このような寺方、一類などを「上分」に、手伝人、内方（「台所向役割」）などを「下分」とする格付けは従来の農村部の仏事に近似している。結果として、出膳数に限定すれば前項佐野・日下両家の下分優位の仏事、仏事の内部から外部への拡大傾向は、町場における一部上層に限定される慣習であり、山口家などの中層（またはそれ以下）では上層とは異質の仏事、内々を主体とする仏事施行が推定でき、階層の高低により仏事形態が異なると考えられる。

まとめ

仏事参詣客は、上層の佐野家では史料はじめの明治一〇年から「一類案内」「出入者案内」と参詣客の上・下分の格付けを明確にした案内がなされ、さらには供応でも上分に対して下分では「次献立」と格差が設けられる。供応の出膳数は宵法事・晩では最多一六一人、本法事・朝では一九三人にのぼる。さらに、客の上・下分の人数が書き分けられる明治三一年以降では一類などの上分の一八人から三五人に対し、出入の者など下分では一一〇人から一六八人と下分の増加が顕著で、総人数の増加に連動することが明らかである。明治四二年出膳数最多の本法事・朝の出膳数は総数一九三人、内上分の二八人に対し下分は一六五人と六倍を超える多数を占めている。

同じく上層の日下家でも史料はじめの明治六年から「一類案内」「他家・出入者」案内と参詣客は上・下分を明確にして案内がなされ、さらには供応でも上分に対し下分の「勝手分」などと格差が設けられている。上・下分の客の人数の書き分けは下って僅かに明治四四年の一例のみであるが、連続する付表の大正期の事例も参考にすれば下分が上分のほぼ三倍強となっており、佐野家は下まわるものの下分優位を示している。

対して、山口家中層では出膳数は宵法事・晩では最多七〇人、本法事・朝では七五人と上層の佐野・日下両家に比較して小規模である。参詣客の上・下分の格付けおよび供応の格差に関する記述は皆無であり明治末期に至り「上分二五人（献立記載三〇人）・下分四四人（献立記載四〇人）」（明治四〇年）、「上二五・下三〇」（明治四三年）と上・下分の人数が書き分けられる。付表の大正期の事例を加えた平均では上分二五・七人、下分三三・九人と、上下間の差違は少なく既述の上層の佐野・日下両家とは異なる。

以上、三家の出膳数からは佐野・日下上層両家の出膳数における主従の逆転および下分優位、さらには仏事儀礼の内部から外部への拡大傾向など、町場の特性ともいえる儀礼形態が顕著に見られる。対して山口家中層では仏事は一部の寺方、佐野・日下両家などを除いては一類などの内々、料理人他手伝人などによる構成であり、農村部の内的儀礼の範疇に収まる儀礼形態といえる。すなわち、出膳数に限定すれば町場の仏事の特性とも考えられる外部にむけて拡大化する儀礼形態は、一部上層に限定されることが明らかである。なお、佐野・日下上層両家および山口家・中層のそれぞれの階層に由来する参詣客の上・下分の格付けの有無は、以降、さらに格付けに呼応した様々な供応の格差を生じ異なる仏事供応食を形成する。

第二節　献立構成

一．佐野家

仏事は通常一日目午後から二日目午前にかけて宵越しで営まれる（宵越しの仏事）。佐野家仏事供応食は全二六仏事ともに差違がなくほぼ一定である。献立構成を宵法事・本法事別、また一類・寺方などの上分および出入の者・内々などの下分別に示した（表4）。

表に示すように、一日目・宵法事の最初の膳は「麺類膳」に加え、皿、壺、平などの三菜による「引替膳」である。次いで二日目・本法事では、はじめに赤飯、変わり飯に簡素な香の物などの二菜による膳「朝」が供される。東讃岐ではこの膳を「初食、小食、小飯、正直、生喰」などの字をあてて言い習わしている（註20）。次いで仏事供応食全体の核となる正式の食事「膳部」は汁と菜による膳で、本膳、二の膳による一汁

表４　仏事供応食・献立構成（佐野家）

	上　分		下　分	
宵法事・晩	［麺類膳］			
	太素麺	(24/26回)	太素麺	(24/26回)
	饂飩	(2/26)	饂飩	(2/26)
	海苔・浅草海苔	(26/26)	海苔・浅草海苔	(26/26)
	おろし大根	(23/26)	おろし大根	(23/26)
	陳皮・辛子・胡麻・胡椒包	(各 1/26)	陳皮・辛子・胡麻・胡椒包	(各 1/26)
	［引替膳］			
	3菜	(23/26)	3菜	(23/26)
	1汁2菜	(3/26)	1汁2菜	(3/26)
本法事・朝	［朝］			
	小皿・小皿・赤飯	(25/26)		
	中皿・平・飯	(1/26)		
	［膳部］			
	1汁5菜	(26/26)	1汁5菜	(25/26)
			1汁2菜	(1/26)
	［酒肴の部］			
	大盆3品	(17/25)		
	大盆4品・晩（皿・平・椀・飯）	(1/25)		
	大盆3品・晩（皿・平・椀・飯）	(3/25)		
	大盆3品・晩（吸物・皿・平・飯）	(2/25)		
	大盆3品・夕飯（皿・汁・菓子椀・飯）	(1/25)		
	大盆3品・湯漬（汁・菓子椀・飯）	(1/25)		

※史料：佐野家文書（1）より作表。
＊ただし、（　）内数字は出現頻度を示す。

五菜他の構成である。続く、大盆以下の「酒肴の部」は酒宴による供応となる。酒肴の大盆とは丼、鉢などに料理を盛り込み、足付きの卓袱台に三品から五品を組み付けたもので、三ツ丼、五ツ丼とも云われる酒宴独特の供応の形態である。(註21)

なお、一類、寺方などの上分と出入の者などの下分の格付けによる献立構成の格差は、宵法事では上・下分ともに「麺類膳」「引替膳」の同一構成であり格差はみられない。ただし、一例のみ上分に「酒肴の部」(吸物・三ツ鉢)がつく事例がある。(註22)翌本法事・朝では上分の「朝」「膳部」「酒肴の部」の三部構成に対し、下分では「次の分」「次本膳」「次献立」などとして「膳部」のみの構成となり、上・下分の格付けによる献立の格差が顕著である。なお、中心となる膳部の構成は上分では一汁五菜、下分の一例に一汁二菜が用いられている。

二．日下家

日下家仏事も佐野家と同様に宵越しで営まれる（表5）。表で示すように一日目、宵法事では饂飩、素麺、大素麺などの「麺類膳」にはじまり、次いで主に皿、坪、平の三菜による「膳」の二部構成である。同家献立構成の特徴としては「麺類膳」がわずかに五例（三三・三%）であり、これらが何れも史料前半（明治六年から同一一年）に集中しており、「麺類膳」は明治初期頃迄の慣習と推定される。翌二日目、本法事では、はじめに赤飯などの変わり飯に煮物、梅干などの簡素な菜による「朝・非時」が供される。なお、日下家ではこれを一部非時と称しているが、元来、非時は時・斎に対応する用語で日中（正午）から後夜を指し、「(食す)時に非ず」の語意から宵法事を指すことが多い。ここでは後の正式の食事「時」と

表5　仏事供応食・献立構成（日下家）

	上　分	下　分
宵法事・晩	［麺類膳］ 饂飩・素麺・大素麺　（5/14回） 胡椒・浅草海苔	温鈍・素麺・大素麺　（5/14回） 胡椒・浅草海苔
	［膳］ 1汁3菜　（1/14） 3菜　（12/14） 4菜　（1/14）	1汁3菜　（1/14） 3菜　（12/14） 4菜　（1/14）
本法事・朝	［朝・非時］ 皿・皿・赤飯　（10/15） 皿・平・飯　（2/15） 皿・皿・焼飯　（1/15） 皿・皿・握飯　（1/15） 皿・赤飯　（1/15）	
	［膳部］ 1汁5菜　（13/15） 1汁3菜　（2/15）	1汁5菜　（9/12） 1汁4菜　（2/12） 1汁3菜　（1/12）
	［酒肴の部］ 大盆3品　（7/13） 大盆3品 ・盆飯（赤飯・皿） ・茶漬（吸物・平・皿）　（3/13） 大盆3品 ・茶漬（菓子椀・皿など）　（3/13）	

※史料：日下家文書（2）より作表。
＊ただし（　）内数字は出現頻度を示す。

厳密に区分して用いたとも考えられる。本法事の「膳部」の汁と菜は、仏事供応食全体の核となる正式の食事の部分で、本膳、二の膳による一汁三菜から五菜の構成が用いられる。次いで、大盆などによる「酒肴の部」は酒宴の供応である。同家では大盆の前後に茶漬などの簡素な膳が史料初期に用いられている。

献立は「一類案内」として一類、寺方などの上分と、「出入之者案内・他家案内」などの下分に格付けられる。献立構成の格差は宵法事では「麵類膳」「膳」の上・下分格差なしの同一構成である。翌本法事・朝では上分の「朝・非時」「膳部」「酒肴の部」の三部構成に対し、下分では「勝手之分」として「膳部」のみとなるなど佐野家同様に格差が顕著となる。

三．山口家

山口家仏事でも佐野・日下両家と同様に宵越しで営まれる（表6）。表に示すように一日目、宵法事では饂飩（片饂飩）、素麵などの「麵類膳」、次いで、皿、坪、平、猪口などの菜による「膳」、および吸物、大盆などによる「酒肴の部」の三部構成である。なお、宵法事・晩に「酒肴の部」が常態としてつく構成は、佐野・日下両家でもみられない。また、このような「酒肴の部」は「麵類膳」とともに主に近世末から明治初期に集中するなど時系列での変化が認められ、佐野・日下上層両家の仏事献立構成に至る初期の形態も推定できる。

なお、「丁の膳」については後述する。

二日目、本法事・朝ではじめに変わり飯（奈良茶米・茶米・赤飯など）および菓子（茶菓子、奈良茶菓子・芋茶菓子など）に香の物、梅干などの簡素な膳「正直」がつく。「膳部」は仏事供応全体の核となる汁と

表６　仏事供応食・献立構成（山口家）

晩	［丁の膳］ 4菜　（10/16） 3菜　（ 4/16） 1汁3菜　（ 1/16） 饂飩・3菜（ 1/16）
宵法事・晩	［麺類膳］ 饂飩（片饂飩）・素麺（16/16） 胡椒（14/16）・浅草（甘）海苔（14/16） 大根・胡麻
	［膳］ 3菜（17/29） 2菜（ 7/29） 4菜（ 5/29）
	［酒肴の部］ 大盆・小盆1品から3品　（ 6/ 8） 大盆3品・吸物・大平・茶飯（ 1/ 8） 大盆3品・茶漬　（ 1/ 8）
本法事・朝	［正直］ 奈良茶米・茶米・赤飯・焼飯他 茶菓子・奈良茶菓子・芋茶菓子他 香の物・梅干・奈良漬・もみ菜他
	［膳部］ 1汁5菜（22/31） 1汁4菜（ 9/31）
	［酒肴の部］ 大盆3品　（21/28） 大盆5品　（ 4/28） 大盆6品・吸物・茶椀・茶飯（ 1/28） 大盆5品・吸物2　（ 1/28） 大盆4品・吸物・焼飯　（ 1/28）

※史料：山口家文書（３）より作表。
＊ただし、（　）内数字は出現頻度を示す。

菜による正式の食事の部分で、本膳、二の膳よる一汁四菜から一汁五菜である。次いで「酒肴の部」による酒宴の三部構成である。

なお、山口家における仏事供応食全体、献立構成以下の料理・食品も含めた最大の特徴は、儀礼の章でも既述したように、参詣客相互例えば主従などの上下、縦の関係の認識が希薄であることであろう。山口家では上層の佐野・日下両家に明かな参詣客の上・下分の格付けおよびこれに対応する格差の存在、少なくとも献立構成に格差と呼べる差違はみられない。

四．参詣客の上・下分の格付けと供応食の格差

近世封建社会では武士社会を中心に身分・地位に位階制を設け全ての面で上下関係を重視した。儀礼の供応においても客を上下に格付けし、これに対応して料理はもとより、器などの器具、設えなど全ての面において格差をもうけることが求められた。このような「規範身分」としての武士社会の儀礼に則って、地域の上層農民の儀礼においても、客の上下の格付けおよびこれに対応して供応に格差を設けることは慣習化していく。(註23) 例えば、農村部の上層の婚礼では、近世では客を三から四段階、近代では六から八段階にも格付けし、対して供応の細部に至るまで格差を設けて持て成している。(註24)

仏事においても近世末から近代の讃岐の農村部の一部上層では、参詣客を上・下分に格付けし供応食に格差を設けることは常態化している。(註25) 引田地域でも三家のうち、上層の佐野家では「一類案内」「出入之者案内」、日下家でも同様に「一類案内」「出入之者案内・他家案内」といずれも客の上・下分の格付けは明確である。

これらに対し山口家では近世末期以降、格差の前提となるべき参詣客の上・下分の格付けそのものが不定であり、時系列で緩やかな過程を経て次第に形成されていく。すなわち、同家における客の格付けの情報は安政二年以降、人数のみによる記載など僅かであり、明治中期頃に漸く以下のように一部客に関する記述がみられる。(註26)(註27)

「案内人数　一御寺三人　一仝御家内壱人　一供壱人

一佐野二人　一日下二人　一忠太郎四人　（中略）

一内十二人　一日雇壱人

〆五十五人　但し　晩事　四十五十人　時五十五人

此両　六十人前致ス」(註28)

ただし、これらは「案内人数」などとして客の名称、人数などが書き上げられるものの、客の上・下分の格付けに関する記述はなく参詣客の上・下分の特定には至らない。すなわち、山口家においては佐野・日下両家にみられる「一類」「出入の者」などの上・下分を明確に特定する記載は明治期には示されない。同家における客の上・下分による特定は、下って大正九年「孋珖院三年忌仏事控簿　三部経　大正九年新三月廿七八日　旧二月八日九日ニ当ル」(註29)が唯一のものといえる。これによれば「時上ノ部」では寺関係者（檀那時・海蔵院）、佐野家・日下家、一類関係者など、「次ノ部」は寺供、一類中の妻子、内方（八人）などの他、当日の料理人他台所向の人々などである。(註30)

以上、山口家の時系列の経緯からは同家においては、明治末期に至るまで参詣客を上下に区別する認識は希薄であったと考えられる。少なくとも同家参詣客には「一類」「出入り者」など客を上下に格付けるために不可欠な要素、参詣客相互における縦または主従などの要素が欠如している。山口家参詣客は寺院、佐野・日下両家などごく一部を除いては、内々も含め懇意な近隣の人々、商家などほぼ同位、同列、横の関係の人々による構成が推定でき、上・下分の格付けそのものが不可能でありまたその必要もなかったと考えられる。

まとめ

引田三家の主要献立構成については基本的には以下のようである。

宵法事・晩　「麺類膳」「引替膳（佐野家）・膳（日下・山口家）」
「酒肴の部（山口家のみ）」

本法事・朝　「朝（佐野家）・非時（日下家）・正直（山口家）」「膳部（本膳・二の膳）」
「酒肴の部」

なお、宵法事「酒肴の部」の佐野家一例、山口家六例はいずれも近世末から近代初頭の事例である。全体としては家毎に名称、膳組、料理の品数などの細部に小異はあるものの献立構成そのものは三家ともに一定の構成を持しており、近世末期から近代、引田町場における仏事献立の定型と見なすことができる。

ちなみに、同じく同時期の大内郡水主村（現：東かがわ市水主）の大庄屋大山家の仏事献立構成調査（主要構成）では、

宵法事・晩　「麺類膳」「茶漬」「酒肴の部」

本法事・朝　「初食」「膳部（本膳・二の膳）」「酒肴の部[註31]」

であり、同家においては、宵法事の「酒肴の部」が常態化するなど宵法事の供応の比重は引田町場に比較してやや高い構成といえる。

上記のように同じく大内郡内においても地域（農村部・町場）他の諸条件によって献立構成は異なっており、引田三家の定型の一因が町場などの地域性に由来することが推定できる。

さらに今一つには客の上・下分などの格付けとこれに対応する供応（献立構成、料理・食品を含めて）の格差があげられる。以下に佐野・日下上層両家と山口家・中層の差違について比較検証をする。上層の佐野・日下両家においては近代初頭には既に「一類案内」「出入之者案内」などの客の上・下分の格付けおよびこれに対応する献立構成の格差は明確に示される。対して山口家では客の上・下分の特定および献立の格差はともに時系列で微細な変化を遂げつつ明治末期に漸く成立、大正期に引き継がれる。これら一連の経緯からは、少なくとも、近世末から近代にかけての仏事参詣客の上・下分の格付けおよび献立構成などの格差は、一部、上層の階層にのみ限定される慣習であることが明らかといえる。山口家において時を経て次第に慣習を取り入れる経緯は、仏事供応そのものの初期の形態または成立にいたる過程とも見ることができる。加えて、上層とは異なる山口家・中層における供応食の形態そのものは新たな知見であり、引田地域の食文化調査の裾野を広げるものとも考えられる。

ちなみに、例えば山口家では、口絵掲載の「山口家仏事供応食献立表（安政五年）」のように、同家宵法事の持て成しには、「丁」の人々のための「丁の膳」、同晩膳として佐野・日下両家のみの別枠の膳、さらに通常の参詣客のための「ひじ」膳の三種類が用意されており（ただし、献立はほぼ同内容である）、献立構成の細部では臨機の対応がなされている。

第三節　料理・食品

ここでは料理・食品の検証の前提として、初期の山口家料理・食品の実態をみる。すなわち、山口家においては客の上・下分などの格付けと料理・食品の格差は、同家前項の献立構成などとは異なり既に明治一七年に始まる（表7）。「一　坪　上分うとのあん掛　下分豆腐あん掛」（山口―⑮）がそれであり、献立全体の上・下分の格差が僅かに一食品のみによる事例に接した時の戸惑いは今も記憶に新しい。以降、明治後半にも「上分のしい茸、竹の子、かん兵、豆さやに、栗」に対して「下分の同ふ」（山口―㉙）、「上分のあけ、わらび、竹の子」「下分の同片大根」（山口―㉚）などの微細な格差がみられる。ただし、記述からはこれら山口家における供応の格差が、前提としての参詣客の上・下分の格付けそのものの実態を伴わないことは明らかである。すなわち、少なくとも供応食に限定しても、前項の献立構成、後項の料理・食品において上・下分の格付けの記述はみられず、これらが一部、寺方、佐野・日下両家などへの対応とも推定できる。また、上記の経緯からは上層を規範としつつ手探りで格差を試行錯誤する様もうかがえる。なお、大正期（表8）では上・下分の格差は書き分けられるが、「平」の「上分の小飛龍頭、竹の子、昆布などの三種組」に「下分の飛龍頭一色」などの一部を除き格差の実態は僅かである。

なお、料理・食品については従来の家別の記述による内容の重複を避けるため、以下、一部を除き三家を一括し、相互に比較することにより個々の家の特性を明らかにする。なお、家毎に史料年代、史料数、記述などに精粗がみられるが各項目毎に対応する。

表７　料理・食品の格差（山口家）

史料No.・年	献立名	料理・食品（上段・上分／下段・次分）
No.（3）－①・安政2年〜同⑭・明治13年までは格差の記述無し。		
⑮明治17	斎・坪	うとのあん掛（上分、以下同） 豆腐あん掛（次分、以下同）
㉔　28	斎・猪口	日光梅 こんにやく白あい
㉕　29	晩事・平	竹の子、わらび、氷豆腐 こにやく一色、生が
	斎・猪口	ふき白あい こんにやく白あい
㉗　33	斎・猪口	山あわび こんにやく白あい
㉙　35	晩事・平	わらひ、片大根、あけ ツキこんにやく
	・猪口	はりはり 猪口なし
	斎・椀	しい茸、竹の子、かん兵、栗、豆さやに しい茸、竹の子、かん兵、ふ、豆さやに
	・猪口	ふきあるかうる漬 白あい
㉚　36	晩事・平	あけ、わらび、竹の子 あけ、わらび、片大根
	斎・猪口	こんふ砂糖漬 ふき白あい
㉛　39	斎・椀	しい茸、かん兵、生ふ しい茸、かん兵、蓮根、竹こ、青み
	・平	小飛龍頭、板こふ、竹のこ 大飛龍頭
	・猪口	ふき白あい こんにやく白あい
㉜　40	斎・椀	しい茸、かん兵、生ふ しい茸、かん兵、蓮根、竹の子、青み
	・猪口	龍眼肉 ふき
	・平	小飛龍頭、板こんふ、竹の子 飛龍頭計り
㉝　43	斎・椀	しい茸、かん兵、ふ、蓮根 しい茸、蓮根、ふ、竹子、青み
	・平	小飛龍頭、板こんぶ、竹の子 飛龍頭

※史料：山口家文書（３）より作表。
＊上分を上段に、次分を下段に示した。
＊食品は格差を明示するため一部史料の順序を並び替えた。

表8　料理・食品の格差（山口家・大正期）

史料年	献 立 名	料理・食品（上段・上分／下段・下分）
大正 2年	斎　・椀	しい茸、蓮根、かん兵、生ふ、さやえんど しい茸、蓮根、焼ふ、竹の子、青み
	・猪口	唐六豆 ふきの白あい
	・平	小飛龍頭、竹の子、板こんふ 飛龍頭
6	斎　・平	小飛龍頭、こんふ、竹のこ 飛龍頭一色
	・椀	しい茸、竹の子、青み しい茸、竹の子、氷豆腐、蓮根、青ミ
	・坪	生ふ、菊らけ、かん兵 坪なし
7	斎　・平	小飛龍頭、板こんふ、午房 飛龍頭
8	・平	小飛龍頭、板こふ、午房 飛龍頭、生が
	・椀	しい茸、かん兵、氷豆ふ、蓮根、青み菊豆 しい茸、かん兵、ふ、蓮根、青み
9	斎　・平	飛龍頭、こんふ、午房 飛龍頭
	・引物	蓮根、芋松葉あげ、ねふるかん (引物なし)
	・巻寿し	巻寿し三切 巻寿し二タ切
13	斎　・平	飛龍頭、こんふ、竹のこ 飛龍頭一色
	・引物	蓮根、ようかん、ねふるかん、あけ物
14	斎　・平	小飛龍頭、こんふ、竹の子 飛龍頭一色
15	斎　・平	小飛龍頭、板こぶ、午房 飛龍頭

※史料：山口家文書（3）より作表。史料名は史料年による。
＊上分を上段に、下分を下段に示した。
＊食品は格差を明示するため一部史料の順序を並び替えた。

一．宵法事

㈠　麺類膳

麺類膳は宵法事のはじめに供される膳で饂飩を中心に蕎麦、素麺などの麺類が用いられる（表９）。仏事の麺類膳は通常、うるみ（潤朱）の椀に茹で湯とともに供される湯だめ饂飩で、猪口につけ汁、小皿に薬味の胡椒包みなどを添える。

［佐野家］

佐野家の麺類には太素麺が常用される。太素麺の名称は管見ながら初出であり実態は不明であるが、当時、同地域で言い習わされていた俗称、通称の類と推定される。また、史料にはわずかながら献立の「饂

表９　宵法事・麺類膳

佐野家（26回）

	回	%
麺類		
太素麺	24	（ 92.3）
饂飩	2	（ 7.7）
薬味		
海苔・浅草海苔	26	（100.0）
おろし大根	23	（ 88.5）
陳皮・辛子・胡麻・胡椒包		

日下家（5回）

麺類		
饂飩	3	（ 60.0）
大素麺	1	（ 20.0）
素麺	1	（ 20.0）
薬味		
胡椒	5	（100.0）
（胡椒包・胡椒袋）		
青海苔・浅草海苔	3	（ 60.0）

山口家（16回）

麺類		
饂飩	14	（ 87.5）
片饂飩	1	（ 6.3）
素麺	1	（ 6.3）
薬味		
胡椒	14	（ 87.5）
甘海苔	14	（ 87.5）
胡麻・すり大根		

＊（　）内は出現頻度を示す。以下同。

飩」の記載に対し、購入記録には「太素麺」[註32][註33]の事例があり饂飩の異称ともとれる。ただし、太素麺の購入は貫目など重量によっており生麺というより乾麺の可能性が高い。例えば、明治一〇年[註34]の事例では、「一金壱円五拾三銭六厘　かしわ屋太素麺六貫目代」があり、「八日（宵）百三拾人計」を賄っている。この場合、乾麺一人前を五〇gから七五gとすれば六貫目では約三〇〇から四五〇人分となる。ちなみに、同家仏事の昭和のうどん使用の事例では「一　本年ハ上下百六十ニ対シうどん三百注文過不足ナシ」（昭和三年）[註35]、「宵上下八十人ニ対シうどん二百十ニテ不足ニ付二十八追加」（昭和七年）[註36]と人数に対し二倍から三倍近くを用意しており乾麺使用が裏付けられる。これらは茹でて玉に取り室蓋に入れたようで、「室蓋一枚半計アマリ」「二室蓋余り」などがみられる。乾麺は素麺（直径が一・三㎜の未満の丸棒状に成形したもの）よりも太素麺の由来とも推定される冷麦様の麺が（直径一・三〜一・七㎜の丸棒状に成形したもの）が用いられたと考えられる[註37]。同家仏事では最少五貫目から最多六貫二〇〇目、通常は五貫五〇〇目程を購入している。価格は仏事により多少はあるが一貫目につき二二銭（明治一八年）から七九銭（明治四五年）で、明治後期の物価の上昇を加味しても価格の上昇傾向が顕著である。薬味は小皿などに浅草海苔、卸し大根が常用される。

［日下家］

麺類膳は史料前半のみで以下の五例である。「素麺　小椒包・浅草のり」（明治六年）、「饂飩　こうしよ・青のり」（同七年）、「饂飩　小椒包・浅草のり」（同八年）、「大素麺　小椒包」（同九年）、「うむどん　小椒包」（同一一年）。大素麺は佐野家の太素麺であろう。薬味の胡椒は饂飩、素麺の五例ともに使われており、胡椒包は折紙、半紙などで鶴、甲《かぶと》などを折り胡椒を入れて膳に添える当時の慣習である。また、青海苔、浅草海苔も薬味として使われている。

［山口家］

麺類膳は日下家と同様に主に史料中期の明治一七年頃迄に偏る。麺類は饂飩が一五例（九三・八％）を占める。薬味は胡椒、浅草海苔（甘海苔）が各一四例（八七・五％）とほぼ全体に用いられる。饂飩については「但シ壱〆目ノ粉ニテ玉六十取三〆目ニテ十一《ママ》分ニ御座候」[註38]があり、この日の宵法事の人数「〆四十五人」に対し一八〇玉の饂飩が用意されている。ちなみに、「入費」記録の検証では饂飩粉量は二貫五〇〇目から三貫三〇〇目、玉数では一五〇玉から一九八玉を推移している。

通常、近世から近代初頭では饂飩の薬味には主に胡椒（胡椒包）[註39]が用いられるが、同地では三家ともに浅草海苔（甘海苔）、青海苔などの海苔およびおろし大根などが用いられており地域性がみられる。

㈡「引替膳（佐野家）」「膳（日下・山口家）」

麺類膳に続く「引替膳・膳」は三家ともに飯に二菜から四菜の膳である。菜の料理・食品については以下のようである。なお、菜については佐野家は皿・壺・平の三菜のみ。日下家は皿・壺・平の三菜に一部に汁がつく。山口家は皿・坪・平・猪口の二菜から四菜である。

［皿］

料理は精進の膾の一種の酢和で、数種の食品を調味酢で和えている（表10―1）。主要食品は揚、大根、若布、簾麩（佐野家）。揚、若布、大根（日下家）。揚、若布、赤簾麩（山口家）で、揚を主材料に若布、簾麩、大根などの取り合わせで三家ともに差違は少ない。

［壺・坪］

料理は煮物である（表10―2）。主要食品は椎茸、焼豆腐、干大根（ねじ干）（佐野家）。椎茸、焼豆腐、干瓢、芋（日下家）。椎茸、干大根、焼豆腐（山口家）で、椎茸を主材料に焼豆腐、干大根、干瓢などの取り合わせである。調味に関しては佐野家に味噌が使われており味噌煮が推定される。

［平］

平の料理も煮物である（表10―3）。主要食品は揚、午房、わらび、昆布（佐野家）。大揚、昆布、午房（日下家）。揚、糸蒟蒻、わらび（山口家）である。佐野・日下両家では揚を中心に昆布、午房、わらびなど三種の煮物の盛り合わせである。対して、山口家では揚、わらび、竹の子の煮物の三種盛り、または糸蒟蒻一色に生姜を添えた簡略化された煮物のいずれかがつく。ただし、同家でも明治中期頃には三種盛りの「平」に替わっており、糸蒟蒻一色などの単品の煮物は、初期の献立または中層独自の慣習とも推定できる。

なお、一部に猪口がつくが料理内容は主には三つ葉、ちさ、干大根などのはりはり、浸し物などである。

二　本法事

㈠「朝（佐野家）」「朝・非時（日下家）」「正直（山口家）」

本法事でははじめに赤飯、茶飯、茶米などの変わり飯に、香の物、梅干しなどを添えた簡素な膳、佐野家「朝」・日下家「朝・非時」・山口家「正直」が供される。

表10－１　宵法事・膳（皿）

佐野家（26回）

	回	%
揚	26	(100.0)
大根	25	(96.2)
若布	24	(92.3)
簾麩（赤簾）	15	(57.7)
生姜	9	(34.6)
うど・人参		

日下家（14回）

揚	11	(78.6)
若布	10	(71.4)
大根	8	(57.1)
簾麩	3	(21.4)
胡瓜・生姜・人参		

山口家（17回）

揚	17	(100.0)
若布	14	(82.4)
赤簾麩（簾）	11	(64.7)
生姜（赤生姜）	9	(52.9)
大根	5	(29.4)
串柿	4	(23.5)
うど・人参・白瓜・蓮根・蓮芋（ずいき）		

表10－２　宵法事・膳（壺・坪）

佐野家（26回）

	回	%
椎茸	26	(100.0)
焼豆腐	20	(76.9)
ねじ干・干大根	16	(61.5)
干瓢	9	(34.6)
芋・豆腐・麩・人参・蕗		

日下家（11回）

椎茸	10	(90.9)
焼豆腐	5	(45.5)
干瓢	5	(45.5)
芋	5	(45.5)
麩・蒟蒻・木耳・蕗・さや隠元		

山口家（26回）

椎茸	24	(92.3)
干大根（片）	21	(80.8)
焼豆腐	12	(46.2)
蕗	9	(34.6)
蒟蒻	5	(19.2)
干瓢・芋・人参・さや隠元		

表10－3　宵法事・膳（平）

佐野家（26回）

	回	%
揚（切・大）	24	(92.3)
午房	15	(57.7)
わらび（塩漬）	13	(50.0)
昆布（青板・青・切・三石）	12	(46.2)
竹の子	8	(30.8)
豆腐・焼豆腐・松茸		

日下家（14回）

大揚	12	(85.7)
昆布（切・板・桜・三ツ石・薄雪）	9	(64.3)
午房	8	(57.1)
竹の子	3	(21.4)
飛龍頭・焼豆腐・つくね芋・わらび・水菜・菜		

山口家（29回）

揚	11	(37.9)
糸蒟蒻（糸切・蒟蒻）	10	(34.5)
生姜（片生姜）	10	(34.5)
わらび	9	(31.0)
竹の子	6	(20.7)
焼豆腐	4	(13.8)
午房・切干（干大根・片大根）		
飛龍頭・豆腐・切昆布・青海苔・田芋		

佐野家「朝」（表11―1）は以下のように赤飯に漬物の取り合わせが主である。

一小皿　奈良漬　　赤飯

一小皿　胡麻掛夏大根もみ漬　　（明治一四年）（註40）

日下家「朝・非時」（表11―2）では飯は赤飯の他わずかに握飯がある。菜には漬物の他に焼豆腐、豆腐、椎茸などの煮物である。下記のように史料初期にはこれら煮物が多用されるが、明治一三年以降は香の物、梅干など簡素となる。

一皿　焼豆腐、しいたけ、ふき　　飯

一皿　　味噌、豆腐、青のり　　　　　　　　　　　（明治七年）[註41]

山口家「正直」（表11―3）には佐野・日下両家の変わり飯に代わって変わり飯または菓子がつく。使用頻度最多の「奈良茶菓子」については「奈良茶米」との関係も含めて実態は不明であり、また、芋、小豆、新豆などの入る茶菓子についても詳細は明らかでない。次いで飯類には奈良茶米および小豆、芋、新空豆入りの茶米がある。茶米《ちゃごめ》は近世の一般的な煎じた茶で炊く茶飯・奈良茶飯などとは異なる。[註42][註43]引田地域の茶米は炒米、炒豆などで茶色く色づけた飯を総称する。茶米は本来は砕け米、くず米などを炒って煮くずれを防ぎ、香ばしさを加えたもので讃岐でも東讃地域に多く伝承される。[註44][註45]菜には香の物、奈良漬などの漬物のほか梅干、浸し物がつく。

一香の物　　　　奈良茶菓子　　　　　（明治二七年）[註46]
一梅片
一小皿　梅片　　新空豆茶米
一もみ菜　　　　　　　　　　　　　　（明治二四年）[註47]

なお、東讃地域では「正直」に「初食」「小食」「正喰」などの語をあて、また、飯には「せきはん、ならちゃめし、ちゃめし、くろまめめし、えんどめし、さつまいもめし」などの多様な変わり飯の工夫がみられる。[註48]

佐野・日下両家の飯が主に赤飯・晴の食であるのに対し、山口家の「正直」は褻の食として同地域の郷土料理を色濃く反映、伝承したものといえる。

表11－1　本法事・朝（佐野家）

「飯」 　赤飯（25）・飯（1）	26回
「漬物」 　奈良漬（奈良漬瓜）（25） 　もみ漬（8）・夏大根もみ漬（5）・三日大根もみ大根（1） 　胡麻掛夏大根もみ漬（1）・胡麻掛もみ大根（1） 　漬菜（2）・かぶら漬物（蕪漬物）（2） 　夏大根浅漬（1）	46回
「煮物」 　煮染（氷豆腐、椎茸、蕗）（1） 　八杯（豆腐、浅草海苔）（1）	2回
「浸し物」 　ちさ浸し（1）・まびき菜浸し（1）	2回
「砂糖掛」 　梅干砂糖掛（砂糖掛梅干）（2）	2回
計	78回

※史料：佐野家文書（1）より作表。
＊（　）内は出現頻度を示す。

表11－２　本法事・朝または非時（日下家）

「飯」 赤飯（12）・飯（3）・握飯（焼飯）（2）	17回
「漬物」 奈良漬（6） 夏大根もみ漬（3）・大根もみ漬胡麻掛（1）	10回
「煮物」 皿（焼豆腐、椎茸、蕗）（2） 皿（焼豆腐、椎茸、切昆布）（1） 皿（氷豆腐、干瓢、椎茸）（1） 皿（干瓢、椎茸、干大根）（1） 平（松竹、豆腐）（1） 平（味噌、豆腐、青海苔）（1） 平（豆腐味噌煮、青海苔）（1）	8回
「梅干」 梅干（4）・梅干白砂糖掛（2）	6回
「その他」 大根細切胡麻掛（1）・かぶら胡麻掛（1） 浸し（1）	3回
計	44回

※史料：日下家文書（２）より作表。
＊（　）内は出現頻度を示す。

表11－3　本法事・正直（山口家）

「菓子」 奈良茶菓子（4）・茶菓子（新豆ニ小豆入）（1） 茶菓子（芋、小豆）（1）・茶菓子芋（1）・芋入茶菓子（3） 芋茶菓子（1）・茶菓子（4）	15回
「飯」 奈良茶米（1）・茶米（新空豆）（1）・茶米（小豆、芋入ル）（1） 赤飯（2）・焼飯（1）・干菜飯（1）・最工飯（1）	8回
「漬物」 香の物（11）・奈良漬（5） 茄子漬物（1）・茄子香の物（2） 三日菜漬（2）・青漬胡麻（1） もみ菜（3）・もみ大根（1）・大根もみ漬（1） 大根味噌漬（1）・じぞう漬（1）	29回
「梅干」 梅干（5）・梅片（3） 砂糖掛梅片（1）・梅片砂糖掛（2）・梅干砂糖掛（1）	12回
「料理物」 ちさ浸し（2）・水菜浸し（1）・浸し（1） 茄子砂糖煎（1）・唐辛子煎付（1）	6回
「味噌」 金山寺（1）・焼味噌（1）	2回
「その他」 茄子千切（1）・茄子（1）	2回
計	74回

※史料：山口家文書（3）より作表。
＊（　）内は出現頻度を示す。

(二) 時・斎

時・斎は宵法事・本法事を通じて仏事供応食全体の核となる膳組である。通常は本膳・二の膳に汁・皿・坪(壺)・茶椀・猪口・平の一汁五菜の料理が組み付けられる。以下、個々の料理・食品について三家を比較しつつ検証する。なお、時・斎では佐野・日下両家は上・下分の格付け別に記載がありこれにより検証した。山口家については上・下分の格付けそのものが不定であり、別途、「上下なし」の項目を設け比較した。

［汁］(表12―1～3)

佐野家　主要食品は糸湯葉を中心に菰豆腐、黍寒晒し(団子)に蕗などの青みを取り合わせる。上・下分の格差は上分の黍寒晒し(団子)、下分の霰豆腐などによる。

日下家　佐野家とほぼ同様で上分に糸湯葉の他、箸巻豆腐、菰豆腐、下分は糸湯葉、霰豆腐である。

山口家　糸湯葉、霰豆腐を主に菰豆腐、豆腐、黍団子(寒晒し)、青みなどの取り合わせで佐野・日下両家に対しやや下分相当の内容といえる。

［皿］(表13―1～3)

料理は上・下分ともに生盛が用いられる。生盛は鱠の一種で精進では主に魚に見立てた寒天を中心に、数種の食品を盛り合わせ調味酢を注ぎ溜めて供する。(註49)

佐野家　主要食品は寒天(白・黄・紅・赤)の他に羊羹、岩茸、胡瓜、防風などの五種類の取り合わせで、調味は辛子・辛子酢である。下分では寒天(白)に線湯葉、桜海苔、ちさなどの三、四種類を取り合わせる。上・下分では上分の羊羹、寄芋なども含めて、食品の優劣、食品数の多少などにより格差が設けられる。

表12　本法事・本膳、二の膳（汁）

表12－1　佐野家

上　分（26回）	回	%	下　分（26回）	回	%
糸湯葉（湯葉）	23	(88.5)	糸湯葉（湯葉）	23	(88.5)
菰豆腐（小）	12	(46.2)	霰豆腐	14	(53.8)
黍寒晒し（寒晒し・黍団子）	10	(38.5)	菰豆腐	11	(42.3)
蕗	14	(53.8)	青み	18	(69.2)
青み	5	(19.2)	蕗	4	(15.4)
豆腐・松露・青海苔・小菜・三つ葉茎・小口銀杏・葉付蕪・蒸豆			寒晒し・青海苔・小口銀杏・ちさ		

表12－2　日下家

上　分（13回）	回	%	勝手分（10回）	回	%
糸湯葉（湯葉）	10	(76.9)	霰豆腐（豆腐霰）	4	(40.0)
箸巻豆腐（青）	4	(30.8)	糸湯葉（湯葉）	4	(40.0)
菰豆腐（豆腐丸菰巻）	3	(23.1)	青み	6	(60.0)
青み	5	(38.5)			
蕪	3	(23.1)			
寒晒し・白玉・麩・芋・銀杏・蕗			菰豆腐・蒸豆腐		

表12－3　山口家

上下なし（30回）	回	%
糸湯葉（湯葉）	15	(50.0)
霰豆腐	12	(40.0)
豆腐	6	(20.0)
菰豆腐	5	(16.7)
黍団子（寒晒し）	5	(16.7)
青海苔	6	(20.0)
青み	15	(50.0)
麩・こぶ海苔・松露・蕗・ちさ・小菜・蓴菜		

表13　本法事・本膳、二の膳（皿）

表13－1　佐野家

上　分（26回）	回	%	下　分（26回）	回	%
寒天（白・黄・紅・赤）	28	(107.7)	寒天（白）	26	(100.0)
羊羹（紅）	10	(38.5)	線湯葉（金糸湯葉）	12	(46.2)
岩茸	25	(96.2)	桜海苔	11	(42.3)
胡瓜	24	(92.3)	ちさ	16	(61.5)
防風	12	(46.2)	うど	9	(34.6)
うど	7	(26.9)	大根	8	(30.8)
寄芋（紅）	6	(23.1)			
線湯葉・水前寺巻（桃色）・水洗葛（桃色）桜海苔・ちさ・青紫蘇・春菊			寄芋・岩茸・胡瓜・防風		

表13－2　日下家

上　分（14回）	回	%	勝手分（9回）	回	%
寒天	13	(92.9)	寒天	9	(100.0)
胡瓜	8	(57.1)	ちさ	4	(44.4)
岩茸	6	(42.9)	岩茸	4	(44.4)
湯葉・蒟蒻・桜海苔・うど・大根・ちさ・竹の子・春菊・さや隠元			湯葉・桜海苔・春菊・大根・夏大根		

表13－3　山口家

上下なし（31回）	回	%
寒天（白・黄白・桃色）	24	(77.4)
岩茸	11	(35.5)
木耳	6	(19.4)
ちさ	15	(48.4)
うど（浜うど）	14	(45.2)
桜海苔	6	(19.4)
若布	6	(19.4)
胡瓜	5	(16.1)
大根	5	(16.1)
簾麩・赤麩・湯葉・揚（油揚）・こぶ海苔・椎茸・釣し柿・蓮根・葉人参・茗荷（茗荷竹）・ていれぎ・生姜・辛子		

一皿　黄かんてん、羊羹、岩茸、きうり、せんゆは、からし
（次）かんてん、ちさ、桜のり、うと
[註50]（明治一四年）

一皿　白かんてん、桃色水洗くず、きうり、岩茸、防風、からし
（次）かんてん、せんゆは、大根、桜のり
[註51]（明治二四年）

日下家　主となる寒天の他には上分・下分（勝手分）の差違は少なく同内容もある。

一皿　かんてん、しんきく、ゆば、岩たけ
（勝手）かんてん、しんきく、ゆば、岩たけ
[註52]（明治六年）

山口家　皿は概ね以下の二パターンに分類できる。一つは色寒天（白・黄白・桃色）を主材料に岩茸、木耳、ちさ、うどなど主に四種類の食品を取り合わせた生盛で辛子、辛子酢などの調味である（二四例）。今一つには宵法事の膳などと同様の麩（赤麩、簾麩）、揚（油揚）、若布、生姜などの酢和が用いられる（七例）。佐野・日下両家では上・下分ともに生盛（食品などに格差あり）に対して、山口家では生盛および料理法がより簡便な酢和が混在する。このことは客の上・下分の格付けまたこれに対応する料理・食品の格差ともに未だ不定の山口家独自の内容が考えられる。

一生盛皿　寒天黄白、うど、岩茸、桜のり、酢からし
[註53]（明治二七年）

一皿　ツルシ柿、若め、赤ふ、大根、生が　（明治一九年）[註54]

［坪・壺］（表14―1～4）

佐野家　料理は上分では胡麻豆腐を主に木の芽（山椒）味噌、薄葛掛、薄葛煮がある。薬味は片山葵、摺山葵が添えられる。また一部には生麩、漬松茸などの煮物、一例にいとこ煮があるが明治三一年以降は胡麻豆腐が定着する。下分では麩（焼・角・切・生）に木耳、干瓢の上位三種を取り合わせた煮物で料理、食品ともに上分との差違が明らかである。

一壺　胡麻豆腐《薄くす煮》、すりわさび
（次）角麩、かんぴよう、きくらけ　（明治一四年）[註55]

一壺　桃色生麩、きくらけ、白うり
（次）菊らけ、焼ふ、くわい　（明治二〇年）[註56]

一壺　黍《いとこ煮》かんさらし、くわい、きくらけ、粒小豆
（次）焼ふ、きくらけ、かんぴよう
（明治二五年）[註57]

日下家　事例はわずかながら日下家も佐野家とほぼ同傾向である。史料前半ではいとこ煮、小豆ぜんざいなどの煮物、後半には胡麻豆腐へと推移する。下分では前半には麩（生・角・黄角）、干瓢、椎茸の三種の煮物、後半には焼豆腐餡掛などが多用されており上・下分の調理法、食品の差違が明らかである。

一坪　いとこ煮、きくらけ、くわい、小豆、寒さらしたんご

表14　本法事・本膳、二の膳（壺・坪）

表14－1　佐野家

上　分（26回）	回	%	下　分（26回）	回	%
胡麻豆腐（木の芽味噌・山椒味噌・薄葛掛・薄葛煮）	19	(73.1)	麩（焼・角・切・生）	21	(80.8)
生麩（桃色生）	4	(15.4)	木耳	20	(76.9)
			干瓢	17	(65.4)
			くわい	6	(23.1)
漬松茸・黍寒晒し・木耳・干瓢・くわい・粒小豆・白瓜・さや隠元・さや豆・わさび			焼豆腐・氷豆腐・椎茸・蓮根・蕗		

表14－2　日下家

上　分（15回）	回	%	勝手分（11回）	回	%
胡麻豆腐（餡掛）	6	(40.0)	麩（生・角・黄角）	6	(54.5)
寒晒し（団子）	5	(33.3)	焼豆腐（焼豆腐一式・焼豆腐餡掛）	5	(45.5)
木耳	5	(33.3)	干瓢	5	(45.5)
くわい	5	(33.3)	椎茸	4	(36.4)
生麩・椎茸・松茸・小豆・籐六豆・いとこ煮・小豆ぜんざい			松茸・木耳・くわい		

表14－3　山口家（坪）

上下なし（13回）	回	%
焼豆腐・白焼豆腐（葛掛・餡掛・木の芽味噌・木の芽おでん）	8	(61.5)
豆腐（湯豆腐）	2	(15.4)
胡麻豆腐（餡掛）	2	(15.4)
うど（餡掛）	1	(7.7)

表14－4　山口家（本膳・椀）

上下なし（18回）	回	%
椎茸	16	(88.9)
干瓢	16	(88.9)
麩（生・焼・揚・かき）	13	(72.2)
蓮根	6	(33.3)
くわい	5	(27.8)
竹の子	5	(27.8)
青み	6	(33.3)
湯葉・氷豆腐・つくね・ちさ・三つ葉・春菊・さや隠元・隠元豆・豆		

（次）ふ、椎茸、かんひよ　（明治八年）[註58]

一壺　胡麻豆腐あんかけ

（勝手）焼豆腐一敷　（明治二九年）[註59]

山口家　山口家では佐野・日下上層両家とは異なり本膳の坪の位置に坪または椀がつき、概ね坪は史料中間に、椀は史料前半および明治末期に用いられる。坪には焼豆腐葛掛、餡掛、白焼豆腐木の芽味噌、白焼豆腐木の芽おでんなどの煮物、焼物である。椀には椎茸、干瓢、麩（生・焼・揚・かき）に青みなど五種の取り合わせである。山口家の坪は日下家の勝手分と、椀は佐野家の下分、日下家の勝手分に近似するなどいずれも下分に相当している。

一坪　白焼豆ふ、木の芽みそ　（明治三〇年）[註60]

一椀　生ふ、くわへ、しい竹、かんひよ、青ミ　（安政二年）[註61]

［椀・茶碗・二の椀］（表15―1～3）

佐野家　椀（茶碗・二の椀）には胡麻豆腐、麩が主材料となるなど前項の壺と近似する。両者間では壺および椀は相互に補完しつつ用いられており、次第に壺には胡麻豆腐が、また椀では漬松茸（松茸）、麩などを取り合わせた煮物に転じる。下分では氷豆腐、椎茸、竹の子が主要食品となるなど食品による格差が顕著にみられる。

一椀　山椒みそ、胡麻豆腐

（次）焼とうふ、くず掛　（明治一三年）[註62]

表15　本法事・本膳、二の膳（椀・茶碗・二の椀）

表15－1　佐野家

上　分（25回）	回	%	下　分（26回）	回	%
漬松茸（松茸）	17	(68.0)	氷豆腐	25	(96.2)
麩（生・桃色生・生手鞠）	11	(44.0)	椎茸（中）	19	(73.1)
胡麻豆腐（山椒味噌・木の芽味噌・薄葛掛）	6	(24.0)	竹の子	16	(61.5)
くわい（水田）	6	(24.0)	干瓢	6	(23.1)
三つ葉（茎）	5	(20.0)	松茸（漬）	5	(19.2)
湯葉（かさ・結）・河茸・木耳・蕗・豌豆豆・空豆・三月蒔春菊・わらび・浜松菜・松菜・小菜・まびき菜・青み			焼豆腐・麩（焼）・青み		

表15－2　日下家

上　分（13回）	回	%	勝手分（9回）	回	%
生麩（生俵・麩）	8	(61.5)	焼豆腐（餡掛）	4	(44.4)
松茸	6	(46.2)	椎茸	4	(44.4)
胡麻豆腐（餡掛）	3	(23.1)			
椎茸（大）・初茸・しめじ・氷豆腐・干瓢・くわい・竹の子・春菊・さや隠元・松菜			氷豆腐・麩・松茸・竹の子・干瓢・くわい・春菊		

表15－3　山口家

上下なし（23回）	回	%
生麩（揚・焼・松形）	13	(56.5)
干瓢	13	(56.5)
椎茸	10	(43.5)
蓮根	8	(34.8)
三つ葉	5	(21.7)
竹の子	4	(17.4)
青み	6	(26.1)
胡麻豆腐（木の芽味噌・木の芽）	6	(26.1)
豆腐（山椒味噌）	3	(13.0)
河茸・松茸・松露・木耳・くわい・春菊・ちさ		

一二ノ椀　漬松茸、桃色生麩、松菜
（次）氷とうふ、しいたけ、かんひよう
（明治二四年）[註63]

日下家　椀（茶椀）の主要食品は生麩、松茸などで僅かながら坪の胡麻豆腐と相互に補完しあっている。勝手分は焼豆腐餡掛の他、椎茸などの煮物で食品による格差がみられる。

一茶わん　こま豆腐あんかけ
（勝手）焼豆腐あんかけ
（明治六年）[註64]

一椀　松茸、生ふ、くわい
（勝手）省略
（明治四四年）[註65]

山口家　椀（茶碗）では生麩、干瓢、椎茸の主要三種に青みなど五種類を取り合わせた煮物である。その他では佐野・日下両家では上分に用いられる胡麻豆腐の木の芽味噌が明治末期に集中して用いられる。ちなみに、この時期は山口家においても上・下分の格付けがみられる時期と一致しており上分を意識した使用と考えられる。

一わん　椎茸、蓮根、揚ふ、かんひよ、青身
（明治五年）[註66]

一茶碗　こまとうふ、木の目みそ
（明治三五年）[註67]

[平]（表16―1～3）
平には煮物（露平）、または数種の料理、食品などを盛り合わせた組物（乾平）が用いられる。[註68]
佐野家　上分では絹田芋、長芋青揚などの料理物に昆布（白板、菓子、板）、大椎茸などの食品の三種

盛りで本法事の平は主には土産用とされる。ただし、一部に「平　汁タメ　大椎茸　竹之子　わらひ」(明治一九年)[註69]など煮物の露平も用いられている。下分には飛龍頭が単品で「飛龍頭壱つ入」に生姜などを添える。平における上・下分の差違は大きく、上・下分ともに料理、食品の定型化がみられるが下分の「平に飛龍頭」は特に顕著といえる。

日下家　主要食品から上・下分ともにほぼ佐野家と同様である。

一平　大椎茸、板こんふ、きぬたいもゆは巻

(次)飛龍頭　(明治一〇年)[註70]

一平　大椎茸、菓子昆ふ、氷豆腐青揚物

(勝手)飛龍頭一敷　(明治三〇年)[註71]

山口家　平の主要食品の分布は時系列で推移する。安政二年から明治一八年までの一五例には氷豆腐、昆布(板、青板、青、白、結)、揚(焼揚豆腐、大揚、丸揚、油揚)、竹の子などの三種類の取り合わせ。明治一九年から三六年の一三例は飛龍頭に生姜である。前者は佐野・日下両家の上分に相当し、後者は下分に相当しており山口家における客の上・下分の格付け、料理・食品の格差ともに不定である。これらを経て明治三九・四〇・四三年の三例では上・下分の格差は上分の三種組、下の分(次)の飛龍頭一色と客の格付けに対応して明確に格差が設けられる。

一平　ひりふ、結こんふ、午房　(安政二年)[註72]

一平　飛龍頭、生姜　(明治一九年)[註73]

一平　小飛龍頭、板こんふ、竹の子

表16　本法事・本膳、二の膳（平）

表16－１　佐野家

上　分（26回）	回　%	下　分（26回）	回　%
大椎茸（椎茸）	26（100.0）	飛龍頭（一つ入・丸・生姜）	24（92.3）
昆布（白板・白・板・菓子）	23（ 88.5）		
竹の子	18（ 69.2）		
絹田芋（絹田芋湯葉巻）	6（ 23.1）		
湯葉巻長芋・長芋青揚・氷豆腐青揚・羊羹・わらび		揚・白昆布・竹の子	

表16－２　日下家

上　分（13回）	回　%	勝手分（12回）	回　%
大椎茸（椎茸）	12（92.3）	飛龍頭（飛龍頭一式）	12（100.0）
昆布（白・板・菓子・三つ石）	9（69.2）	昆布（青・板）	2（ 16.7）
竹の子	4（30.8）	午房	2（ 16.7）
氷豆腐・氷豆腐青揚物・飛龍頭・絹玉巻・午房揚物・つくね芋・寄芋・大根菜			

表16－３　山口家

上下なし（31回）	回　%
飛龍頭（小）	17（54.8）
焼氷豆腐（氷豆腐）	8（25.8）
昆布（板・青板・青・白・結）	14（45.2）
竹の子	13（41.9）
揚（焼揚豆腐・大揚・丸揚・油揚）	4（12.9）
焼豆腐・椎茸・午房・わらび・水菜・生姜	

（下ノ分）飛龍頭　（明治四三年）(註74)

［猪口］（表17―1～3）

佐野家　料理は和物、煮物、漬物に僅かに栗、お多福（豆）などの食品である。猪口の下分は蒟蒻白和が定番で一部にうど味噌和、蓮根青和、山鮑、酢松茸（各一例）がある。

日下家　一〇例とわずかな事例であるが和物、砂糖焚、紅糖掛、茄子付の他、くわい、金柑、栗、新空豆、豆などの食品である。下分では佐野家同様定番の蒟蒻白和が一〇回（八三・三％）に用いられる。

山口家　白和他の和物が一九回（六一・三％）、うち蒟蒻の白和は六回（一九・四％）である。その他には漬物、砂糖掛があり佐野・日下両家の上・下分が混在する。なお、明治二八年以降一部に下分が付記されるが下分の猪口は蒟蒻の白和（六例中四例）である。

㈢　酒肴の部

膳部につづいては「酒肴の部」による酒宴の供応となる。酒肴は大盆・小盆（足付きの卓袱台）に料理・食品を盛りつけた丼、鉢などを数品組み付けたもので、三ツ丼・五ツ丼ともいわれる酒宴の代表的な供応の形態である。「酒肴の部」は前述までの「膳部」の定型の膳組とは異なり、不定型の膳組で比較的自由な供応といえる。なお、佐野・日下両家ともに「酒肴の部」の供応は下分には用いられず、「酒肴の部」の有無は献立の格差の大きな要素となる。また、仏事により大盆の前後に飯と菜などの簡素な膳を添える構成もみられる。

表17　本法事・本膳、二の膳（猪口）

表17－１　佐野家

上　分（25回）	下　分（26回）
［和物］百合根・うど肉和（4） ・蓮根肉和・蓮根青和 ・蒟蒻白和 ［煮物］栗甘煮（3）・さや煮 ・新松露煮附 ・水田くわい旨煮 ［漬物］アルコール漬茄子（2） ・茄子漬物（2）・栗砂糖漬 ・外国漬梅・漬物 ［その他］お福豆・山鮑 ・紅粉掛新豆・支那梅弐ツ入	［和物］蒟蒻（糸）白和　22（84.6） ［その他］うど味噌和 ・蓮根青和・山鮑・酢松茸

表17－２　日下家

上　分（10回）	下　分（12回）
百合根肉和・隠元豆和物 ・新空豆さや煮紅砂糖掛 ・茶子砂糖焚 ・茄子付・くわい・金柑 ・栗・新空豆・豆（各1）	［和物］蒟蒻白和　10（83.3） ［その他］新空豆 ・隠元豆和物

表17－３　山口家

上　分（30回）	下　分（6回）
［和物］蒟蒻（糸）白和（6） ・蕗白和（5）・ひじき白和（4） ・黒豆白和・葉人参白和 ・葉人参和物・く□ぎ和物 ［漬物］蕗アルコール漬（2） ・日光漬・昆布砂糖漬 ［砂糖掛］蕗砂糖掛 ・煮梅赤砂糖掛 ・新豆紅砂糖掛 ［その他］三ツ葉・干大根 ・山鮑・浜松・龍眼肉	［和物］蒟蒻・蕗白和　6（100.0）

以下に大盆の料理・食品を検証する。なお、大盆には数種、主には三種の料理・食品を盛り合わせた丼または鉢がつく。これは本来は酒肴の部の供応の最初に吸物とともに出される硯蓋（酒の肴）などの転じたものである。硯蓋は後年「口取」「口取肴」「摘み」などの名称が通称となり主には土産物とされた。[註75]ただし、本稿では単品の料理・食品による丼、鉢などとこれを区別するため「組物」と仮称し分けて検証した。

［佐野家］

酒肴の料理については、使用頻度上位から［酢の物］数種の食品を三杯酢などで調味した酢和である。［寿し］巻ずしで海苔巻のみ、または海苔巻、湯葉巻の二色を取り合わせる。［和物］木の芽和をはじめ肉和（梅肉）、味噌和、木の芽味噌和、辛子和など多彩である。［組物］組物の料理は主に土産物とするところから汁気の少ない揚物、焼物、煮物（煮染）などが用いられる。煮物に次いで多用される揚物は揚衣を青色、黄色などに着色した「あげもん」で讃岐の郷土料理の一種でもある。[註76][註77]組物にはこれら料理物を中心に季節の果物が取り合わされる。なお、河茸、椎茸、蓮根などには料理内容が推定できるものもあるが、特定されていないため食品に含めた（表18―1）。

酒肴の部の前後には「晩」、「夕飯」、「湯漬」などの簡素な膳が供される。これらは飯に汁、吸物に二菜の膳で、菜は酢の物、和物、煮物、漬物（奈良漬）などである（表18―2）。

大盆　鉢　百合根肉あへ
　　　同　巻寿し
　　　同　花くわい、椎茸、青あけ氷豆腐　[註78]（明治一〇年）

［日下家］

料理は［寿し］巻寿し。［酢の物］、［揚物］の順で用いられる。［組物］は主に揚物で氷豆腐、椎茸、河茸、くわい、蓮根、新午房、柿などを青色の衣で揚げている。食品は他にも料理物の存在をうかがえるが特定はできないため食品に含めた（表19―1）。

酒肴の部の前後につく「茶漬」「盆飯」には、飯（赤飯）に吸物および二菜から三菜の膳で、菜には酢の物、煮物（煮染）、砂糖掛の他、香の物、奈良漬、もみ漬、梅干などである（表19―2）。

大盆　　竹ノ子合物
　　　　巻寿し
一鉢　あけ物、くわい、新午房、蓮こん、氷豆腐[註79]
（明治七年）

［山口家］

山口家では近世末から明治初期までは、大盆は丼五つにそれぞれ料理を盛りつけた五つ丼の形態から、次第に三つ丼に移行しこれが定着する。また料理・食品の三種組の「組物」の初見は明治一三年（「連根、氷揚物、竹の子」[註80]）で、以後次第に散見でき二七年頃には常態化する。なお、「組物」は佐野・日下両家ともに献立初出の明治一〇年[註81]・明治六年[註82]に各々用いられており、さらにはそれ以前が推定できるが、山口家では「組物」の慣習はやや遅れると考えられる。また、明治三四年には「大盆　丼（摘み）、氷豆腐、蓮根、柿[註83]」があり組物が「摘み」と同義であることが特定できる。

表18－1　酒肴の部－料理・食品－（佐野家）

酢の物	酢の物（三杯酢）（揚・湯葉・簾麩（白）・白板昆布・昆布・水前寺海苔・松茸・漬松茸・椎茸・木耳・串柿・うど・茗荷竹（茗荷）・蓮根・大根・蕪・紅生姜（生姜）	（19回）
寿し	巻寿し（海苔・湯葉）	（17回）
和物	木の芽和（竹の子）(5)・肉和（梅肉和）（百合根・うど）(4)味噌和（竹の子・隠元豆）(2)・木の芽味噌和（竹の子）・辛子和（竹の子）・和物（竹の子）	（14回）
煮物	煮附（うど・芽出豆）	（ 2回）
その他	浸し・砂糖掛（蕁菜）	（ 2回）
組物（3種組）		
煮物	くわい（花くわい）(12)	
揚物	揚物・青揚氷豆腐（氷豆腐青揚・揚氷豆腐）・芋、浅草海苔くわい掛 (9)	
焼物	焼附（湯葉・松茸）(2)	
寄物	寄くわい (1)	
食品他	河茸 (17)・金柑べし (14)・蓮根 (7)・椎茸 (2)・串銀杏・大梨（梨）(2)・九年母・蜜柑・柿・羊羹 (2)	（24回）
料理数		（全78回）

※史料：佐野家文書（1）より作表。
＊ただし、（　）内には料理数を示した。

表18－2　晩・湯漬（佐野家）

史料No.・年	料理・食品		備　考
①明治10	晩	飯・皿（酢もみ、揚、うど、ちさ）・吸物(清まし、丸山豆腐)・平(小丸揚、薄雪、蕗)	吸物1・2菜
③　14	晩	飯・皿（肉和うど）・吸物（味噌、丸山豆腐）・平（丸揚、薄雪、蕗）	吸物1・2菜
⑮　30	晩	飯・皿(酢もみ、揚、ちさ)・椀(清まし、あんぺい麩)・平（薄雪、つくね芋、三ツ葉茎）	1汁・2菜
⑯　31	晩	飯・皿(揚、木耳、大根)・椀(清まし、あんぺい麩)・平（つくね芋、薄雪、わらび）	1汁・2菜
⑰　32	晩	飯・皿(揚、木耳、大根)・椀(清まし、あんぺい麩)・平（つくね芋、薄雪、青み）	1汁・2菜
⑱　35	晩	飯・皿（奈良漬）・椀（清まし、あんぺい麩）・平（薄雪、椎茸、青み）	1汁・2菜
㉓　42	夕飯	飯・皿(漬物)・汁(山芋)・菓子椀(豆腐、あま海苔)	1汁・2菜
㉖　45	湯漬	飯・菓子椀（昆布、寿海苔、くわい）・汁（味噌、麩、青み）・平	1汁・2菜

※史料：佐野家文書（1）より作表。
＊ただし、「漬物」は1菜に数えた。

表19－1　酒肴の部－料理・食品－（日下家）

寿し	巻寿し	（13回）
酢の物	三杯（簾麩・湯葉・若布・木耳・うど・胡瓜・大根） 酢松茸	（ 6回）
揚物	揚物（氷豆腐青粉揚・氷豆腐）・椎茸・河茸・くわい・蓮根・ 新午房・柿	（ 6回）
和物	味噌和（竹の子）・肉和（うど）・和物（竹の子）	（ 3回）
焼物	焼松茸	（ 1回）
果物	柿・枇杷	（ 2回）
組物（3種組）		
	蓮根（5）・河茸（3）・湯葉・岩茸・椎茸・長芋・くわい・胡瓜・ 夏大根・九年母・枇杷・栗	（ 7回）
料理数		（全38回）

※史料：日下家文書（2）より作表。
＊ただし、（　）内には料理数を示した。

表19－2　茶漬・盆飯（日下家）

史料No.・年	料理・食品	備　考
⑱明治 6	盆飯　赤飯・皿（梅干砂糖掛）・皿（香の物）	赤飯　・2菜
	茶漬　飯　・皿（ずいき、揚）・吸物（氷豆腐、柚）	
	・平（糸蒟蒻、小菜）	吸物1・2菜
⑲ 7	盆飯　赤飯・皿（梅干、白砂糖掛）・皿（奈良漬、香の物）	赤飯　・2菜
	茶漬　飯　・皿（夏大根もみ漬）・吸物（味噌汁、黄角麩）	
	・平（糸蒟蒻）	吸物1・2菜
⑳ 8	盆飯　赤飯・皿（梅干砂糖掛）・皿（茄子細切胡麻掛）	赤飯　・2菜
	（茶漬）　飯・皿（ちさもみ菜、揚）・吸物（味噌、氷豆腐）	
	・平（麩、うど、三ツ葉）	吸物1・2菜
㊶ 34	茶漬　飯　・皿（煮染）・皿（香の物）・菓子椀（豆腐、松茸）	3菜
㊷ 35	茶漬　飯　・皿（煮染）・菓子椀（豆腐、松茸）	2菜
㊺ 39	茶漬　飯　・皿（煮染）・（漬物）	2菜

※史料：日下家文書（2）より作表。
＊ただし、「香の物」「漬物」は1菜に数えた。

料理・食品では［和物］には竹の子木の目和・山椒和をはじめ辛子和、味噌和、白和、胡麻和、青海苔和、青和、実和など多彩である。［酢の物］は酢もみ、三杯・三杯漬、はりはり、酢和などであり、和物とともに仏事の精進料理には欠かせない。［焼物］は湯葉、氷豆腐、あま海苔などの附焼である。なお、近世から近代の附焼は醤油味であった[註84]。組物の料理は揚物、焼物が主で、食品は氷豆腐の他、唐茄子、芋、午房などに青色、黄色の衣をつけた「あげもん」である（表20）。

丼　竹の子木の目あい
丼　すの物
丼　あけ物、黄色いも、青色氷豆腐、蓮根煎付[註85]
（明治三九年）

四　宵法事・酒肴の部

・山口家のみ（表21）

宵法事における酒肴の慣習は山口家のみにみられる。ただし、同家でも酒肴の事例は近世末の安政二年から明治一三年の八例であり、明治初期までの比較的古い慣習と考えられる。料理・食品はほぼ本法事の酒肴に準じるが本法事・酒肴の部では二種から三種盛りの「組物」は明治一三年以降の出現であり、明治一三年で途絶える宵法事・酒肴の部には「組物」はつかない。安政五年には宵法事、本法事に以下のような品数の酒肴が用いられており同時期中層の仏事の規模がうかがえる。

宵法事・酒

表20　酒肴の部－料理・食品－（山口家）

和物	木の芽和・山椒和（竹の子）(7)・辛子和（竹の子・長ふろう・柿串）(6)・和物（竹の子）(2)・味噌和（茄子油焼・竹の子）(2)・白和（蒟蒻・人参）(2)・胡麻和（竹の子・葉人参）(2)・青海苔和（氷豆腐）・青和（蓮根）・実和（蓮根）	(24回)
酢の物	ちさ酢もみ（赤簾麩・揚・うど・蓮根・ちさ・生姜）(5)・酢の物（簾麩・昆布・松茸・蓮根・蓮芋・大根・生姜）(4)・三杯・三杯漬（芋海苔巻・簾麩（赤）・揚・若布・うど・生姜）(4)・はりはり（干大根・三つ葉・ちさ）(3)・酢和（揚湯葉・若布・うど・ちさ）(3)	(19回)
焼物	附焼（湯葉・氷豆腐・あま海苔）(10)	(10回)
漬物	やたら漬 (5)・三つ輪漬 (2)・あちゃら・日光漬	(9回)
煮物	煎附（松露・竹の子・蕗）(3)・煎上げ（蕗）・船場煎（蕗）・きんぴら（蕗）	(6回)
寿し	巻寿し（湯葉巻）(5)	(5回)
浸し物	浸し（春菊）(3)	(3回)
揚物	揚物	(1回)
その他	金柑（水金柑）(2)・蜜柑・仏手柑・水に枇杷・羊羹・砂糖掛・橙・木瓜身掛・蕗□□□	(9回)
組物（3種組・摘み）		
揚物	揚物・揚物氷豆腐（揚物青色氷豆腐・氷揚物）・揚物黄色芋・唐茄子揚物・揚物牛房	
焼物	氷豆腐附焼（氷附焼）	
煮物	板昆布砂糖煎・蓮根煎付	
食品	蓮根 (9)・仏手柑 (3)・柿 (2)・氷豆腐・竹の子・青橙	(11回)
料理数		(全97回)
吸物（ふくさ、寒晒し団子、蕗、山椒）		
吸物（ふくさ、寒晒団子、むきくわい、口甘皮）		
吸物（ふくさ、寒晒団子、三つ葉、柚、柚の花）		
吸物（すまし、あんぺい麩、生姜）		
茶椀（揚くわい、竹の子、三つ葉）		
焼飯・香の物		

※史料：山口家文書（３）より作表。
＊ただし、（　）内には料理数を示した。

一吸もの　あんへいふ、生か
一大盆　竹の子あへ物
　　ちさ、あけす物
　　氷豆腐やき
一大平　豆腐ニさんしよ、味噌掛け　〆
一ちやめし　香の物、金山寺　皿　〆
本法事・酒
一吸もの　かんさらしたんこ、ふきニさんしよ
一大盆　ゆはつけやき
　　ようかん
　　三ツはつけ
　　水きんかん
　　蓮根青あへ
一鉢　巻すし
一茶わん　あけくわい、竹の子、みつば
一やきめし　梅干砂糖掛、香の物、皿　〆

（安政五年）（註86）

表21　酒肴の部・宵法事－料理・食品－（山口家）

酢の物	酢和（ちさ・油揚）（３）・酢の物（揚・ちさ）・三杯（揚・うど・□根・ちさ）	（５回）
焼物	附焼（氷豆腐）（３）	（３回）
和物	和物（竹の子）・木の芽和（竹の子） 山椒味噌掛（豆腐）	（３回）
煮物	煎附（蕗）・船場煎（蕗）	（２回）
漬物	辛子漬（茄子）・梅漬	（２回）
寿し	巻寿し	（１回）
汁物	ひきずり汁（豆腐）（２） 吸物（あんぺい麩・生姜）	（３回）
その他	湯豆腐・茶飯（香の物・金山寺） 茶漬（香の物・煮染）	（３回）
		（全22回）

※史料：山口家文書（３）より作表。
＊ただし、（　）内には料理数を示した。

三．中陰の供応―日下家―

中陰（中有）は人の死後次の生をうけるまでの期間。初七日（一七忌）から四十九日（七七忌）迄を指し、この間七日毎に追善の仏事を営む。このような七日毎の仏事を讃岐では「マワリ」「マルメ」といい一類、近隣の人々が集い看経をあげる。日下家史料「随教院速證道覚様御死去諸事誌帳　明治六癸酉年第八月二十六日御死去俗名日下七十郎　旧暦七月四日当ル也」（史料A）、「随教院速證道覚様廻リ日控并ニ案内人別留　明治六癸酉年第八月二十六日御死去　旧暦七月四日当ル」（史料B）の両史料から、史料Aを主史料とし、異なる部分は史料Bを補足して作表した（表22）。

中陰の献立構成は以下のようである。

一七日　皿・汁・坪・平・飯　一汁三菜　肴二品
二七日　皿（煮染）・赤飯
三七日　皿（煮染）・赤飯
　皿・平・赤飯　二菜　肴三品　（＊旦那寺非時献立）
四七日　皿（煮染）・赤飯　肴三品
初月　晩　皿・坪・平・飯　三菜　肴三品　（＊積善坊）
　朝時　皿・坪・平・飯　三菜　（＊朝時献立旦那寺親父様）
五七日　非時　素麺・小皿（海苔）・小皿（おろし大根）
　皿・坪・平・飯　三菜　肴三品　（＊非時）
　正喰　皿・握飯　（＊朝正喰献立）

時　皿・汁・坪・平・飯　一汁三菜（＊時）
皿・坪・平・飯　三菜　肴三品（＊積善坊）

六七日

「三七日　一案内人別留」（史料B）によれば、案内人数は旦那寺二人供とも、佐野様五人、山口屋一人以下佐野店人など〆四一人の客が招かれている。献立構成は一七日、初月、五七日に重く、七七日は正式の仏事の供応となる。また、酒肴は旦那寺積善坊他に用意される。通常の廻り目では客には赤飯に煮染などの持て成しが多く、これらの料理物は主には葬儀後日を置かない喪家に忖度し、合力として一類、懇意の人々により贈られる。中陰見舞の贈答には讃岐では木製漆塗りの堺重・折（通称切溜）に入れて贈られることが多く、[註87] 阿野郡青海村の大庄屋渡辺家では中陰見舞いとして堺重による赤飯、煮染の贈答が習慣化している。[註88] ただし、日下家では材料、分量などの記載から自家で調理されたと推定され、農村部とは異なる町場独特の習慣が推定できる。史料では赤飯は糯米（餅米）六升に二〇％容量の小豆の配合である。煮染には焼豆腐、切赤昆布、蒟蒻、干瓢などの三種を取り合わせる。汁は霰豆腐、湯葉、小菜などの清ましまたは味噌仕立て。皿は揚、若芽、瓜（白瓜）、蓮根などの酢和。坪は丸焼麩、焼豆腐、蒟蒻、椎茸、干瓢、芋、隠元豆などの味噌煮。平は飛龍頭、揚、焼豆腐、切昆布、午房、小菜などの煮物である。また、日下家では中陰の日程は七日毎を遵守しているが、まとめて一席の仏事にする、また中陰が三ヶ月におよぶことを忌む風習から繰り上げなどでも行われている。[註89]

表22　中陰の供応（日下家・明治六年）

葬式日・八月三十日

非時献立

皿（白瓜・あげ）　汁（すまし・ゆば・あられ豆腐）

壺（味噌・椎茸・干瓢・こにやく）

平（焼豆腐ニ而致也）　御飯　＊人数百七八拾人積り

壱七日献立・八月三十壱日

皿（瓜り・若芽・あけ）　汁（味噌・あられとうふ・ゆば）

壺（干瓢・椎茸・焼豆腐）　御飯　平（飛龍頭壱敷也）

盆・鉢（味噌あへこにやく）　鉢（すき・あげ）

弐七日献立（九月七日）

一皿（焼豆腐・切昆布・干瓢）　一御赤飯　＊案内人別四拾一人

三七日廻り目（九月十四日）

一飯（もち米六升・小豆壱升弐合）

一煮染（干瓢・切赤こんふ・こにやく）

一三ツ組　鉢（そうめん）（かき）（酢物）

一赤飯　平（高野山豆腐・薄ゆき・椎茸）

皿（かんひよ・切こんふ・こにやく）　〆　＊旦那寺非時献立＊積善坊

四七日献立（廿一日）

一赤飯（もち米六升・小豆壱升弐合）

一煮染（切赤昆布・干瓢・焼豆腐）　〆

三ツ鉢見合ニ而

初月・九月廿五日廿六日迄献立

一皿（若芽・あけ）　壺（こにやく・干瓢・焼豆腐）

一平（あけ・こな）　飯し　＊積善坊
三ツ鉢（そうめん）（なしたし）（いもすいき）
廿六日朝献立
一皿（いもすいき・ごま）　壺（焼豆腐・隠元豆・干瓢）
一平（高野豆腐・薄ゆき・椎茸）　飯　＊旦那寺・親父様

五七日仏事献立・晩

素麺　小皿（おろし大根）　小皿（のり）
非時　皿（胡麻掛ケいもすいき）　坪（味噌煮・焼豆腐・いも・隠元豆）
平（あげ・切こんふ）　飯し　香ノ物
三ツ組鉢（かき）（湯豆腐）（午房）　酒
廿九日朝正喰献立・時
皿（梅ぼし白砂糖掛）　握飯し
皿（こな胡麻掛）（梅ほし白砂糖掛）（飯むすび）
皿（若芽・蓮根・あけ）　汁（味噌・あられ豆腐・こな）
坪（椎茸・隠元豆・丸やきふ）　飯し
平（飛龍頭・午房・こな）　香ノ物　〆

六七日・十月五日六日　＊積善坊

皿（若芽・あげ）　壺（焼豆腐・干瓢・しいたけ）
平（あけ・こな・午房）　飯し
大盆（こな）（湯豆腐）（氷焼出し）

＊「随教院速證道覚様御死去諸事誌帳　明治六癸酉年第八月二十六日御死去　俗名日下七十郎　旧暦七月四日当ル也」（史料A）、「随教院速證道覚様廻り目控　明治六癸酉年第八月二十六日御死去　旧暦七月四日当ル」（史料B）。史料Aを主史料とし、異なる部分は史料Bを網掛けで追加した。

四．山口家「正直」・「茶米（ちゃごめ）」にみる郷土料理の地域性と伝承

山口家では本法事の朝の膳に［正直］の名称をあて、料理には茶米、奈良茶米、また茶菓子、奈良茶菓子などが用いられる。これらのイ）茶米（空豆、小豆、芋入り）（二例）、ロ）奈良茶米（一例）、ハ）茶菓子（芋、小豆、新豆入り）（一一例）、ニ）奈良茶菓子（四例）について以下に検証する。

㈠　茶米の実態と地域性

茶米《ちゃごめ》（茶米飯・茶米ごはん）(註90)は通常に喧伝される茶飯、奈良茶飯などの煎じた茶で炊く飯とは異なる。引田地域の茶米（サイケ茶米とも）は米と大豆を炒って焦がし、賽の目切りの薩摩芋などと合わせて炊いた飯であり、茶米の名称は焦がした米や大豆の色に由来している。米は主に小米、砕け米などを使う。味は塩味で水の代わりに番茶汁でも炊く。田植え初めのサイケ・サイキのサイケ茶米は間食にもした。(註91)(註92)

本来、茶米は砕け米やくず米利用の便法であった。また、米の嵩増し増量のために炒り米に大根を入れた大根茶米、薩摩芋の芋茶米、豆茶米などもある。(註93)(註94)すなわち、本県に伝承される茶米は、炒った米および大豆などで茶色く色づけた塩味の変わり飯と定義できる。ただし、昭和後期の市町村史などの資料には茶米は散見できるが、奈良茶米については伝承の記録はみられない。また、本県は日本一狭い県ながら茶米は全県的なものではなく、例えば、県別に日本の大正末期から昭和初期にかけての庶民の食生活を聞き取った『日本の食生活全集(37)聞き書香川の食事』によれば、主として引田などの東さぬき・東讃（東かがわ市において聴き取り）地域に伝承される地域性が顕著な料理といえる。(註95)

(二)　茶米（奈良茶米）と茶菓子（奈良茶菓子）―徳島の茶米―

前出『日本食生活全集』による調査では、茶米は全国でも香川県とともに隣県の徳島県の二県のみに伝承されるなど、地域性が顕著な特異な食と位置付けられる。[註96] 徳島の茶米の材料・製法は以下のようである。①米一升に空豆は三合位。②空豆を焦がさないように炒り、湯に浸して皮をむく。③アクをとりつつ茹で、砂糖二合位で甘く煮る。④米と③の豆の甘煮を合わせて炊く。別法に米、茹でた空豆、きざら（砂糖）を合わせて炊くなどもあるが、大方は「甘く煮た空豆入りの炊き込み飯で、ほんのりと茶色みを帯びる」と定義される。同地では正月二日に「茶ごめ」を食べる慣わしもある。[註97] なお、一部地域では、麦飯に茶の葉を入れ塩で味付けした「ちゃごめ」もある。[註98]

以下に香川・徳島両県の茶米を比較する。

	香川県	徳島県
名称	茶米・芋茶米・豆茶米・大根茶米。	茶米。
材料	白米（くず米・砕け米）・大豆・小豆・空豆・薩摩芋・大根など。	白米・空豆・砂糖（きざら）。
調理法	米、豆を炒り焦げ色で飯を色付ける。	空豆を焦がさないように炒り、皮をむいて甘煮にする。空豆の焦げ色で飯を色付ける。
調味	塩味。	砂糖味。
目的	くず米、砕け米の利用。豆、芋、大根	

晴と褻	などで嵩増し。 日常（褻）の食。	晴の食。

山口家仏事の正直では茶米などそれぞれの初出は、奈良茶米（安政七年・一八六〇）、奈良茶菓子（文久二年・一八六二）、茶菓子（新空豆・小豆）（明治五年・一八七二）、茶米（明治二四年・一八九一）である。また、茶米、奈良茶米三例に対して茶菓子、奈良茶菓子は一五例と使用頻度が高く、山口家の正直は茶米に対し茶菓子、奈良茶菓子が主流といえる。ただし、上記の四種についてその実態が伝承により明かなものは茶米のみであり、その他の奈良茶米、茶菓子、奈良茶菓子の実態は不明である。推論として茶米、奈良茶米と茶菓子、奈良茶菓子両者を区別する要素を、菓子の名称から味に特化すれば菓子イコール甘味であり、茶米を定義に従って塩味の飯とすれば、茶菓子は形状の如何に関わらず甘味を有する飯と区別することもできる。さらに推論を徳島の茶米と関連づけて加速させれば、引田地域は地理的には徳島県に隣接しており、徳島の茶米、甘い茶米の何らかの影響の可能性も考慮できる。徳島の茶米の影響を受けた砂糖味の茶米は往時の人々の甘味嗜好、甘味への憧れと相俟って香川独自の名称を冠した茶菓子、奈良茶菓子への成立が推定される。徳島の茶米の配合は一升三合の飯と空豆に対して二合の砂糖を加えた甘味であり、さらに薩摩芋、小豆、空豆（新豆）などの入った甘い飯は、人々にとって菓子のようであったとも考えられる。本県と徳島県は古来より「讃岐男と阿波女」の俚諺や、牛耕の時代には農繁期には徳島県の牛を借りる借耕牛の慣習など[註99]人的交流が深い。さらに地理的にも引田は大阪峠（たづら峠）を越えて徳

島に往来するなど相互の緊密な関係は日常的にみられ、つれて食の交流の可能性も推定できる。加えて、香川、徳島はともに砂糖の生産地であり、背景として容易に砂糖入り茶米の食文化を受け入れる素地があったとも考えられる（ただし、聴き取りなどによっても、結果として甘い茶米の存在は確認できなかった）。

三　茶米・奈良茶米・茶菓子・奈良茶菓子の普及と伝承

現在、通称される奈良茶飯、奈良茶は奈良東大寺、興福寺の僧舎で作られたのがはじまりとされ、(註100) 茶の煎じ汁で炊く茶飯に炒り大豆、炒り黒豆、小豆、焼栗なども加える。山口家仏事の正直には町史などに伝承される茶米のほかに奈良茶米（一例）が散見できる。さらに東讃地域のその他の事例では、大内郡大内町（現：東かがわ市）水主で日下家とともに大政所も勤めた大山家仏事では「初食（しょじき）」に「奈良茶飯」（五例・明治一八年から同四四年）、「奈良飯」（三例・嘉永四・五年・明治二〇年）がみられる。(註101) また、大山家大山三代子氏の聴き取りでは「奈良飯（奈良茶飯）は炒り大豆を炊き込んだ塩味の飯」「茶米は聞き覚えはあるが内容は不明」との結果を得た。(註102) すなわち、大山家の奈良飯（奈良茶飯）は煎じ茶による茶飯ではなく、炒り豆の焦げ色による茶色の飯である。なお、この場合の「米を炒らずに豆（大豆）を炒る」手法は、「米を炒らずに空豆を炒る」徳島の系統といえる。また、東かがわ市在住（旧引田市）の藤本淳子氏の聴き取りでは、「若い頃茶懐石の飯に用いた記憶あり、茶米は、炒った大豆を水に浸してふやかし皮を取り米とともに炊き込んだ塩味の飯」とあり、大山家と同系のものと考えられる。(註103)

茶米に代表される米を炒り茶色に色づけて炊くかて飯は、名称（茶米・奈良茶米（飯）・奈良飯・茶菓子・奈良茶菓子など）、材料（砕け米など白米・大豆・小豆・空豆・薩摩芋・大根など）、製法（米を炒る、豆を炒るなど）を時代と地域（家毎）に適応、変化させつつ普及、伝承されている。また、文献調査では東讃地域を中心に近世末期から明治以降仏事などにも使用がみられ[註104]、下って、昭和、平成には『引田町史』ほか、引田の食文化、ふるさとの味などとして茶米の紹介が散見できる[註105][註106][註107][註108]。様々な側面を有する茶米は、極言すれば一軒ごとにその家の茶米があり、その家の名称があるともいえ郷土料理そのものを体現するともいえよう。ただし、茶米そのものは、米が貴重であり嵩増しのための便法としての側面、現在は山口家のみに伝承が推定される茶菓子、奈良茶菓子などの甘味としての側面（推定）は、いずれも米そのものに対する価値観の変化、菓子の普及による嗜好の変化など「食」を取りまく様々の背景のなかで、価値を失い次第に消滅していく郷土料理と位置付けられる。

まとめ

佐野・日下・山口三家の料理・食品をみた。三家はそれぞれに階層、生業などを反映した料理・食品が認められ、それらはいずれも献立構成と同様に主として佐野・日下上層両家と山口家・中層に差違が顕著である。さらに、この最大の要因としては佐野・日下上層両家の仏事供応が、参詣客を上・下分に格付けしこれに対応して料理・食品の格差を明確にすることであろう。少なくとも佐野・日下両家では明治初期（佐野家明治一〇年・日下家明治六年ともに近代以降）には格付けによる格差は常態化している。地域性などの諸条件を考慮しなければ、例えば、阿野郡北青海村渡辺家では上分・次ノ分などの客の格付けは安政三年には確認されており[註109]、佐野・日下両家も史料の制約がなければ近世末期に遡る可能性も推定できる。対して、山口家においては儀礼の形態でも明らかなように近世末期から明治末期に至るまで参詣客を上・

下分に格付ける概念そのものが希薄であり、また実際にその必要もなかったと考えられる。ただし、上層の慣行の影響を受け次第に試行しつつ前項の献立構成はじめ料理・食品の格差を模索する。同家、明治一七年「一坪　上分うとのあん掛　下分豆腐あん掛」にはじまり徐々に進行する料理・食品の微細ともいえる格差からは、手探りの感覚で上層に倣い同調する過程が明らかである。

料理・食品の格差について上層の佐野・日下両家および山口家・中層を対置させ検証した。すなわち、ここでは仏事の正式の供応食である本法事［時・斎］の家別、料理・食品別の分析を行った。ただし、山口家は上・下分の格付けおよび料理・食品の格差はともに明治末期まで明確でないため、一区分「上下なし」のみとした。結果は山口家本法事［時・斎］の料理・食品は、概ね佐野・日下両家の上・下分の折衷またはやや下分に相当する平易な内容が用いられ、なかでも料理・食品の定型化が進行する「皿に酢和から生盛」「平に飛龍頭から組物（三種組）」などにその傾向が顕著にみられる。このような山口家の料理・食品の推移は、参詣客の格付けおよび格差の慣習が地域の上層から中層へと徐々に取り入れられる過程であり、山口家の変容の過程そのものから仏事供応食の初期の形態が時代を遡って具体的に再現されると考えられる。

さらに、料理・食品において上層と中層の特徴が際立つのは、本法事・朝（佐野家「朝」・日下家「朝・非時」・山口家「正直」）の膳であろう。ここでは、佐野・日下上層両家がいずれも赤飯を膳の中心に据えるのに対し、山口家では茶米、奈良茶米、干菜飯、最工飯のほか茶菓子、奈良茶菓子など多彩な変わり飯また一部実態は不明ながら菓子が用いられる。これら山口家「正直」の茶米などの特徴は、いずれも砕け米、くず米利用の便法であり、薩摩芋、空豆、小豆などは米の嵩増し増量のための用法であった。すなわち、上層の赤飯が糯米と小豆によるハレ食、特別の食であるのに対し、山口家の変わり飯はケの食、日常の食と位置付けられる。このように儀礼の食に素朴なケ・日常の食を取り込むことは山口家独自のものであり同家の階層を反映したものとも推定される。

なお、上層間の佐野・日下両家においても仏事供応食に家格、生業などに由来する差違は少なからずみられる。なかでも佐野家の三十数年におよぶ献立構成、料理・食品の画一化は最も特徴的で、仏事の規模の拡大とともに商家、大店としての側面がより強調された形態と位置付けられる。

なお、仏事供応食においては食品の制約は多い。例えば、仏事では通常は宵越し両日におよび、宵法事の引替膳、本法事の膳部（本膳・二の膳）が供される。このためそれぞれの膳には皿（膾類）、坪（煮物類）、平（煮物類・組物）など調理法の重複が顕著となる。加えて、食品は精進に限定されておりこれらの食品をより効率的に用いる工夫が諸所にみられる。すなわち、宵・引替膳の皿「酢和と揚」、坪「味噌煮と焼豆腐」、平「煮物（露平）と揚」であり、これに対応する朝・膳部（本膳）の料理および主要食品は、皿「生盛に寒天」、壺「胡麻豆腐」、平「昆布、大椎茸（乾平、上分）」と「飛龍頭の煮物（下分）」など料理法とともに主要食品による差違が明確となる。このような料理・食品の棲み分けともいえる手法はこれにより献立の重複をさけ無駄を省く工夫であったが、転じて次第に料理と食品間に緊密な関係が生じ仏事献立の定型化をより進行させると考えられる。

使用食品の特徴としては①主材料では皿の揚、坪の焼豆腐、平の切揚（飛龍頭）などいずれも豆腐および豆腐二次製品が多用される。②仏事料理は僧侶により中国から伝来した精進料理であり、伝来に由来する脂肪油の使用および揚物の料理法に特徴がみられる。なかでも脂肪油は精進に不足しがちな栄養を補い、揚物などの揚製品は油により旨味やコクを与える。ちなみに『料理早指南三編・料理山家集』には「普茶は精進にて、凡て油を以て佳味とす」(註110)のように述べている。

第四節　台所向役割

台所向役割については日下家が詳しい。日下家明治六年葬儀の台所向役割は以下のようである。

一料理人　兼助（一二匁）
一〃　賢之助（一二匁三分）
一〃　喜三郎
一椀方　美与、つね
一膳方　山口屋宗七、川口屋新八
一飯焚　とさ（二匁五分）、さく（二匁五分）
一風呂焚　吉蔵（五匁）
一給仕人　中野屋倅、仲蔵倅、定国や倅、うこ倅
一部屋給仕人　あさ、播磨屋かめ
一手伝　(註111)きく、八百造（六匁）、浅七、青吉、岩助、やす　計二二人

＊一部地名は割愛した。（　）内の日当は支出記録から算出した。

以下、明治七年には板場（一人）、助役（一人）、直三・孫七〆弐人右者万々下手間（二人）、飯焚（一人）、下手伝（二人）、膳椀方（三人）、膳椀方（四人）、座敷給仕人（三人）、部屋給仕人（四人）、風呂湯焚（一人）計二二人。[註112] 明治九年には料理人（一人）、給仕人（二人）、給仕人但シ奥ノ分（三人）、下手間下女（二人）、飯焚（一人）計九人[註113]で、仏事により役割および人数には差違がみられる。なお、台所向役割について詳記されるのは上層の日下家の一部であり、佐野・山口両家および日下家の明治中期以降は「諸買物帳」「諸入費控」などから検索した。

一・佐野家

(一)　料理人他

葬祭儀礼の料理担当者については、大量調理が行われる葬儀が概ね素人のいわゆる村の料理巧者の手になるのに対し[註114]、仏事は専門の料理人に依頼することが多い。佐野家仏事の料理人の初見は明治一〇年「一同（金）六拾銭　料理人兼介三人　右者献立買物相遣候ニ付壱人まし都合三人也」（ただし、この場合の三人は三日分の意である）がある。佐野家料理人についてまとめた（表23）。史料明治一〇年から四五年までの三六年間の料理人の推移は以下のようである。

明治一〇年から二四年　兼介（一一回以降回は省略する）・伊助（七）・喜三郎（四）
二五年から三九年　宗八（九）
四〇年から四五年　文吉（六）・鉄造（三）・展次（一）

これら料理人の交代による献立は既述の献立構成、料理・食品の定型化で明らかなようにほぼ一定の内

表23　料理人（佐野家）

史料No.・年	料理人	賃銭	日当	備考
①明治10	兼介三人	60銭	20銭	＊右者献立買物相遣候ニ付壱人まし都合三人也
②　13	兼介弐人	50銭	25銭	
	喜三郎弐人	30銭	15銭	
③　14	兼介弐人	70銭	35銭	
	喜三郎三人	50銭	16.7銭	
④　15	兼介壱人	30銭	30銭	
	伊助弐人	60銭	30銭	
	喜三郎弐人	40銭	20銭	
	熊蔵弐人	24銭	12銭	
⑤　16	兼介弐人	60銭	30銭	
	喜三郎弐人	40銭	20銭	
	熊蔵弐人	22銭	11銭	
⑥　18	兼助弐人	50銭	25銭	
	伊助弐人	30銭	15銭	
	喜三郎弐人	20銭	10銭	
⑦　19	兼助弐人	40銭	20銭	
	伊助弐人	30銭	15銭	
⑧　20	兼介弐人半	50銭	20銭	
	伊助弐人	30銭	15銭	
⑨　22	兼助弐人半	50銭	20銭	
	伊助弐人	30銭	15銭	
⑩　23	兼助弐人	40銭	20銭	
	伊介壱人	20銭	20銭	
⑪　24	兼助弐人半	50銭	20銭	
	伊助壱人	20銭	20銭	
	茂太郎壱人	17銭	17銭	
	角蔵四人	30銭	7.5銭	

⑫明治25	宗八弐人	50銭	25銭	
⑬　26	宗八弐人	60銭	30銭	
⑭　29	宗八弐人	70銭	35銭	
⑮　30	惣八弐人	1円	50銭	
⑯　31	惣八弐人	1円20銭	60銭	
⑰　32	宗八弐人	1円20銭	60銭	
⑱　35	宗八弐人	1円50銭	75銭	
⑲　37	宗八弐人	1円50銭	75銭	
⑳　39	宗八（弐人）	1円50銭	75銭	
㉑　40	文吉二人	2円50銭	1円25銭	＊但先日献立ノ爲メニ来ル
㉒　41	文吉二日	2円	1円	
㉓　42	文吉二日間	2円	1円	
	鉄蔵二人	50銭	25銭	
㉔　42	文吉二日分	2円	1円	
	鉄造二日分	1円50銭	75銭	
㉕　43	文吉二日	2円	1円	
㉖　45	文吉一日	1円50銭	1円50銭	

［付表］

	料理人	賃銭	備考
大正 3	松浦一正	2円	
	前山伝吉	2円50銭	
7	丸久・久太郎	5円	
	丸鹿モト	3円	
9	前山伝吉	8円	＊日給
11	前山伝吉	8円	＊料理人へ心付
13	伝吉へ賃金	6円	

※史料：佐野家文書（1）より作表。「諸買物代」他より検索。
なお、大正期は史料年で示す。

容が踏襲されており変化はみられない。兼介の「右者献立買物相遣候ニ付壱人まし都合三人也」[註115]、また文吉の「但　先日献立ノ為メニ来る」[註116]などは献立作成のためというより、既存の献立の確認がなされたものと考えられる。賃銭および日付の記載から料理人兼介は明治一〇年を除き、本法事・斎の一日のみの料理を担当し、その他の料理人伊助、喜三郎は宵法事、本法事の二日または三日を担当するなど、兼介を中心に伊助、喜三郎が補助にまわる体制で料理に当たっている。兼介の賃銭は仏事により異なるが献立、買物役を含めて日当二〇銭から三五銭、補助は一五銭から二〇銭である。兼介、伊助はともに出入の者として仏事案内があり、柚柑、蜜柑、竹の子、菓子、饅頭などの物品も贈っている。

二人目の宗八は明治二五年から三九年までの供応をいずれも同人一人で担当している。宗八の日当は明治二五年の二五銭から漸増傾向で明治三九年には七五銭となる。

三人目の文吉は明治四〇年から四五年までを担当し時に鉄造、展次が補助につく。文吉の日当は初回の献立も含めて一円二五銭、以下一円であるが明治四五年には一円五〇銭に増加している。近世から近代における上層農民間では、仏事の料理人は概ね料理屋などのプロの料理人が担当した。佐野家仏事の料理人のプロかアマかの特定は難しいが、賃銭、料理内容、大量調理などの観点からはいわゆる村（地域）の料理人、料理巧者の可能性も大きく農村部とは異なる。次に佐野家の台所関係の数少ない男性担当者に椀方の才次がいる。才次の初見は明治二九年の出入の者案内に「広瀬才次　才次膳立ニ付依頼ス」[註117]、同三〇年にも同様に「広瀬才次　同人膳立ニ而依頼」があり、ここでは「一同壱円　広瀬才次三人」と賃銭が支払われている。[註118]以降、才次は「膳立」としてほぼ全ての仏事に加わる。「膳立」の職分は特定できないが、後の才次は椀方も勤めており、膳椀などの食器の差配、配膳などに携わったと考えられる。才次の日当はいずれも、料理人、後述する給仕人古永いよに次ぐまたはいよと同額であり（料理人六〇銭・いよ五〇銭・才次三三銭三厘）（明治三二年）、（同七五銭・五〇銭・五〇銭）（明治三九年）専門職の領域が推定される。

(二)　給仕人

佐野家では料理人以外の役割は給仕人が主体となる。さらに、佐野家給仕人の最大の特徴はこれらの人々が「何々娘」などの若い女性であり、この点で近世から近代、農村部の台所向役割における男性優位とは大きく異なる。給仕人のなかで特筆されるのはいよであろう。「給仕人いよ」の初出は明治一四年で、その後明治二九年までは二例（明治一九・二二年）に止まるが、後半では明治二九年から明治四五年までの一三回の全仏事に参加している。いよの賃銭については初出の明治一四年から既に料理人兼介の日当三五銭に次ぐ三〇銭と高額であり、[註119]料理人（補助か）喜三郎（一六銭七厘）、女性給仕人ら（一五銭・一三銭三厘）を大幅に超えるなど専門職の領域が推定できる。明治二五年以降についても料理人に次ぐ高額の賃銭・明治二九年（料理人三五銭／いよ二五銭）（以下、名称、単位を略す）・三〇年（五〇／三〇）・三一年（五〇／四〇）・三二年（六〇／五〇）・三五年（七五／六〇）・三七年（七五／五〇）・三九年（七五／五〇）が支払われており、いよの存在感が裏付けられる。ただし、日当不明の明治四〇年・四一年には「給仕人こを」がいよの賃銭を上回っており、以降、料理人との賃銭の格差が広がる。ともに女性給仕人の数名はいよと同額の賃銭となるなどいよの存在感は薄らぐ。このような佐野家におけるいよを中心とする女性給仕人の存在は、近世から近代の農村部仏事には皆無であり、町場または商家井筒屋の特性が推定できる。

二、日下家

(一) 料理人

日下家料理人については［日下家文書］（2）とともに、「法用諸事控　天保六乙年未三月より」（天保六年（一八三五）から明治三年（一八七〇））を用いた。[註120] 同史料は日下佐左衛門没の天保六年三月に書き起こされ明治三年までの仏事記録である。ただし、本史料は主に寺方への布施の記録帳であり、一部出費のなかに料理人などの賃銭も記されており近世史料としてこれを用いた。料理人に関する記録を時系列でまとめた（表24）。なお、表中、史料名は史料番号で示し、「法用諸事控」出典には＊印でこれを区別した。

料理人の初出は天保一五年「一　六匁　磯右衛門　右者両日料理ニ雇候ニ付遣ス」「一　弐匁　同人　右者暑之時分故増遣ス」[註121]がある。近世末から近代初頭（匁建てから円建てに切り替わる明治九年まで）の料理人は、喜助（八回以降回は省略する）、磯右衛門（四）、賢之助（四）、馬之丞（三）、兼助（三）、伊平（伊兵衛）（三）、喜三郎（三）、万之助（三）、伊助（一）であり、補助（下手間）には嘉次郎、次太郎、次六、助七、喜七、松造などが当たっている。賢之助、万之助、喜三郎などは仏事により料理人と下手間を臨機に使い分けており、また喜三郎は左官職を生業とするなど、専門の料理人というよりいわゆる「村の料理巧者」であろう。料理人、補助役の賃銭については不明の部分も多いが仏事を二日と考えれば日当は磯右衛門三匁から四匁、馬之丞四匁、喜助四匁、維新期の物価高騰期では喜助五匁、伊兵衛七匁五分、伊助一五匁まで高騰する。助役（補助）の大工の賢之助の約一六匁七分の高額は「但シ萬事世話方ニ雇」のように料理以外にも仏事全体の差配を含めた価格として設定されている。[註122] また、天保期の磯右衛門三匁と万之助二匁の差はプロとアマの違いによると推定される。なお、補助の賃銭は概ね二匁である。

表24　料理人（日下家）

史料No.・年	料理人	賃銭	日当	備考
①天保15	礒右衛門	6匁	3匁	＊右者両日料理ニ雇候ニ付遣ス
②　15	礒右衛門	2匁		＊右者暑之時分故増遣ス
	万之助	4匁		
＊弘化 2	万之助	4匁		
＊　3	馬之丞	8匁		
	下手間万之助	4匁		
	下手間嘉次郎	4匁		
＊　4	馬之丞	8匁		
③　5	礒右衛門	8匁		
	下手間嘉次郎	4匁		
④嘉永 4	礒右衛門	8匁		
＊　5	喜三郎	2匁		
＊　5	馬之丞	8匁		
	喜三郎弐人役	3匁	1匁5分	＊左官
＊　6	喜助弐人	4匁	2匁	
＊　6	喜助	6匁		
	次六	6匁		
＊安政 6	喜助	8匁		
	伊平	8匁		
＊文久 2	喜助弐人半	10匁	4匁	
	助七弐人役	8匁	4匁	
	次太郎壱人役	4匁		
	手伝喜七弐人役	4匁	2匁	
＊　3	喜助	10匁		
	次太郎	4匁		
＊　3	伊平	10匁		
＊元治 1	喜助	10匁		
＊　2	喜助・松造	10匁		
＊慶応 2	喜助	20匁		
＊　3	伊兵衛	15匁		
＊　4	賢之助	20匁		＊大工

＊明治 3	賢之助	20匁		
⑱ 6	兼介弐人役	24匁	12匁	
	賢之助三人役	37匁	約12匁3分	
	喜三郎			
⑲ 7	兼助弐人役	24匁	12匁	
	助役賢之助三人役	50匁	約16匁7分	＊但シ萬事世話方ニ雇
⑳ 8	兼助三人役	30匁	10匁	
㉑ 9	伊助弐人役	30匁	15匁	
㉒ 11	兼介弐人役	50銭	25銭	
㉓ 12	兼介弐人役	50浅	25銭	
	兼介弐人役	40銭	20銭	
㉕ 13	兼介弐人役	50銭	25銭	
㉖ 13	兼介弐人役	60銭	30銭	
㉗ 14	兼介弐人役	50銭	25銭	
㉘ 17	兼介弐人役	50銭	25浅	
㉙ 18	兼介弐人役	50銭	25銭	
㉛ 19	兼介弐人役	40銭	20銭	
㊲ 27	惣八（弐人）	50浅	25銭	
㊳ 28	宗八弐人	60浅	30銭	
㊴ 29	宗八弐人役	80銭	40銭	
㊵ 30	伊三郎弐人役	80銭	40銭	
㊶ 34	宗八弐人役	1円	50銭	
㊷ 35	友三郎弐人役	1円	50銭	
㊸ 36	宗八弐人役	1円50銭	75銭	
㊹ 38	宗八弐人役	1円20銭	60銭	
㊺ 39	宗八弐人役	2円	1円	
㊻ 44	宗八弐人役	2円	1円	
	辰冶弐人役	1円50銭	75銭	

※史料：日下家文書（２）より作表。
＊印は日下家文書「法用諸事控天保六乙年未三月」「諸入費」より検索。

明治一一年以降の料理人兼介は（九回・一一年以前三回）日当は二〇銭から三〇銭平均は二四・四銭である。明治二七年以降は宗八（惣八）（八回）が料理人を勤める。日当は二五銭から上昇し一円まで高騰する。ほかに料理人として伊三郎、友三郎、辰治各一回がある。

日下家明治六年以降一九年までの一四仏事において料理人を勤める兼介は、佐野家でも同時期（明治一〇年から二四年）一一仏事の料理人を勤めている。日当は佐野家でも二〇銭から三五銭、平均では二四銭一厘とほぼ日下家と同額である。また、明治中期以降の八回の料理人を勤める宗八（惣八）の日当は二五銭から明治末期には最高一円にまで高騰し平均六〇銭である。同人は佐野家でも同時期九回の料理人を勤めるが日当は五〇銭から七五銭、平均は六〇銭六厘とほぼ同額である。

㈡　膳椀方

日下家では台所向役割に椀拭（文久二年）、椀方・膳方（明治六年）、膳椀方（明治七年）などの役割がある。同家明治二八年仏事記録「諸入費」に料理人、給仕人などとともに「一銀四拾銭　広瀬才次弐人役」があり、以降同家八回の仏事に役割を担っている。日下家記録では才次は賃銭および名称のみであるが、前項の佐野家でも同時期、同人が散見できる。これによれば才次は「才次膳立ニ付依頼ス」、「広瀬才次仝人膳立ニ而依頼」、「右椀部屋ニ雇」などの「膳立」、「椀部屋」などの役職についている。このことから才次は膳椀などの食器の差配、配膳などに携わるいわゆる膳椀方と考えられる。日当は二〇銭から三三銭三厘、平均は二三銭三厘である。

(三)　給仕人他

給仕人についての初出は弘化三年（一八四六）「一　三匁　給仕人弐人」があり日当一匁五分が支払われている。[註123]明治六・七・九年（一部葬儀）では給仕人は「何々倅」のように若い男性および女性が担当しており、座敷給仕人は男性が、部屋給仕人には女性が当たっている。台所向役割には料理人など一部には雇用により賃銭が支払われるが、給仕人他への日当などは「膳方の山口屋宗七、川口屋新八」のように出入の者が馳せ参じて任に当たっており、この場合には賃銭は支払われない。また、明治中期以降では給仕人は全て「何々娘」のように女性が担当するが、これらの女性はいずれも日当を支払って雇用された日用の人々である。日当は六銭七厘から二五銭、平均は一七銭三厘である。前項佐野家で明らかにした若い女性の給仕人の活躍は、日下家でも明治中後期から顕著になるなど、人数は劣るが佐野家と軌を一にしている。佐野家女性給仕人のなかで特筆された「給仕人いよ」は、同家では二五銭から六〇銭と料理人に次ぐ日当が支払われていた。同人は日下家においても明治三五年から三九年までの四回の仏事に加わり、日当はいずれも二五銭が支払われている。このようないよの佐野家と日下家における賃銭の差違すなわち立場の差違は、時代の趨勢による新たな差配役の台頭（佐野家の場合）、および仏事の規模による給仕人の減少なども要因と考えられる。なお、前項佐野家で明らかにした農村部とは異なる女性給仕人の活躍は、商家佐野家の特性に加えて、日下家も含めた町場の儀礼の慣習と捉えられる。

飯焚の初出は弘化四年（一八四七）に「一　弐匁　飯焚」がある。以降、明治八年までに一六例があり、日当は一匁から最高は六匁（明治七・八年）である。近世から近代においては儀礼の供応の根幹となる本膳料理は飯と菜によって成立するなど飯は最高の馳走であった。儀礼における飯焚は儀礼の成否を左右する失敗の許されない役割といえる。明治七年では「一　銀拾弐匁　但シ飯焚ニ雇候也　清蔵弐人役」と日当は六匁と高額である。米の量は「一　米五斗五升　飯米」、客は「人数百人位　九日晩　人数同断十日昼　〆」と、宵法事、本法事の両日で米は五斗余、二〇〇人分の米を大量炊飯している。(註124)

三．山口家

(一)　料理人他―料理人不在―

山口家では台所向役割に関する記述は少なく、主に「諸入費控」「買物」記録などから検索した。料理人他に関してまとめた（表25）。料理人は近世では安政三年から元治一年までは谷屋喜助・増太郎（四回）で日当は四匁・六匁である。谷屋喜助は前項日下家でも近世には料理人として雇われており、日当は幕末の高騰などを加味してもほぼ同賃金が支払われている。饂飩打賃、茹賃は料理人と同額、打賃のみはやや下まわる。以後、料理人に関しては明治四〇年の「一　五十銭　素麺五百目遣ス　料理人滝井二人」(註125)までの記録が途絶える。瀧井は同時期の佐野家料理人文吉の一円二五銭、日下家料理人宗八の一円に比較して(註126)低く素人の料理上手も推定される。同じく明治四三年「一　三十銭　料理人おみつ」(註127)は女性料理人としては初見である。日当は男性料理人の瀧井とほぼ同等でありここでは性差による格差はみられない。

手伝、日用の初出は安政三年に料理人喜助と並び「一　四匁　日用凡二人　舊次」(註128)があり日当は二匁と料理人の半額である。以降、近世では一匁五分から維新期の物価高騰期には五匁まで高騰するが料理人(元治元年、日当六匁)のほぼ半額程度である。明治一三年以降では「女手伝」「女日用」「女日役」など女性が中心となりほぼ毎回一人が雇用されている。日当は明治一三年から三九年の間、円建てで一銭五厘から九銭、平均で約四銭五厘である。なお、山口家手伝のこの賃銭は、佐野家明治一〇年の給仕人二五銭（いよ賃銭）・二〇銭・一五銭（全て日当）、さらに日下家の日当六銭七厘から二五銭（いよ賃銭）平均は一七銭三厘に比較して明らかに低い設定であり、山口家の賃銭を必要とする雇用に対する消極的な一面も推定される。明治四〇年料理人滝井は日当二五銭＋素麺二五〇匁、女料理人おみつは三〇銭で手伝、日用に比べて格差は大きい。なお、明治一一年・同一八年には「一十八銭五厘　米五うす踏賃」[註129]「一弐拾銭　米ふみちん四臼」[註130]と役割に踏臼を踏んで米を精白する米踏賃があるが上層にはみられない。

　山口家台所向役割の最大の特徴は慶応二年（一八六六）から明治三九年（一九

表25　料理人他（山口家）

史料No.・年	料理人他	賃　銭	日　当
①安政 2	高まつや房吉	打賃茹賃・4匁	4匁
②安政 3	谷屋喜助料理人	料理人・4匁	4匁
③　　5	谷屋喜助	料理人・4匁	4匁　＊右者廿二日ニ計
④　　7	谷屋喜助料理賃	料理人・6匁	6匁
⑤文久 2	常蔵うどん打賃	うどん打・3匁	3匁
⑦元治 1	谷屋増太郎料理賃	料理人・6匁	6匁
⑧慶応 2	谷屋江うどん打賃	うどん打・4匁	4匁
⑫明治11	米5臼踏賃	米踏賃・18銭	18銭
⑯　　18	米踏賃4臼	米踏賃・20銭	20銭
㉜　　40	瀧井二人料理人	料理人・50銭	25銭
		素麺500匁	素麺250匁
㉝　　43	おみつ料理人	料理人・30銭	30銭

※史料：山口家文書（3）より作表。「諸入費」他より検索。

〇六）の四一年間の料理人の記載（賃銭支払記録から検索）が途絶えていることであろう。なお、この間同家においても大部分の仏事に女日用、女手伝など若い女性（一人）の賃銭は記載されており雇用が確認できる。賃銭の有無は雇用の有無とも考えられ、同家仏事においては専門の料理人の雇用はなかったと推定される。この場合この間の料理人（料理人代理）は、賃銭を必要としない人々、すなわち、内々、一類、近隣、丁などの人々の手になることが想定される。引田地域町場の仏事において上層では既に常態化している専門の料理人（一部に素人の可能性あり）の雇用の慣習は、一部上層に限定され一般的なものではなかったのではないか。少なくとも、丁内相互で儀礼を共有する丁では料理人雇用は、個の家のみの採否ではなく丁内相互の共通認識の上で決定されるものであり、経済的な側面からも雇用の慣習そのものが不自然であり成立しないとも考えられる。そもそも山口家仏事において料理人雇用は必要であったのであろうか。上層と比較して、仏事の規模（参詣客の人数）は概ね佐野家の二分の一から三分の一、日下家の二分の一程度であり、供応における上・下分の格付けおよび格差も要しない。さらに料理・食品なども上層の上・下分の折衷または下分寄りの平易な内容などの諸事情を勘案すれば料理人不要も想定できる。このような山口家における料理人不在からは町場の仏事における中層以下の実態を垣間見ることができる。すなわち、山口家または丁では料理人は賃銭を必要としない内々、一類、さらには近隣、丁の人々などであり、このような人々が互いに寄り合って営まれる仏事こそが仏事供応の本来の形態であり、町場の大部分の人々（家々）にとっての常態であるとも考えられる。ただし、一部、明治四〇年・四三年には料理人の雇用がみられ、この慣習は大正期に引き継がれる。

まとめ

本節で取り上げた台所向役割とは仏事における料理・供応などに関わる裏方の役割を指す。史料の記述には家毎に精粗があるが主に料理人・給仕人他を検証した。

近世末から近代において上層農民間では、葬儀は葬儀互助組織、免場、講中などが関わり料理人は概ね村の料理上手が担い、対して仏事では専門の料理人が担当するとした役割分担が常態化している。(註131) 引田地域においても上層の佐野・日下両家は既述のように料理人の雇用は、いずれも史料はじめの明治一〇年（佐野家）、天保一五年（日下家）からであり、史料の制限がなければ両家ともにさらに遡ることが推定できる。

対して山口家台所向役割についてその最大の特徴は供応の柱たるべき料理人が、慶応二年から明治三九年の四一年間皆無、すなわち、料理人不在であることであろう。山口家では儀礼の項で明らかにしたように、各家は「丁」（旧五人組的隣保組織）に属している。丁では丁内相互に仏事儀礼を共有しており、この場合、料理人雇用の採否なども丁内相互の共通認識のなかで決められる。万般質素を旨とし儀礼の保持、継続を謀る丁では経済的な側面、少なくとも高額の料理人の雇用そのものが不自然とも考えられる。そもそも山口家仏事において料理人雇用は必要であったのであろうか。上層と比較して、仏事の規模（参詣客の人数など）は小さく、平易な料理・食品などの諸事情からは料理人不要も想定できる。この間の「丁」、山口家の料理人は賃銭を必要としない人々、すなわち、内々、一類、丁の人々の手になることが可能であったのではないか。このような、山口家の料理人不在の実態からは、町場さらに農村部の仏事に常態化している料理人の雇用が、一部上層に限定される慣習であることが推定できる。山口家および丁内、一類の人々が互いに合力しあって営まれる仏事こそが仏事供応の自然の流れであり、町場の大部分の家々にとっての常態であるとも考えられる。なお、佐野・日下両家の料理人についてはいずれも賃銭が発生していることからプロの料理人の範疇とはいえるが、賃銭の多寡、料理内容の優劣、大量調理などの観点からプロかアマかの特定は難しい。少なくとも日下家料理人の喜三郎は左官職、賢之助は大工職などの本業を持っておりアマチュアの料理巧者の可能性も大きい。

近世後期から近代初頭における上層農民の葬祭、婚礼など儀礼の供応は概ね男性中心になされることはこれまでも度々指摘した。村社会における公的領域からの女性排除は既に中世から進行しており、公的領域での男性独占は伝統的なものと考えられる。(註132)これの要因の一つとして竹内由紀子氏はジェンダーの立場から、婚礼、葬儀などの共同調理（調理担当者）における男性主導は、身体的能力と同時に社会的地位の高低に連動するとしている。すなわち、上層の葬祭、婚礼など儀礼の供応食の出来不出来は地域全体に関わる事象であり、個々の作業能力以上に社会的責任能力が重視されると分析する。(註133)竹内氏の説は儀礼の供応食に携わる台所向役割全体にも拡大解釈が可能であり、供応の役割担当者の男性主導が継承されてきた。

翻って、近代における町場の上層の仏事儀礼における女性給仕人の存在、なかでも佐野家仏事では人数的にも女性が大半を占め、供応の中心的立場となるなどの女性優位が現出する。すなわち、近世仏事の台所向役割に常態化した男性中心の個々に専門化した職種は、佐野家などの一部上層における簡素化、簡略化が顕著な集団調理、集団供応のなかでは機能しない。そこでは少数の熟練の者の指揮により、アマチュアの若い女性達がそれぞれの役割を担うとした構図が浮かび上がる。すなわち、このような仏事における役割担当への女性の進出は、仏事儀礼そのものの形態の変容に起因するといえよう。近世、農村部の庄屋など上層の仏事にみられる格式重視、家格の誇示などの側面ひいては仏事供応の高度な専門性は、近代、町場の商家などにおける出入の者、近隣社会、使用人、職人などを参詣客とする仏事では不必要であり排除される。森田登代子氏は近世京都の商家の仏事（追善法要）の分析から儀礼の遊楽性を指摘し、一類などの社交の場であることを看取する。(註134)佐野・日下両家仏事では儀礼の遊楽性に加えて、仏事の規模の拡大化、平準化の進行はさらに専門性を有する男性を排除し、アマチュアの女子衆とこれを差配する一部女性による供応を可能にすると考えられる。ちなみに、山口家の明治四三年の仏事料理人は「一三十銭　料理人　おみつ」と管見のうちでは初の女性料理人が登場する。(註135)賃銭は同年佐野家の男性料理人の一円に対し格差が大きい。

補遺　仏事供応と酒（佐野家）

仏事と飲酒については事例が時系列で記録されている佐野家を取り上げて検証する。

一．佐野家仏事と酒

佐野家仏事史料には供応の場における飲酒の記述が多くみられる。明治一〇年には既に宵法事・晩に「夜入一類江吸物三ツ鉢ニ而酒出ス也　寺方江者出シ不申也」と、酒のもてなしが何時（宵法事、本法事）、誰に（上・下分などの客の格付け）、どのように（供応の作法など）供されるかが明文化されている（表26）。ちなみに、明治一〇年には、酒は宵法事の一類のみに出し、寺方、出入の者などには出されない。以下、酒の記述から酒の供応の推移を概観すれば、明治一四年には「両日共一統へ酒出ス」と宵法事、本法事ともに一統（上分は寺方・一類など、下分は出入の者など）へ酒が供されており、酒による格差が皆無の稀有な事例がみられる（ただし、一例のみ）。以降、史料前半の明治二九年までは概ね宵法事は「一統へ酒出ス寺ハ無用也」、本法事は「寺親戚へ酒出ス出入者ハ酒なし」[註136]と宵法事では上・下分ともに、本法事は上分のみと参詣客の格付けによる酒の供応の格差が生じる。明治三〇年から三九年では宵法事は「上ハ酒なし下酒出ス」、本法事は「上ハ酒出シ下ハ酒なし手伝へ酒出ス」[註137]となって、宵法事は下分、本法事には上分と酒の供応の区分が明確になる。この時期、本法事では「寺方ハ本膳ニ酒出し不申晩飯ニ出シ寺方ハ座敷、親戚ハ部屋にて出ス也」[註138]のように、一類・親戚は本膳とともに部屋で、寺方は本膳後の食事（晩・夕飯・湯づけなど）とともに座敷でそれぞれ酒、大盆（酒肴）が供されるなど酒の供応の形式が形付くら

表26　佐野家仏事と飲酒

史料No.・年	宵法事・晩	本法事・朝
①明治10	夜入一類江吸物三ツ鉢ニ而酒出ス也寺方江者出シ不申也	
③　14	両日共一統へ酒出ス	一統へ酒出ス
④　15	一統へ出ス也	寺江ハ翌八日酒出
⑦　19	十日次之分へ酒出ス	十一日僧親戚へ酒出ス
⑧　20	一類并出入之者へ酒出ス寺へハ出不申	寺一類へ酒出ス出入之者ハ酒出不申手伝ノ者へ酒出ス
⑬　26	一統へ酒出ス寺ハ無用也	寺親戚へ酒出ス出入者ハ酒なし
⑭　29	一統へ酒出ス寺江ハ酒ナシ	寺親戚酒出ス外ハ酒ナシ手伝之者ハ酒出ス
⑮　30	上ハ酒なし次ハ酒出ス	寺方ハ本膳ニ酒出し不申晩飯ニ出シ寺方ハ座敷親戚ハ部屋にて出ス上ハ酒出シ下ハ酒なし手伝へ酒出ス也
⑯　31	酒ハ上なし下へ出ス	上ハ晩及本膳ニ酒ヲ出シ下ハなし手伝へ酒出ス此時大盆出し酒出ス尤親戚ハ部屋ニテ本膳ノ時酒出ス前日ハ酒なし
⑰　32	晩ハ上酒なし下酒出ス	上ハ酒出シ下ハ酒なし手伝へ酒出ス此時僧侶へ大盆酒出し尤親戚ハ部屋ニテ本膳ノ時大盆酒出ス僧侶十九日晩ハ酒なし
⑱　35	晩ハ上酒なし下酒出ス	上ハ酒出ス下ハ酒なし親戚ハ部屋ニテ本膳ニ酒出ス僧侶ハ晩ニ酒出ス
⑲　37	晩ハ上酒なし下酒出ス	朝ハ上酒出ス下酒なし
⑳　39	晩ハ上酒なし下酒出ス	朝上酒出ス下酒なし
㉑　40	晩ハ上下共酒出す	朝上酒出し下酒なし
㉒　41	晩ハ上下へ酒ヲ出ス	朝ハ上酒出し下酒なし
㉓　42	晩上下酒ヲ出ス	朝ハ上ノミ酒ヲ出ス
㉔　42	酒ハ例の通次ハ宵ニ出ス	上ハ朝出ス
㉕　43	宵ハ上下ともに酒を出す	翌日は上のみ酒を出す
㉖　45	酒ハ例ニより下ハ宵ニ出	上ハ本膳ニ出出家ハ終之湯ずけニ出

※史料：佐野家文書（１）より作表。

れる。さらに、終盤には再び宵法事は「晩ハ上下共酒出す」、本法事は「朝上酒出し下酒なし」[註139]のように、上分は両日とも下分は宵法事のみと、宵法事の上分の酒の供応が復活しており格差もまた復活する。一部、上分の寺方、下分の手伝の者に差違がみられるが概要は上記のように捉えられる。なお、飲酒の上・下分などの格付けによる格差については、供応の有無のみならず後述する酒の種類および量などによる格差も推定できる。

上記、佐野家仏事における酒の供応の最大の特徴は下分（出入の者）の飲酒がある。同家では一時期、宵法事晩には上分が禁じられる飲酒が下分のみに許され、さらにはこれが明文化される（ただし、本法事朝はほぼ上分のみの飲酒に限定される）。仏事における下分の飲酒は明治期においても比較的少なく供応の上・下分を格付ける要素として機能しており[註140]、佐野家の飲酒に関する総体として緩やかな慣習は特異であり、町場の商家との関連が示唆される。

ちなみに、鵜足郡多度津村（現：香川県宇多津町）の阿比野家（屋号高田屋、売薬製造業）の嘉永五年から六年成立（推定）の「阿比野家祭式　全」によれば、「一年中酒用ユル日」として毎月の朔日、十五日、廿八日の他、年中行事、通過儀礼、神々祭り日など行事には必ず飲酒を伴い、「右之外酒宴禁制也　若又無拠酒宴有れハ右之内へ相延クリ合シテ可勤也」[註141]の記述からは飲酒が頻繁に行われていることがわかる。同地は港町、在郷町として栄えた町場であり[註142]、同家の飲酒に緩やかな慣習からは佐野家と同じく町場の商家としての特性の一端が推定できる。

二．酒の使用量

佐野家史料には仏事に用いられた酒の使用量が記載されている。その一つは仏事費用の実態を明らかにするために、白米、糯米、白味噌など自家にある「内方有合物」について必要量と時価により経費を記したもので、例えば、「一酒貳斗七升八合　廿六銭更　代七円廿貳銭八厘　一灘酒壱升三合　三十六銭更代四拾六銭八厘」のようである。(註143)いまひとつは「一酒弍斗弍升八合　拾銭〇九厘弍毛更　代金弍円四拾九銭」、「四月三十日一同弐円八拾銭　上酒壱斗代　高松ニ而文吉買」のように、自家の酒に加え実際に酒店から購入する酒がある。(註144)酒の購入は明治一八年の酒醸造中止の影響が考えられる。(註145)史料の記述は様々で買物の項でも酒店の特定が難しいなど精粗あるが、概算として明治一〇年から同三一年の酒の使用量の平均は約二斗五升八合八勺となる。なお、酒には酒（並酒）、上酒、灘酒などのランクがあり自家の酒の比較では並酒に対し、上酒は約一・一倍から一・六倍、灘酒は約一・四倍から一・九倍である。ただし、酒店から購入の酒はいずれも上酒（明治二〇・二二・二四年）であり、自家の並酒に比較して一・九倍・二・五倍・一・八倍と割高になっている。

明治三九年以降は、有り合わせの自家の酒の使用はみられず数店の酒店からの購入のみとなる。ちなみに、佐野家は大正二年（一九一三）には合名会社酒造井筒屋を設立しており、(註146)大正時代以降の仏事では「店々買物」の項に「一同九円七拾五銭　酒造井筒屋」（大正三年）と全て同店からのみの購入によっている。

三．酒の価格

価格の記載のある明治一〇年から同三一年の間では最低約九銭二厘（明治一〇年）から最高二六銭（明

治三一年）と乱高下ながら一定の上昇傾向を示す。なかでも、明治二九、三〇年、三一年は一九銭、二三銭、二六銭と高騰している（表27）。ちなみに上酒は最低一八銭（明治一九年）から最高二八銭（明治二三年）。灘酒は最低二五銭（明治二六年）から最高三六銭（明治三一年）である（ただし、記載年のみ）。酒に要する使用金額は上述のように史料の精粗はあるが、明治一〇年から同四五年の間では最低約一円二六銭八厘（明治一三年）から最高一五円一七銭（酒価格なし・購入価格のみ）（明治三九年）と格差が大きい。森田登代子氏は近世商家の仏事（追善法要）の分析から、仏事儀礼に内在する遊楽性を指摘し儀礼が一類などの社交の場であったとみる。[註147] 儀礼の諸相のなかでも食事とともに飲酒、酒宴は遊楽性に大きく関与すると考えられる。佐野家仏事における明治一四年の「両日共一統へ酒出ス」は酒の供応の最大にして格差皆無の稀有な事例と推定され、さらには出入の者など客の大部分を占める下分に手厚い飲酒の慣習とその明文化は、総体としての儀礼の遊楽性を顕在化したものといえよう。酒の使用量、使用された酒の価格などの位置づけについて比較の対象を持たないが、酒の使用量が最大の四斗五升五合と推定される明治二四年では、「廿三日（宵法事）百拾人　廿四日（本法事）百三十人　酒者例年之通り」とあり、上・下分の正確な人数は不明ながら、宵法事の下分、本法事の上分に分けてもかなりの酒量が推定できる。同じく明治二四年の最大使用量四斗五升五合、八円五九銭五厘が諸買物代、日当などの仏事諸経費（布施を除く）二二円六二銭二厘に占める割合は三八％、また、酒の購入金額最高の明治三九年は諸経費七四円四五銭一厘（布施を除く）に対し、酒代一五円一七銭は二〇・四％の高率を占めている。

ちなみに、山口家史料から酒の価格について作表した（表28）。酒の種類などによる価格は不明であるが概ね明治後期頃までの十銭台前半から明治末の高騰など価格の上昇傾向は一致しており、引田地域・町

表27　酒価格（佐野家）

史料No.・年	購入価格	購 入 量	単　価（1升）
①明治10	2円88銭	3斗1升4合	(9銭2厘)
②　13	1円26銭8厘	8升4合5勺	15銭更
③　14	3円88銭8厘	2斗1升6合	(18銭)
④　15	4円41銭6厘	2斗7升6合	16銭更
⑤　16	2円70銭	1斗8升	15銭更
⑦　19	2円35銭2厘	1斗9升6合	12銭更
⑥　18	3円16銭5厘	2斗4升3合5勺	13銭更
⑧　20	3円46銭4厘	2斗6升6合半	13銭更
⑨　22	2円49銭	2斗2升8合	10銭9厘2毛更
⑩　23	2円10銭	1斗5升	14銭更
⑪　24	3円57銭	2斗5升5合	14銭更
⑫　25	3円17銭2厘	2斗1升1合5勺	15銭更
⑬　26	2円 6銭7厘	1斗5升9合	13銭更
⑭　29	2円97銭3厘	1斗5升6合5勺	19銭更
⑮　30	5円34銭6厘	2斗4升3合	22銭更
⑯　31	7円22銭8厘	2斗7升8合	26銭更
⑰　32	80銭	2升	40銭更　＊地酒
⑱　35	3円	5升	60銭更　＊灘酒
⑲　37	1円80銭	3升	60銭更　＊灘酒

※史料：佐野家文書（1）より作表。ただし、記載年のみ。
＊（　）内価格は筆者算出による。

表28　酒価格（山口家）

史料No.・年	購入価格	購入量	単　価（1升）
③安政 5	26匁	1斗3升	2匁
⑨明治 2	40匁	5升	8匁
⑩ 5	50匁5分	1斗	5匁5厘
⑪ 6			5匁5分　＊日下家史料⑱
⑬ 7	67匁		
⑬ 12	1円 4銭	8升	13銭
⑭ 13	1円50銭	1斗	15銭
⑮ 17	1円 4銭	8升	13銭
⑰ 19	42銭	3升	14銭
⑱ 20	52銭	4升	13銭
⑲ 21	39銭	3升	13銭
	36銭	3升	12銭
⑳ 23	1円20銭	8升	15銭
㉑ 24	98銭	7升	14銭
㉒ 27	65銭	5升	13銭
㉓ 27	2円17銭5厘	1斗4升5合	15銭
	1円13銭	8升1合	14銭（14銭）
㉔ 28	1円52銭	8升	19銭
㉕ 29	1円36銭	8升	17銭
㉗ 33	1円80銭	6升5合	27銭7厘（28銭）
㉛ 39	2円22銭	6升	37銭（37銭かへ）
㉜ 43	1円44銭	4升	36銭（36銭かへ）

※史料：山口家史料（3）より作表。ただし、記載年のみ。
＊（　）内価格は史料記載単価。

場の実態と捉えられる。

なお、明治以降は急激な物価変動期であり、本項他で引用した賃銭など価格の増減には経年による変化と物価の影響が交錯する。物価の変動は地域および時期などにより異なりしばしば米価が指標とされる。佐野家仏事では諸買物代として食品などの購入記録がありこれら米価の変動率から物価の推移を作表した（参考資料・白米価格（石当り米価））。なお、米価は初出の明治一四年を基軸とした。讃岐地域では明治一三年「讃岐国上米平均相場は一石につき七円八九銭一厘一毛」、明治一五年「米麦の価格低落（下略）」(註148)、また全国的にも明治四四年「前年の凶作で米価が連日暴騰」、明治四五年「米価の小売り値が一石二六円から二九円台に高騰、明治四四年は二二円四四銭」(註149)などがあり、個の家の記録ながら地域、時代の一定の影響が反映された指標と考えられる。

おわりに

仏事供応食について佐野・日下・山口三家個々の実相を明らかにし、ひいては三家相互の共通点と相違点などを基軸に検証をすすめた。結果は大別して仏事供応食は佐野・日下上層両家と山口家・中層に二分され、それぞれが個別の供応食を構成する。さらにこれらの両者を分ける最大の要素は、階層に起因する参詣客の上・下分の格付けと供応食の格差の存在があげられる。佐野・日下両家に明確な客の上・下分の格付けと供応食の格差は、山口家ではいずれも不定であり、その成立はほぼ明治末期に至っている。すなわち、佐野・日下上層両家はともに「一類案内」「他家（出入者）案内」と明確に上・下分を特定するのに対し、山口家・中層では史料はじめの安政二年を起点とし、以降、様々な経緯を経て明治末期から大正期に至り参詣客の格付けが明確になる。そもそも同家においては参詣客そのものに格付けに必要な主従、上下などの縦関係の要素が少なく、上・下分の格付けおよび供応の格差そのものの認識が希薄であり、格付けの必要がなかったとも推定できる。

また、上・下分の格付けに対応する供応食の格差については、献立構成では佐野・日下上層両家の格差は、一日目・宵法事では「麺類膳」「引替膳（佐野家）・膳（日下家）」は上・下分格差なしであるが、二日目・本法事では上分の「朝（佐野家）・非時（日下家）」「膳部（本膳・二の膳）」「酒肴の部」の三部構成から下分（次・勝手分）は「膳部（本膳・二の膳）」のみと格差が顕著である。対して、山口家では既述の格付けそのものの不確定さを受けて、献立構成は宵法事「麺類膳」「膳」「酒肴の部」、本法事「正直」「膳部（本膳・二の膳）」「酒肴の部」と両日ともに格差なしの構成となる。

同じくまた、料理・食品でも佐野・日下上層両家では上・下分による格差は調理法の難易、食品の優劣、食品数の多少、食品の大小など細部にまでおよび厳密に区別される。対する山口家では料理・食品はともに献立構成と同様に格差なし同一である。ただし、料理・食品の実態は概ね佐野・日下両家の上・下分の供応に倣ったものであり、両者の折衷または下分相当の料理・食品が臨機に用いられる。これら山口家史料の行間からは手探りの感覚で徐々に試行しつつ、時系列で客の格付けおよびこれに対応して供応食の格差を形成する過程をうかがうことができる。

儀礼の場で客を上下に格付けしこれに対応して供応に格差を設けることは位階制の確立した近世、武士社会では常態化しており分限思想の表徴として機能した。農村部の庄屋、大庄屋などの上層もまた「規範身分」としての武士社会に倣いその慣習を取り入れ常態化させる。仏事においても参詣客を一類他・上分、出入の者他・下分に格付けし、これに対応して供応の全てにおいて格差をもうける。町場における佐野・日下上層両家と山口家・中層の関係もまた、同様の経緯のなかで上層の慣習に倣い同調しつつ自家の仏事儀礼を変化させると考えられる。格付けを常態化させる佐野・日下両家と山口家における不確定な献立構成および料理・食品などの差違の基層にあるものは、慣習そのものの上層から下層への移行期に由来すると考えられ、山口家史料からはその具体的な経緯を見ることができる。

このことは、筆者がこれまでの行ってきた農村部上層（大庄屋・庄屋など）で明らかな近世末期から近代における仏事供応食の格付けと供応食の格差の慣習が一部、上層に限定されること。さらには上層の慣習を一つの完成形と想定すれば、山口家・中層の事例からはそれに至る成立の時期、変容の経緯などの一端を明らかにし得ると考える。

註

（註1）秋山照子『近世から近代における儀礼と供応食の構造―讃岐地域の庄屋文書の分析を通して―』美巧社　二〇一一年　一八五～二六一頁。

（註2）『日本国語大辞典〈七〉』小学館　一九九三年　一二八五頁。
　斎・時。食すべき時の食の意。①僧家で、食事の称。正午以前に食することを法とする。②寺で、檀家や信者に供養のため出す食事。また・法要のときなどに、檀家で、僧・参会者に出す食事。おとき。

（註3）佐々木孝正『仏教民俗の研究』名著出版　一九八七年　一九七頁。
　斎は、主要な法会の晨朝（六時の一。卯の刻。今の午前六時頃。）後の食事。また、その時刻に行う勤行。

（註4）『日本国語大辞典〈八〉』小学館　一九九三年　一三九一頁。
　非時は仏語。①日中から翌朝の日の出前までの間。僧が食事をしてはならないとき。②（「ひじしき（非時食）」の略）僧の午後の食事。③会葬者に出す食事。しのぎ。

（註5）佐々木孝正『仏教民俗の研究』名著出版　一九八七年　一九七頁。
　非時は日中（日のある間。ひるま。ひる。）正午後の食事。

（註6）佐々木孝正『仏教民俗の研究』名著出版　一九八七年　一九七～八頁。

（註7）千葉乗隆編『真宗史料集成九巻　教団の制度化』同朋舎　一九七六年　八二三～八三二頁。
　三．年中行事　1．本山　寛永六三月廿六日御所様直ニ御相伝也　例えば、十一月廿二日報恩講斎「御斎サイ本ニ六、二ニ三、御汁三、御酒一返、御菓子七種也」。同廿二日非時「御非時、本ニ三、二ニ二ッ也。御酒一返、御菓子五程」。同廿八日「点心ハ初メにサウケイ、後ニムシムキ也。御酒無之。菓子七種アヲノリニテ　ジュク柿　クルミ　御茶在之　いりまめ　アマノリ　フ　ニテ午房」。また、「一御斎之衣装（下略）」「点心衣装之事」など行事により衣服も改めている。

（註8）佐々木孝正『仏教民俗の研究』名著出版　一九八七年　一九七～二〇五頁。

（註９）圭室諦成『葬送墓制研究集成』第３巻　先祖供養　一九八八年　八〇～九二頁。
初七日から三十三回忌までの中陰（中有）・年忌を加えた仏事。
（註10）『日本国語大事典〈５〉』一九九四年　一二六九・一二七〇頁。
祥月は人の死後一周忌以降の、死去した月と同じ月。祥月命日は人が死んだ月日と同じ月日。正忌。正忌日とも。
（註11）佐野―⑲
（註12）秋山照子『近世から近代における儀礼と供応食の構造―讃岐地域の庄屋文書の分析を通して―』美巧社　二〇一一年　一四五頁。
（註13）日下―⑱
（註14）日下―⑲
（註15）日下―⑱
（註16）例えば、引田町史編さん委員会『引田町史　自然・原始～近世・文化財』一九九五年　三四七～三五一頁。
（註17）山口―㊵
（註18）山口―㊸
（註19）山口家文書「孋珗院三年忌仏事控簿三部教　大正九年新三月廿七八日　旧二月八日九日ニ当ル」。
（註20）秋山照子「香川県域・江戸後期から昭和初期における仏事献立―小食・茶漬・夕永・非時他における地域性―」『日本家政学会誌』Vol.51　No.9　二〇〇〇年　七八七～七九八頁。
（註21）秋山照子「古記録にみる讃岐の食の史的研究（第14報）―料理用語の時代および地域の差違について・三つ井、五つ井―」『香川県明善短期大学研究紀要』一九九七年　一二三～一三〇頁。
（註22）佐野―①
（註23）深谷克己『江戸時代の身分願望・身上がりと上下無し』吉川弘文館　二〇〇六年　四～八頁。

「規範身分とは、時代の模範・基準、かくあるべしを体現する当為身分をさす。江戸時代においては武士身分の人々で、人間的倫理的に代表性をおびていた」。

（註24）秋山照子『近世から近代における儀礼と供応食の構造─讃岐地域の庄屋文書の分析を通して─』美巧社　二〇一一年　三九二～四二五頁。

（註25）例えば、秋山照子『近世から近代における儀礼と供応食の構造─讃岐地域の庄屋文書の分析を通して─』美巧社　二〇一一年　一八八～一九六頁。

讃岐国阿野郡北青海村大庄屋渡辺家では少なくとも安政三年には「上分」に対して「次ノ分」が設定されており、以降明治期に引き継がれている。

（註26）山口─①

（註27）山口─⑬

（註28）山口─㉑

（註29）山口家文書「孋珖院三年忌仏事控簿三部教　大正九年新三月廿七八日旧二月八日九日ニ当ル」。

（註30）山口家文書「孋珖院三年忌仏事控簿三部教　大正九年新三月廿七八日旧二月八日九日ニ当ル」。

史料中の「（時）次の部」の名称と、同史料「手伝人」の料理人などの名称は一致しており参詣が確認できる。

（註31）秋山照子「古記録による香川県下の食生活調査─晴れ食の構造・仏事献立─」日本食生活文化財団『日本食生活文化調査研究報告集』6　一九八九年　八三～一〇五頁。

大山家は大内郡（現：東かがわ市）大庄屋、宝暦五年（一七五五）以降は同郡水主村、中筋村庄屋を勤める。

（註32）佐野─⑨

（註33）佐野─㉔

（註34）佐野─①

（註35）佐野家文書「御代々様御年忌諸記簿　明治十年（丁丑）二月」「昭和三年四月二日ヨリ三日へ」。
（註36）佐野家文書「御代々様御年忌諸記簿　明治十年（丁丑）二月」「昭和七年四月十九日ヨリ二十日へ」。
（註37）日本調理科学会『総合調理科学事典』光生館　一九九七年　三〇六・四四八頁。
　ＪＡＳ規格の定義では、「そうめんは手延べそうめん類のうち、直径が一・三㎜未満の丸棒状に成形したもの」「ひやむぎは直径一・三～一・七㎜の丸棒状に成形したもの」。
（註38）日下―㊴
（註39）秋山照子「香川県域・江戸後期から昭和初期における仏事献立―小食・茶漬・夕永・非時他における地域性―」『日本家政学会誌』Vol.51　No.9　二〇〇〇年　七九三～四頁。
（註40）佐野―③
（註41）日下―⑲
（註42）冨岡典子『大和の食文化』奈良新聞社　二〇〇五年　七二～三頁。
（註43）松下幸子『図説　江戸料理事典』柏書房　一九九六年　二七～八頁。
（註44）宮城公子・藍澤和子・犬飼直美・丸岡妙子編著『ふるさとの味　香川の食文化』二〇〇四年　一一六頁。
（註45）『日本の食生活全集』37聞き書香川の食事　農山漁村文化協会　一九九〇年　三八・五八・一七九～一八〇・三五五頁。
（註46）山口―㉓
（註47）山口―㉑
（註48）秋山照子「香川県域・江戸後期から昭和初期における仏事献立―小食・茶漬・夕永・非時他における地域性―」『日本家政学会誌』Vol.51　No.9　二〇〇〇年　七八七～七九八頁。
（註49）山音亭越吉郎兵衛『精進献立集』一八一九年　吉井始子編『翻刻江戸時代料理本集成』第九巻　臨川書店　一九八〇年　四・九頁。

「池盛は何すにてもいりざけにても、いけもりたるものにかゝらすやうにわきよりそっと入、皿の底にたぷたぷとためてよし」。

（註50）佐野—③
（註51）佐野—⑪
（註52）日下—⑱
（註53）山口—㉒
（註54）山口—⑰
（註55）佐野—③
（註56）佐野—⑧
（註57）佐野—⑫
（註58）日下—⑳
（註59）日下—㊴
（註60）山口—㉖
（註61）山口—①
（註62）佐野—②
（註63）佐野—⑪
（註64）日下—⑱
（註65）日下—㊻
（註66）山口—⑩
（註67）山口—㉙

（註68）亘理ナミ『調理（日本）』日本女子大学通信教育部　一九七二年　一七一頁。
平には揚平・乾平と称して煮物、鉢肴、口取などの一部の材料の盛り合わせ、および露平と称する煮物の平があり献立により使い分ける。また、渡辺家「坐右日記　弘化三年～嘉永二年」には「平・椎茸、合セ麩、平昆布　包平ニ而汁なし」があり、土産用の乾平は包平と称されており地域などにより料理用語は異なる。
（註69）佐野―⑦
（註70）佐野―①
（註71）日下―㊵
（註72）山口―①
（註73）山口―⑪
（註74）山口―㉝
（註75）口取・口取肴は酒肴の部の最初に吸物とともに出す取肴。数種の料理を盛り合わせる。蒔絵の硯蓋などに三、七、一一品など奇数盛りにしたものを元とする。下って、「口取」「口取肴」「摘み」などが通称となる。明治三四年には「大盆　丼（摘み）、氷豆腐、蓮根、柿」があり組物が「摘み」と同義であることが知れる。
（註76）例えば、宮城公子・藍澤和子・犬飼直美・丸岡妙子編著『ふるさとの味　香川の食文化』二〇〇四年　一五五頁。
あげもんは揚げ物（てんぷら）のこと。春市、秋祭りのごちそうの一品。揚衣を黄色、青色の染粉で着色して揚げる。
（註77）香川県農林部『さぬき味の風土記』一九八三年　三一～三頁。
春市の揚げもんは下味をつけたたけのこ、ごぼう、れんこん、豆、さつまいもなど、衣は青や緑、黄色に染める。黄色にはくちなしを使うこともある。
（註78）佐野―①

（註79）日下―⑲
（註80）山口―⑭
（註81）佐野―①
（註82）日下―⑱
（註83）山口―㉘
（註84）吉井始子『翻刻江戸時代料理本集成』第七巻「素人庖丁初編」享和三年（一八〇三）から文政三年（一八二〇）臨川書店　一九八〇年　一二九頁。
「（前略）さんせう醤油　きのめ醤油にて付やきにすべし」。
（註85）山口―㉛
（註86）山口―③
（註87）秋山照子『近世から近代における儀礼と供応食の構造―讃岐地域の庄屋文書の分析を通して―』美巧社　二〇一一年　一三一～一三四頁。
堺重は木製漆塗りで大小が入れ子造りの容器。讃岐では「堺重」「折」。また通称は「切溜」。主には料理物などの他慶弔様々の贈答の容器として用いられる。大きさにより一番（一番重・一番折）から四番までがあり番号は重の大小、容量などを示す。すなわち、番号により計量しにくい赤飯、煮染などの料理物を量る枡の役割も有した。
（註88）秋山照子『近世から近代における儀礼と供応食の構造―讃岐地域の庄屋文書の分析を通して―』美巧社　二〇一一年　一二九～一三四頁。
（註89）四国新聞社出版委員会編『香川県大百科事典』一九八四年　四三八頁。
四十九日の法事は香川県一般の風習である。四十九日が三ヵ月にわたると「身にかかる」と忌み法事を繰り上げて行う。

（註90）引田町史編さん委員会『引田町史　民俗』一九九五年　五四頁。

（註91）香川県農林部『さぬき味の風土記』一九八三年　二七一～二頁。

（註92）『新編香川叢書民俗編』一九四一年　二二〇頁。

（註93）大内町史編さん委員会『大内町史　下巻』一九八五年　七四三頁。

茶米は代用食。米を炒り空豆や薩摩芋を沢山入れた飯。

（註94）寒川町史編集委員会『寒川町史』一九八五年　七六一頁。

クダケ米に炒り大豆、空豆、芋と一緒に炊いた飯。

（註95）農山漁村文化協会『日本の食生活全集（37）聞き書香川の食事』一九九〇年　三三・五八・一七九・三五五頁。

（註96）農山漁村文化協会『日本の食事全集（50）日本の食事事典Ⅱつくり方・食べ方編』一九九三年　一六頁。

（註97）農山漁村文化協会『日本の食生活全集（36）聞き書徳島の食事』一九九〇年　二七・三九・三二一・三二四頁。

（註98）農山漁村文化協会『日本の食生活全集（36）聞き書徳島の食事』一九九〇年　三四九頁。

（註99）四国新聞社出版委員会『香川大百科事典』一九八四年　二一一頁。

香川県の農家が夏と秋の農繁期に、徳島山間部の農家から農作業のために牛を借りること。

（註100）松下幸子『図説　江戸時代料理事典』柏書房　一九九六年　二七～八頁。

（註101）秋山照子「古記録にみる讃岐の食の史的研究」（第6報）『香川県明善短期大学研究紀要』一九八七年　四九～五〇頁。

大山家は大内郡水主（現：東かがわ市水主）に住し近世では同地の大政所、庄屋などを勤め、近代には村役、村長、副戸長などを歴任した。

（註102）聴き取りは、平成二八年一〇月五日、東かがわ市水主在住の大山三代子氏にご教示を戴いた。

（註103）聴き取りは、平成二八年一〇月一二日、東かがわ市引田在住の藤本淳子氏よりご教示を戴いた。

（註104）秋山照子「香川県域・江戸時代後期から昭和初期における仏事献立―小食・茶漬・夕永・非時他における地域性―」『日

本家政学会誌』Vol.51　No.9　二〇〇〇年　七八七～七九八頁。
（註105）例えば、引田町史編さん委員会『引田町史　民俗』一九九五年　五四頁。
（註106）竹田明・北川保夫『さぬきふるさとの味』一九六九年　一四一頁。
（註107）香川県農林部『さぬき味の風土記』一九八三年　二七一～二頁。
（註108）宮城公子・藍澤和子・犬飼直美・丸岡妙子編著『ふるさとの味　香川の食文化』二〇〇四年　一一六頁。
（註109）渡辺家文書「宝林院妙華死去弔帳　嘉永六年癸丑十一月十三日」
（註110）醍醐山人（散人）『料理早指南』三編（山家集）一八二二年　吉井始子編『翻刻江戸時代料理本集成』第六巻　臨川書店　一九八〇年　二八二頁。
（註111）日下―⑱
（註112）日下―⑲
（註113）日下―㉑
（註114）秋山照子『近世から近代における儀礼と供応食の構造―讃岐地域の庄屋文書の分析を通して―』美巧社　二〇一一年　九〇～九一頁。
（註115）佐野―①
（註116）佐野―㉑
（註117）佐野―⑭
（註118）佐野―⑮
（註119）佐野―③
（註120）日下家文書「法用諸事控　天保六乙年未三月より」。天保六年から明治三年までの仏事記録。
（註121）日下―①

（註122）日下―⑲
（註123）日下家文書「法用諸事控　天保六乙年未三月より」。
（註124）日下―⑲
（註125）山口―㉜
（註126）日下―㊺
（註127）山口―㉝
（註128）山口―②
（註129）山口―⑫
（註130）山口―⑯
（註131）秋山照子「近世から近代・讃岐の葬祭儀礼にみる料理人」『近世から近代における儀礼と供応食の構造―讃岐地域の庄屋文書の分析を通して―』美巧社　二〇一一年　八八～一〇八頁。
（註132）大藤修『近世村人のライフサイクル』山川出版社　二〇〇九年　八六～七頁。
（註133）竹内由紀子「第四章　近代村落社会における調理担当者」竹井恵美子編『食とジェンダー』ドメス出版　二〇〇〇年　九九～一〇〇頁。
（註134）森田登代子『近世商家の儀礼と贈答』岩田書院　二〇〇一年　八八～九二頁。
（註135）山口―㉝
（註136）佐野―⑭
（註137）佐野―⑮
（註138）佐野―⑮
（註139）佐野―㉑

（註140）秋山照子「古記録にみる讃岐の食の史的研究（第9報）漆原家・仏事献立」『香川県明善短期大学研究紀要』第22号一九九一年　四三～五頁。

史料中には酒の供応の記載はないが、献立上には「酒肴」が供されており、この有無を酒の供応の目安とした。

漆原家（史料文政二年から明治三一年）

宵法事・上分　　　　　三五・三％・下分無し

本法事・上分　　　　　二一・一％・下分無し

ただし、上分の酒肴は全て明治期に供されている。わずかの事例であるが、上記が下分における酒の供応の一端である。

（註141）阿比野家文書「阿比野家祭式　全」香川県立文書館所蔵。

阿比野家は鵜足郡多度津村（現：香川県宇多津町）に住まいする。生業は売薬製造業、屋号は高田屋である。「阿比野家祭式　全」（推定嘉永五から六年成立）は家政を中心とした多岐にわたる年中行事録である。

（註142）『香川県大百科事典』一九八四年　三八二・八九二頁。

（註143）佐野―⑯

（註144）佐野―⑨

（註145）東かがわ市歴史民俗資料館編『よみがえる井筒屋―引田の町並みとともに―』二〇〇五年　一七頁。

佐野家酒醸造は明治初期の政府の統制のため明治一八年製造を中止する。

（註146）東かがわ市歴史民俗資料館編『よみがえる井筒屋―引田の町並みとともに―』二〇〇五年　一七頁。

（註147）森田登代子『近世商家の儀礼と贈答』岩田書院　二〇〇一年　八五～九二頁。

（註148）和田仁監修『香川歴史年表』四国新聞社　一九九七年　一一～二頁。

（註149）下川耿史編『明治大正家庭史年表』河出書房新社　二〇〇〇年　三六八・三七六頁。

終章　町場の地域性と山口家・中層の意義

本書の課題は「はじめに」に述べたように、地域の食文化解明の一手法としての冠婚葬祭の食事記録による調査研究にある。ここでは、調査地域を近世における東讃岐引田村、現在の東かがわ市引田に設定し、儀礼を仏事儀礼に限定して主には年忌法要などの仏事を主題とした。仏事は冠婚葬祭など儀礼のなかでは死者への追善供養を本義とし、その回数の多いことなどからも比較的日常生活に根付いた儀礼といえる。

なお、地域の特性としては、当該地域は近世農村部に形成された町場・在郷町として、高松藩でも唯一の町頭が置かれるなど特異な商業の地「丁・町」といえる。これにより旧来の農村部とは異なる丁・町固有の地域性に由来する、儀礼および食文化の解明も企図する。

また、史料としては、同地域に近在する三家、佐野家・日下家・山口家を用いた。これら三家の関係性のなかで特筆されることは、佐野・日下両家すなわち従来上層に位置付けられる両家に対して、山口家は予備調査の段階から明らかに異なる新たな階層でありこの出現があげられる。これにより三家の階層を主には三家の比較の対象として以下に特定した。すなわち、佐野家（上層）・日下家（上層）・山口家（中層）を調査の基層に置いた。従来、史料の制約から上層のみの儀礼の解明に限定されてきたが、本調査では山口家・中層が加わることにより、一つには新たな階層の食文化の解明が可能となり、さらには、これら上・中両階層を対置比較することにより、両者間の異同を具体的に明らかにすることが可能となる。当然のことながら、食文化においても上層・中層の各階層は個々に存在しつつ、相互に関係しあって一体をなすものであり、新たに山口家・中層が加わることにより、地域の食文化に僅かながらも幅と厚みを加えることが期待される。

終章においては研究の端緒に返り、主には、㈠町場の地域性に由来する特性。㈡参詣客の上・下分の格付けと供応食の格差について検証した。なお、両者の特性は個々または両々相俟って現出し、町場における仏事儀礼および供応食を構成する。

一．仏事儀礼の内部から外部への拡大—町場の仏事儀礼の特性として—

仏事儀礼は、従来までの農村部調査においては個の家内部で自己完結し得る儀礼、内的儀礼と位置付けた。ただし、本調査における町場の実態からは仏事儀礼における外部への拡大が諸所にみられる。儀礼の外部に向けての拡大傾向について、上・中各階層別に検証した。

㈠　上層における仏事儀礼の拡大

佐野家仏事の案内は一類案内四軒から二四軒、平均では一二・五軒、出入の者案内は四軒から五八軒、平均は三八・六軒であり、参詣客数は一類他上分の一八人から三五人、平均二五・七人に対し、出入の者などによる下分では一一〇人から一六八人、平均一三六・一人（明治三一年以降）となる。同じく上層の日下家でも案内は一類案内は八軒から一六軒、平均は一一・九軒、他家（出入者）案内は一八軒から三〇軒、平均二三・三軒である。参詣客の上・下分の記載は僅かに明治末期四四年に止まるが、大正期の三例（年数の隔たりは僅かであり傾向を明らかにするため引用する）を加えた人数では一類他上分の平均二七・三人に対し、出入の者などでは八五・三人であり、佐野家に対してはやや下まわるものの同様の傾向が認められる。

これらは農村部仏事における大庄屋など上層の参詣客、すなわち「一類、寺方などを上分」とし「料理人、手伝人、内々などの台所向関係者を下分」とする内々による内的儀礼としての範疇を超えるものであり、本質的に農村部とは異質の町場独特の儀礼形態が明らかである。町場の仏事固有の出入の者などによる圧倒的な参詣客の人数、さらには、仏事の主体たるべき一類などの上分と、出入の者など下分による数量的な主従の逆転は、仏事の本義、遺族などによる故人のための追善、追福の目的を希薄化させる。このような農村部とは異なる仏事の内部から外部への広がり、規模の拡大は、町場の商家における家と家、人と人との絆の重要性を物語る。都市部の商家が本家を中心とし、さらに分家・別家などにより家の輪を拡大し強めていくように、商家における家相互の絆はかけがえのないものともいえる。儀礼は三家ともに年を措かず時系列で施行されており、仏事儀礼は本来の追善、追福の目的に加えて、町場における人の絆の再生産のための好個の場でもあったといえよう。

(二) 中層における仏事儀礼の拡大

引田町場では、丁・町の人びとは近世庶民の隣保組織として作られ、成員の相互扶助的機能を有した五人組的形態の「丁」(構成は四、五軒が推定できる)に属する。上記、佐野・日下両家にはこれらに関する記述が皆無であるが、山口家・中層の史料によりその一端が明らかとなる。すなわち、丁内では相互に慶弔など儀礼の一部の共有が認められる。例えば、仏事に関しても宵法事・晩に丁内の人びとのみに別枠で設えられる簡素な膳「丁の膳」を介して、互いに属する丁内相互の参詣および供応、すなわち仏事儀礼が共有される。このような儀礼の他家(他者)との共有は、すなわち儀礼の個の家内部から外部への拡大であり、上層とは異なる意味で相互扶助などの、緊密な関係を醸成し絆を強める。

以上、上層・中層それぞれに農村部とは異なる儀礼形態、儀礼の拡大が確認できるが、その基層には一様に町場の人びととの互いの絆をより強め、家の繁栄、保持を謀ろうとする強い思いが込められているといえよう。農村部の人々が土地を耕しこれをよりどころとして再生産の営みを繰りかえすのに対し、町場のなかでは農家にも増して人間関係、人と人、家と家との絆はより重視される。町場の仏事儀礼が農村部の個の家における内的儀礼から地域および人と深く関わり外部への広がりを強める由縁であり、必然でもあったと考えられる。

二　参詣客の上・下分の格付けと供応の格差

仏事参詣客を上・下分に格付けしこれに対応し供応に格差を設けることは、農村部における上層の慣習として近世末期には常態化している。同様に引田町場においても佐野・日下両上層においては参詣客を「一類案内」（上分）と「出入者案内」（下分）（佐野家）。「一類案内」（上分）と「他家案内・出入者案内」（下分）（日下家）とそれぞれ上・下分に格付けし、さらに供応においても下分には「次の本膳」「次之分」（佐野家）。「勝手之分」「次本膳」（日下家）と献立構成、料理・食品など供応の細部にまで全てにおいて格差が設けられる。このような参詣客の格付けは主には仏事の家と参詣客の関係に由来すると考えられる。すなわち、上層の仏事では参詣客は主として一類および出入の者などであり、参詣客相互に上下、縦の関係を有しており、必然的に客の格付けがなされ供応の格差が生じる。

対して山口家・中層では参詣客は寺方、佐野・日下両家を除けば山口家一類を含めて同位、横並びの関係といえる。なお、山口家における参詣客の特定といえるものは僅かに大正九年の「孋珖院三年忌仏事控

簿三部教　大正九年三月廿七八日　旧二月八日九日ニ当ル　俗名寿美仏事」の一例に止まる。これによれば、「時上ノ部」では寺方、佐野・日下両家、一類などの〆三四人に対し、「次ノ部」には一類などの家族、料理人など日用の手伝人、内々の人びとなどの〆四〇人である。史料からは山口家一類も含めていわゆる参詣客を上下に格付けるための不可欠な要素、参詣客相互の上下、縦の要素が欠如している。少なくとも同家においては客の格付けそのものの認識は希薄でありその必要もなかった。すなわち、山口家における明治末期成立の格付けは、同家の必然というより徐々に自然に上層に倣い慣用されていくとも考えられる。

なお、既述の町場（上層）の格付けが、上分「一類他」、下分「出入の者」を据えるのに対し、近世後期に顕在化する農村部（上層）の格付けの実態は、上分は「寺方・一類」など、下分は「料理人・手伝人他台所向関係者・内々」などによる、内的儀礼であり、町場、農村部それぞれ異質の形態といえる。

さらに、山口家の実態からは佐野・日下両家において明治初期（史料の制約がなければそれ以前も推定できる）には既に定着する参詣客の上・下分の格付けと供応の格差の慣習が、一部上層のみに限定されることが明らかで、山口家など中層の仏事において時系列で格付けが成立し、これに対応して供応の格差が設けられる過程からは、仏事供応そのものの時代を遡る初期の形態も再現できる。

三　**山口家・中層の供応食の変容—上層への志向—**

仏事儀礼に付随する仏事固有の供応食は、従来までの上層（農村部、町場ともに）では、近世末期には参詣客を上・下分に格付けし、これに対応して献立構成、料理・食品などの格差が常態化している。対して、山口家・中層ではほぼ明治末期に至るまで格付けの概念そのものが希薄であり、またその必要もなかったと推定され、結果として、同時期まで仏事供応食は、上層の献立構成、料理・食品の「上・下分格差あり」、対して中層では「上下格差なし」の構成が用いられる。山口家・中層における料理・食品の格差の初見は明治一七年供応献立の「一　坪　うとのあん掛《上分》　豆腐あん掛《下分》」がある。全献立中わずかに「うど」と「豆腐」の一食品のみによる上・下分の格差は上層には皆無の事例であり、参詣客の格付けそのものが不定のなかで格差を模索する様もうかがえる。以降明治三六年まで引き継がれるほぼ同様の事例（表7）からは、自らの必然というより手探りで上層の慣習に倣い取り入れようとする様が看取できる。

さらに、ここでは料理・食品について上層の「上・下分格差あり」および中層の「上下格差なし」の供応食について、本法事「斎・時」の家別、料理・食品の分析を行った。結果を料理別に概観する。なお、佐野・日下両家は総じて同傾向であり上層としてまとめた。

汁

「上層」糸湯葉・菰豆腐は上・下分とも。格差は主に寒晒し（上分）、霰豆腐（下分）などの食品の優劣による。

「中層」霰豆腐・菰豆腐が優位。寒晒しが僅かである（下分相当）。

皿

「上層」上・下分ともに寒天を用いた生盛である。格差は羊羹・岩茸・胡瓜など（上分）、線湯葉・桜海苔・ちさなど（下分）の食品の優劣、および五種類（上分）、三〜四種類（下分）などの食品数の多少による。なお、日下家では、上・下分同位である。

「中層」寒天による生盛（二四例）（料理は上分相当。食品数および食品の優劣では下分相当）。酢和（七例）（料理は生盛に比して簡便。下分以下に相当）。

坪・壺

「上層」胡麻豆腐山椒味噌・胡麻豆腐薄葛煮など（上分）。麩・木耳・くわいなどの煮物（下分）。料理・食品による格差が顕著である。

「中層」焼豆腐餡掛・木の芽おでんなど。（料理は上分相当・食品は下分相当）。

椀・茶碗・二の椀

「上層」漬松茸（松茸）・麩などの煮物（上分）。氷豆腐・椎茸・竹の子などの煮物（下分）と食品による格差が顕著である。

「中層」麩・干瓢・椎茸・蓮根・青みなど五種取り合わせ（上分相当）。

平

「上層」大椎茸・昆布・竹の子・氷豆腐揚物・絹田芋などの三種の組物（上分）。飛龍頭の一つ盛に生姜など（下分）。料理および食品の格差が顕著である。

「中層」昆布・揚・竹の子などの三種組（料理は上分相当・食品は下分相当）。および飛龍頭一つ盛（下分相当）。なお、明治末期の格付けの成立に対応して上・下分の料理・食品の格差は上層に準じる。

以上、概要であるが、上層の上下の格差の有無および中層の実態を対置させた。両者の比較では、概ね、料理・食品は既存の上層の一部を倣いつつ取り入れており、料理・食品ともにはじめに「下分相当」などいずれも上層の下分を取り入れる。例えば、食品では汁・皿・坪（壺）・椀（茶碗・二の椀）・平などであり、料理でも皿・坪（壺）・平など専ら下分が対象となる。ただし、中層の上・下分の格付けが明らかになる明治末期では、「平」は格付けに対応して上分では「三種組」、下分では「飛龍頭一つ盛」と明確に格差が設けられる。このような過程を経て明治末期以降（明治三九年から大正期にかけて）格差は定着する。

ただし、従来の上層における料理・食品の格差は汁・皿・坪・椀・平など献立全体におよび、それぞれについて料理法の難易、食品の優劣、食品数の多少、食品の大小など様々な面から格差が設けられる。対して、中層における新たな料理・食品の格差の実態は、明治期では僅かに椀・平・猪口（明治三九・四〇年）・椀・平（同四三年）（表7）などであり、大正期にも全献立に格差が適用されるのは僅かに平のみであり、その他はいずれも数例に止まり、また、その差違も僅かといえる（表8）。

ほぼ明治期を通して上層に倣って参詣客を上・下分に格付けた中層では、同時にこれに対応する料理・食品の格差を試行する。手探りの感覚で格差を積み上げていく過程は、上層の慣習への志向であり、上層そのものへの志向でもあった。ただし、結果として参詣客の格付けおよび供応の格差は、ともに上層の慣習とはかけ離れた実態に終始している。

すなわち、本来は上層における参詣客の上下関係、縦関係に由来する格付けおよび供応の格差は、基本的に参詣客そのものが同位、横並びの山口家・中層では成立しない。元来、中層の人々は格付けおよび供応の格差に関する認識は希薄であり、その必要性もまた少なかった。上層とはかけ離れた中層の格付けおよび格差の実態からは、必然性のないまま上層の慣習を中層に取り込むことにより生じたものであり、上層への志向に由来した形式優位の結果と考えることもできる。

あとがき

二〇一一年、前著「近世から近代における儀礼と供応食の構造—讃岐地域の庄屋文書の分析を通して—」を上梓して以来、次の研究について模索していた。主題は前著で書き切れなかった仏事儀礼をまとめることと決めていたが、調査地については従来の農村部とは異なる新たな地域選定に悩んでいた。とそんな時、何気なく木原溥幸先生（元香川大学教授・元徳島文理大学教授）にうかがったところ「港」をお薦めいただき、これがその後の「引田」通いの契機となった。はじめて、藤本正武・正木英正両氏のご案内で引田を訪れた時の何とはなく懐かしいような雰囲気は今も忘れられない。ほの暗い小路をぬけると急に目映い海が広がり風が吹き抜ける。そこは文字通り風の町引田であった。日下家、佐野家・井筒屋の昔ながらの門構え、威風堂々辺りを払う積善坊など、そこには史料の時代そのままを残す引田があった。はじめは、地域を「港」に設定し、仏事儀礼の農村部との地域差をと目論んだが、史料を読み込むうちに、近世以来、引田村の一部に形成された「丁・町（在郷町）」に興味が移り、結果これを主題として本著はなっている。

ただし、従来の農村部とは異なる町場の調査は、何もかも一からの手探りで戸惑うことばかりであった。恩師、山中浩之先生（元大坂府立大学教授）には、本著の元ともなる二〇一四年の投稿論文「引田村・在郷町商家における仏事儀礼と供応食—背景としての地域性—」（『香川県立文書館紀要』第一八号）において、在郷町他の基礎的な知識について厳しいご教示・ご指摘をいただいた。本著にご指導の成果は覚束無いが、今はただ感謝の思いで一杯である。

本著がなる過程において以下の両先生にご指導を賜った。江原絢子先生（元東京家政学院大学教授・元日本家政学会食文化研究部会々長・和食会議副会長）には前著に引きつづき構成その他についてご相談をさせていただき、研究過程の折々にも貴重なご助言をいただいた。今田節子先生（元岡山大学特任教授・元ノートルダム清心女子大学教授）とは、毎月の研究会で研鑽をともにしてきた。特にここ数年来は互いに出版を目標にしつつ励ましあってきたことが、ここまで続けてこられた大きな原動力ともなっている。

なお、故徳山久夫先生（元瀬戸内海歴史民俗資料館主任専門職員・元引田町歴史民俗資料館々長）は、研究に最も重要な史料収集に関してご指導をいただいた。一八九二年はじめて瀬戸内海歴史民俗資料館にうかがって以来、二〇一〇年先生がご逝去されるまで、本当に永きにわたり研究を見守り支えていただいた。ここに記して感謝を申しあげます。

引田研究の事始めは、まず全く未知であった引田を知ることと、同地の歴史研究会「昔を知ろう会」にも参加させていただいた。同会は、山西仁（会長）・藤本正武・正木英正・木村篤秀・長池武・猪熊全徳の皆様による少数精鋭の会で、毎月の例会では互いの研究分野の調査、報告などを行っていた。突然加わり、食文化という大方の男性諸氏に不案内の調査研究にも何くれとお付き合い下さった。はじめの印象どおり引田は江戸と明治が色濃く残る地であり、この会で史料のなかだけでは理解しえなかった多くの生きた情報をお聞かせいただけたことは誠に得難い体験であった。二〇一三年以来約四年間の特急列車での引田通いは、私にとってはささやかな旅でもあった。楽しい会のお仲間に加えていただき本当に有り難うございました。

また、同地の東かがわ市教育委員会副主幹の萩野憲司氏からは関係史料の収集その他で多くのご協力とご助言をいただいた。記してお礼申しあげます。

本著に主史料として使わせていただいた佐野家・日下家・山口家の各家および関係の皆様に対して衷心より厚くお礼を申しあげます。

なお、山口家についてては、佐野・日下両家に比べて史料が僅かであり、山口家に関して何か手がかりをと、かねて消息を尋ねていたところ、本年（二〇一七年・夏）、「昔を知ろう会」会長の山西仁氏のお骨折りで、山口慶子氏にお目にかかりお話をうかがうことができた。思い出話の数々に史料の山口家が重なり、幾つかの疑問についてもご教示いただけた。ご報告申しあげお礼にかえさせていただきます。

この度も、破損、散逸などが危ぶまれる貴重な古文書類の閲覧、掲載などを快く許可して下さいました以下の関係機関およびお世話になった各館の皆様に厚くお礼を申しあげます。

「香川県立ミュージアム」
「香川県立ミュージアム（分館）瀬戸内海歴史民俗資料館」
「香川県立文書館」
「東かがわ市歴史民俗資料館」

ご多忙のなか史料解読のご指導をいただきました岡田啓子先生にお礼を申しあげます。

本著の編集その他に関しましては、筆者終盤の不測の事故のため、前著にも増して美巧社、池上徹也氏にご苦労をおかけしました。心よりお礼を申しあげます。

あわせて、本書の刊行を快くお引き受け下さいました美巧社に感謝申しあげます。

二〇一七年十二月

秋山　照子

著者紹介
秋山　照子（あきやま　てるこ）

1941年生まれ。香川県明善短期大学卒業。日本女子大学家政学部食物学科卒業。香川県明善短期大学教授を経て、現在、香川県明善短期大学名誉教授。博士（食物栄養学）。
［著書］
『近世から近代における儀礼と供応食の構造―讃岐地域の庄屋文書の分析を通して―』（美巧社）、『食生活の設計と文化　家政学シリーズ8』（共著　朝倉書店）、『健康と食生活』（共著　学文社）、『懐石と菓子　茶道学大系4』（共著　淡交社）、『近現代の食文化』（共著　弘学出版）ほか。
［論文］
「香川県域・明治期から昭和初期の婚礼における供応の形態」（『日本家政学会誌』）、「香川県域・江戸後期から昭和初期における仏事献立の変容（第1報）皿の食品および料理の動向を事例として」（『日本家政学会誌』）、「近世から近代の讃岐地域における葬送儀礼と供応食―庄屋文書の分析を通じて―」（『会誌食文化研究』）ほか。

近世末期から近代における町の仏事儀礼と供応食の展開
―東讃岐引田村の仏事史料の検証から―

二〇一七年一二月一八日　発行

著　者／秋山　照子

発行者／池上　晴英

発行所／株式会社　美巧社
香川県高松市多賀町一―八―一〇
電話〇八七（八三三）五八一一

ISBN4-86387-090-1 C3021